# 俞宣孟论文选

俞宣孟 著

复旦大学出版社

# 作者简介

俞宣孟，1948年生于上海，1982年毕业于复旦大学哲学系，获硕士学位，同年进入上海社会科学院哲学所，历任助理研究员、副研究员、研究员。2009年底退休。主要从事外国哲学研究，兼及中西哲学的比较研究等。曾承担国家社科基金项目"中西哲学形态比较研究"、上海市级课题"本体论研究"。个人专著有：《本体论研究》（获上海市哲学社会科学优秀成果著作一等奖）、《现代西方的超越思考——海德格尔哲学》（获上海市哲学社会科学优秀成果著作三等奖）等；《探根寻源——新一轮中西哲学比较研究论文集》主编之一；参与集体项目《东西方哲学比较研究》《存在主义哲学》。个人译著7部，另有用英文发表的论文及编辑的论集多部。撰写论文数十篇，其中，《Ontology（本体论）与语言问题》《西方哲学中"是"的意义及其思想方式》及《两种不同形态的形而上学》分别获上海市哲学社会科学优秀成果论文三等奖。《马克思主义哲学与本体论研究》一文被译成俄文发表在2007年第5期《哲学问题》上。

## 内容提要

本书收录作者自2000年以来的29篇学术论文,分为四个紧密相连的部分:澄清本体论的意义,揭示两类不同形态的哲学,开展新一轮中西哲学比较研究的方法及视野,探寻哲学观念的更新。

本论文集专注于一个主题,即倡导开展新一轮中西哲学比较研究。其之标榜"新",是根据对ontology的研究,认定中国哲学和西方哲学是两类不同形态的哲学,从而显露出以往一百年中西哲学交流中的一个盲点。开展新一轮中西哲学比较研究不仅是新建中国哲学史的前提,也必定会参与到当代哲学观念更新的历史任务中去。全书因而分为四编:"本体论的意义""两种不同形态的哲学""新一轮中西哲学比较研究""哲学观念的更新"。

# 序

我研究了一辈子哲学,到头来还在思考一个问题:哲学是什么?这听起来颇具讽刺意味,其实我这样说是认真的。人们可以在教科书上读到关于哲学的各种定义,但是,找不到哲学的观念将怎样更新,而哲学观念的更新,则是展开在我们面前的一个实实在在的问题。要问哲学是什么,当从哲学观念更新处去思考。

哲学观念是不是要更新了?这么大的事可不能乱猜。这个想法有根据吗?有!

首先,有一个事实。一百多年前,中国学人对哲学这门学科还不甚了了的时候,西方就有"哲学终结了""形而上学终结了"的呼声。主要原因是,哲学的核心部分,即形而上学或所谓本体论,其所标榜的实在性、本质性破灭了;沿着柏拉图开辟的道路发展出来的哲学最终蜕变为纯粹的概念游戏。通俗地说,哲学与实际生活脱节了。一百多年过去了,情况似乎又有了变化,虚拟的世界是可以实现的,而现实的人则在遭遇贬值。

其次,就在那个时候,中国前辈学者开始写作中国哲学史了。他们并没有注意到传统哲学已经遭到了挑战,还继续按照他们各自理解的西方哲学去勾勒中国哲学史。然而,出乎前辈意料的是,当这条路走到底的时候,居然出现了所谓"中国哲学合法性的疑虑"。如果说,"形而上学终结了"的说法是出自西方哲学内部的挑战,那么,"中国哲学合法性的疑虑"则是来自西方哲学外部的挑战。为什么"中国哲学合法性的疑虑"也是对西方哲学的挑战?因为人们有这样的观念:哲学是覆盖最广的学问,也就是说,没有一门学问可以游离在哲学之外。然而,现在西方哲学遇到了中国哲学,这是另一种形态的哲学。这就是说,传统哲学的观念出现了"漏洞",如果哲学还要保持它统括一切学问的尊严、重振哲学生机的话,就不能不重新从源头考虑其取向问题。

至于中国哲学之为哲学的成功辩护,更有待于哲学观念的更新。曾有人以为"中国哲学的合法性问题"是假问题,这需要先得到澄清。有人以为,既然谈着中国哲学,自然存在着中国哲学,何来合法性的问题?但事实上是,"中国哲学的合法性问题"是从前辈依傍西方哲学写作中国哲学史的过程中产生出来的。前辈学者一接触西方哲学,马上产生出写作中国哲学史的念头。他们这样做,必定同时有两个意念,即中国传统学术资源本身还不是哲学,但经过以哲学观念加以整理就可以成为哲学。他们的想法中包含要将中国传统学术现代化的合理动机。那么哲学观念哪里来呢?现成的就是西方传统哲学的观念。一旦依傍了西方哲学,最终必定走向依傍本体论,因为本体论在西方主流哲学中被认为是哲学的核心、精华甚至是纯哲学,它也可以当作是衡量哲学之为哲学的标准,哲学其他分支都是本体论的展开。缺乏本体论为基础的哲学,一定是品位不高的哲学。

说到本体论,长期以来有一种误解,包括在教科书中,以为那是关于世界是由什么元素组成的学问。关于组成世界的元素的讨论,在古代哲学中属于自然哲学。本体论没有那么简单,它是运用纯粹概念或范畴逻辑地演绎出来的原理体系,黑格尔《逻辑学》的绝对理念体系就是本体论发展到最高峰的典型。明白了这一点才会承认，中国哲学中根本不存在这种理论。本体论需要逻辑规定性的概念，中国哲学中也没有形成这种性质的概念。中国哲学与西方哲学是两种形态不同的哲学。"中国哲学合法性的疑虑"是从西方传统哲学的观念看待中国哲学的结果。另一方面，如果强行按照本体论的样式去梳理中国哲学史，其结果必定不能真正反映中国哲学的面貌，而且可以说，依傍得越紧就离中国哲学越远。按照中国哲学本来的面貌把中国哲学史写出来，势必也要实行哲学观念的更新。

这里我们似乎遇到一个困难，即我们既要从传统学术中梳理出中国哲学史，以实现传统学术的现代化，而在梳理中国哲学史的时候，又不能依傍任何现成的哲学观念，那么究竟如何入手呢？其实我们也不是一无可据，如果我们考察西方哲学与其他各门学问之间的关系，那么就可以发现，哲学是作为其他学问根据的学问。这种关系也存在于中国学术内部。我们可能首先会想到"经学"，但是确切地说，"经"这个名称指的是那些堪称典范的书，那些书中只有谈论一般根据的内容才是哲学，相应地，我们也把诸子和其他著作中谈到一般根据的看作是哲学。进一步要考虑的问题是，同样作为最终根据之学，中国哲学和西方哲学由于其关切的重点不尽相同，其内容、表述和实行方式也有差异。西方哲学主要展开为关于世界的普遍知识，与之相符的根据就具有强烈的认识论方面的特征，人一开始就处于主客关系之中；而中国哲学的取向是成为得道之人，它的根据就集中在人能得道的缘由，开端是天人合一，世界始终是追求得道的活动的背景等，这些在中西哲学史上都有明显的痕迹可寻，今天加以反思，可以将之归结为哲学的开端问题。

这本论集所收集的是我围绕上面这些问题的思考。全书分四篇。第一篇，本体论的意义。对这个问题的澄清让我看到了西方哲学特有的形态特征,看到了中国哲学和西方哲学形态上的差别。从而引出了后面所讨论的各种问题。关于本体论问题的较完整的论述,可参阅拙著《本体论研究(第三版)》(上海人民出版社,2012年)。有读者告诉我,理解本体论问题是进入西方哲学的门坎,我很赞成这个说法。本篇中,笔者特别推荐《西方哲学中"是"的意义及其思想方式》一文,此文试图揭示,把握作为范畴的"是"的那种与日常思维不同的特别的思维方式,另外,在《论普遍性》《论普遍主义》二文中,我初次区分了西方哲学史上逐渐明确起来的两种普遍性,由经验概括的相对普遍性和绝对普遍性,后者正是本体论所持的普遍性。中国传统哲学中是没有绝对普遍性的概念的。

第二篇,两种不同形态的哲学。这是澄清了西方哲学特征以后直接就可以感到的中西哲学间的差异。哲学形态涉及的方面计有哲学的宗旨、表述方法、语言特征、从事哲学活动的方式等。我主要着重于比较中西哲学形而上学的差异,因为,照黑格尔的说法,形而上学是哲学的灵魂。西方哲学的形而上学指的是那套超越于经验的、以纯粹概念表达出来的理论;中国哲学的"形而上""形而下",照我的理解,是指与"道""形""器"三者打交道时,人自身生存方式的转换。在《移花接木难成活》一文里,我评述了前辈金岳霖先生的《论道》一书,认为此书是依傍西方哲学的观念和框架强行整理中国哲学的典型,其结果必大大背离中国哲学的真实性。《论道》一书的"难成活"也从反面证明了中西两种哲学存在着形态上的差异。

第三篇,新一轮中西哲学比较研究。这一篇与第二篇是紧密相关的,这里侧重讨论了中西哲学比较研究的方法。现在回头看自己在其中曾经思考过的那些问题,除了阐述过"新一轮"之为"新"的理由,还提出过中西哲学的比较不应受文本之囿,而是要作生存状态的比较。作为案例,此篇中有一文专门评述冯友兰先生在中国哲学史方面的工作。他从事中国哲学史的研究和写作整整半个世纪之久,是中国学者依傍西方哲学写作中国哲学史方面最具代表性的学者,从他的工作中,我们看到中国学者对西方哲学从笼统的依傍到本体论的依傍的过程,最后陷入哲学是概念游戏的困境。

第四篇,探寻哲学观念的更新。作为在这个方向初步的探索,我关注过两个主要的问题,一是如何将思想引向深入。马克思《关于费尔巴哈的提纲》一文提供了很好的范例,即一种深入的思想与有待深入的思想不处在同一层次。遵循马克思的思路,想要克服物质和精神二分、主观和客观对立的观点,须进入实践,这是另一个层次。二是与前述思路有关的哲学最初开端问题,即哲学中所讨论的一切"有"都有一个来历问题,这个来历与"有"不出在一个层次,它是"无"。我尝试思考了"无"的意义。

写成上述这些文章经历了很长时间,这次有机会结集出版,整理一下,归入四个小标题,居然还能形成中心议题,几乎像一本专著。这也许说明我这个人很执着,平时的研究非集中于既定的目标不可。由于写作时并非想到日后的结集,因此,各文章之间不免会有重复之处,我只能抱歉了。

此序特别感谢石永泽、姜佑福、陈军三位先生,由于他们的努力,此书才得以出版。

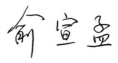

2022 年 10 月 2 日

总目录

## 第一编 本体论的意义

一、本体论正义 …………………………………………… 3
二、马克思主义与本体论问题 …………………………… 23
三、西方哲学中"是"的意义及其思想方式 …………… 43
四、论普遍性——中西传统哲学形态的一种比较研究 …… 67
五、论普遍主义 …………………………………………… 89
六、关于 Being 问题的讨论及其影响 …………………… 111
七、作为西方哲学底本的 Being 问题 …………………… 128

## 第二编 两种不同形态的哲学

八、第一哲学 ……………………………………………… 161
九、两种不同形态的形而上学 …………………………… 220
十、突破"剪裁",克服"模仿"——关于 20 世纪中国学术发展
　　趋势的对话 …………………………………………… 239
十一、移花接木难成活——评金岳霖的《论道》 ……… 248
十二、论中国哲学形而上学的精神 ……………………… 265

## 第三编　新一轮中西哲学比较研究

十三、新时期中西哲学比较研究论纲 ………………… 323
十四、再论新时期中西哲学比较研究 ………………… 334
十五、开辟中西哲学比较研究的新境域 ……………… 352
十六、关于中西方哲学形态的新一轮比较研究（笔谈）…… 371
十七、论生存状态分析的哲学意义 …………………… 378
十八、论中西哲学的会通 ……………………………… 403
十九、在比较中发展哲学 ……………………………… 432
二十、写中国哲学史要"依傍"西方哲学吗？——兼评冯友兰的中国哲学史观 ………………………………… 448

## 第四编　探寻哲学观念的更新

二十一、中西传统哲学的不同超越及其哲学观念的更新 …… 479
二十二、关于哲学原理的观念——中西哲学的一种比较研究 ……………………………………………… 505
二十三、本质的观念及其生存状态分析 ……………… 531
二十四、中国哲学的辩护 ……………………………… 556
二十五、将形而上学进行到底 ………………………… 579
二十六、关于哲学的开端问题 ………………………… 607
二十七、关于"间性"和哲学的开端问题 …………… 642
二十八、从实践走向哲学观念的更新 ………………… 650
二十九、结束依傍，探根寻源 ………………………… 672

# 俞宣孟论文选

（上）

世界名著文库

# 上册目录

## 第一编　本体论的意义

一、本体论正义 …………………………………………… 3
二、马克思主义与本体论问题 …………………………… 23
三、西方哲学中"是"的意义及其思想方式 …………… 43
四、论普遍性——中西传统哲学形态的一种比较研究 … 67
五、论普遍主义 …………………………………………… 89
六、关于 Being 问题的讨论及其影响 …………………… 111
七、作为西方哲学底本的 Being 问题 …………………… 128

## 第二编　两种不同形态的哲学

八、第一哲学 ……………………………………………… 161
九、两种不同形态的形而上学 …………………………… 220
十、突破"剪裁",克服"模仿"——关于 20 世纪中国学术发展趋势的对话 …………………………………………… 239
十一、移花接木难成活——评金岳霖的《论道》 ……… 248
十二、论中国哲学形而上学的精神 ……………………… 265

第一编

**本体论的意义**

# 一、本体论正义

本体论，即 ontology，在西方哲学史上向来被称作第一哲学，或纯粹的原理。哲学的其他问题应当从本体论得到说明，或者，是为了克服包含在本体论中的矛盾而发展出来的分支。即使现代西方哲学的种种流派，也是基于本体论业已解体这一大背景，对新的哲学方向和表述形式的寻求。因此，治西方哲学而不把握本体论，简直不可谓之登堂入室。然而，由于本体论创造和使用了一种专业性极强的语言，更由于其中运用着一种我们中国哲学中所不曾有过的，也是与日常思维方式不同的思维方式，本体论在中国的传播往往是在一种误解的前提下进行的，为使大多数爱好哲学的人能真正进入这一领域，今试为之正义。

## （一）辟出一个可感世界之外的领域

设若有人问，什么是大？最简明的回答方法莫如指着两个东西中较大的那个说，这便是大。这时，一个柏拉图主义者必会将这个较大的东西置于另一个更大的东西前，让你不得不承认，原来指为大的那个东西相形之下倒成了一个较小的东西。依此类推，人们的感官所能把握的东西，无论其如何大，它同时也是小，因为我们总是找得到比一个大的东西更大的东西。大又有更大,是没有止境的。一个柏拉图主义者会据此而断言,既然我们所能感知的一切大的东西同时又是小的东西,因此,试图以举实例回答"什么是大"这个问题,是得不到确定结论的。在人们感觉中的那些大的东西充其量只是相对的,而"什么是大"这个问题所要问的则是大本身,或曰绝对的大。这样的问题,在日常经验的范围内是难以回答的。

人们或者会疑问,既然在生活中所遇到的大的东西都是相对的,又何苦劳心伤神,去深究大本身之类的问题呢?对此,柏拉图主义者会说,人不满足于知道事物之是什么,还总想深究此物何以是其所是。只要人有这份探求的心思,就会提出诸如大本身的问题。一切被认为是大的东西,应当可以通过大本身得到说明。就像一个有几何知识的人,他知道圆应当表述为到一个定点距离相等的点的轨迹,这才是圆本身,它是一切圆中最标准的圆,是衡量生活中那些圆的东西的最后准则。

像大自身、圆自身这样的东西,柏拉图称之为 idea,中文流行的译名是"理念"。前辈学者业已指出,以"理念"译 idea 并不确切,但其他种种译名也都有偏颇。我们只能求助于解释来体会它的意义。希腊文 idea 是从动词 idein 变化来的,idein 的意义指"看"。idea 是指从看得到的形相。然而,大本身、圆本身那样的形相却不是肉眼所能看到的。例如,我们可以用圆规在纸上作一个圆,不论画得如何仔细,它还不是圆本身,因为组成圆本身的点是没有任何大小的,线也是没有粗细的,画在纸上的圆却总有一定的粗细。既然组成圆本身的线(点的轨迹)是没有粗细的,肉眼自然见不出它。我们现在说,那是一个只能从理论上把握的圆,这就接近了柏拉图所谓的圆的 idea。说"接近",总还有距离。如果我们把理论中的东西当作是从经验事实中抽象概括而得到的概念,正如"理念"一词中的"念"所暗示的，那么，必须指出，柏拉图的 idea 却不是那样的东西。柏拉图主义者相信，idea 是变中的不变（有如现象界的事物忽大忽小，大本身却始终如一）；是现象界的事物的楷模（有如圆本身之于许多圆的东西）；甚至是作为目的那样的东西（一切有心为善的人皆以善本身为目的）；它不是人的思想的产物，但却是真实存在的，只是不存在于我们这个可感的世界中。对柏拉图的 idea，当联系以上这些特征去把握，只要我们根据这些特征去理解，那么姑且从俗，以"理念"作为表示 idea 的符号也无妨。

在以上关于理念的那些特征中，请特别注意最后一点，即理念不存在于可感的世界中，却又是真实的东西。所谓真实，是指理念永恒不变，始终一致，与之相对的是，可感世界里的事物则是多变易逝的，因而被认为是不真实的。柏拉图用理念来解释可感事物的原因，后者是由于分有了与之同名的理念才是其所是的。不知不觉中，柏拉图开辟了一个超出可感世界的理念世界，这正是本体论将驰骋于其中的领域。

## (二) 理念在相互结合中是其所是

最初的理念论还不等于本体论，只有当提出一种关于理念间相互结合的理论时，才揭开了本体论的序幕。

柏拉图关于理念间相互结合的理论，是为了克服他自己前期理念论中的矛盾或困难而发展出来的。由于理念被安置在与我们相隔离的另一个世界里，就产生了一系列问题。如，我们怎能知道它们或有关于它们的知识呢？当我们用理念说明可感世界里事物的原因时，人们不免会问，理念本身又是怎样是其所是的呢？这就是所谓关于理念的"自在的是"的问题，或者说得更明白一点，是关于理念自身成立的根据问题。在柏拉图看来,上述两个问题中,后一个更关键,只要对它有了说明,前一个关于我们是否有关于理念的知识的问题也就自然地解决了。

柏拉图的《巴门尼德篇》后半部分就是讨论理念自身得以成立的根据的。其全部论述的过程相当复杂,大意是从假设一个理念与其他理念结合或不结合这两种情况出发,分别观察它们的结果。结论是,一个理念只有当它与其他理念结合(或分有)时,这个理念才可以成立,或曰,它才能是其所是,反之,则不能成立,或不能有它的"是"。

为简明地说明这一论述过程,仍请以大本身为例。我们已经知道,大本身是不能用可感事物去说明它的。如果又不能在理念的范围里去说明它,那么,大本身除了也许是它自己,竟一无可说了,关于这样的大,它的成立是成问题的。但是,我们可以把大本身和小本身作一对照,这样便得出,"大"是"小"的对立面。于是,大是在与小的对照中获得意义的,大本身因此而得以成立。这里不必参照任何具体事物,而是纯粹理念间的关系。事实上,在"大是小的对立面"这一关系中,处于互相关系中的不只是"大"和"小",还有"是"和"对立面",这些也被看作是纯粹的理念。反之,如果大本身与其他的理念完全隔绝,没有任何联系,那么不仅大的意义得不到任何说明,连大本身也是不可能成立的。因为要是大能成立,我们至少要说,"这是大",然而,在这一说法中,"大"已经与"是"结合了。因此,如果大本身不与其他理念结合,我们不仅不知道大是什么,而且,大本身根本就不能有其"是",因为连"这是大"这个说法也不能成立。正反两方面的论述表明,理念是在它们的相互关系中有其"自在的是"的。再者,两个理念一旦结合,便会推得其他的理念。如,当已知大本身和小本身是对立的双方，便不难推得两者之间的"中"；如果把大、小、中分别视作一个理念，那么用它们计数便推得有1、2、3三个数，如果再用倍数运算、间以加法，便可得到一切自然数。柏拉图在其《巴门尼德篇》中正是从"一是"（"这是一"这个说法据希腊文文法直译出来是"一是"）推出各种理念，其中包括一切自然数。

于是我们看到，在西方哲学中，最初是柏拉图为了对世间的事物是其所是的原因给出一种说明而提出了理念论，进而是为了修补理念论蕴含的矛盾，又对理念的"自在的是"作出一种论述。这种论述完全脱离可感事物，表现为纯粹理念间的关系的演示。在《巴门尼德篇》中，柏拉图举出的理念品种还是比较杂的，在之后不久的一篇作品《智者篇》中，柏拉图提出哲学当探索具有普遍意义的那些理念——他称之为通种（genus）——的结合关系。他本人初步讨论了"是""不是""动""静""同""异"这六个通种间的结合关系。这就是最初的本体论。关于这种理论的意义，我们放在略后讨论。这里先要谈一下本体论使用的语言的特殊性，以及在演示理念间结合过程中逻辑方法的运用和发展，以便对本体论获得一种较为清楚的认识。

## （三）本体论范畴的意义——逻辑规定性

在柏拉图初创的本体论里，我们是与理念打交道，稍后，柏拉图提出了通种。在本体论后来的发展中，人们又称理念那样的东西为范畴、纯粹概念、绝对理念等。不管怎么说，它们总之是通过语词来表达的。然而在柏拉图创立这种超越现实世界的本体论哲学的同时，他也对语言作了改造，使之成为一种异于日常语言的语言。一切都是在不知不觉中进行的，并且显得很符合语言规范，它成就了本体论的魅力，却也着实迷惑了人们的思想。只是到了19世纪中叶以后，人们才逐渐对之有所揭露。

在日常语言中，除去少数帮助构成句子的词以外，凡实词总是有一种意义，并且，一般来说，词的意义是从该词所指的某个对象方面获得其意义的。不仅专有名词如此，表示类、种那样的普通名词也如此，甚至更抽象的名词，如中国哲学中喜欢说的"道"，它标志着自然和社会中的某种规律，显然它在各人的认识和体验中不尽一致，人所体认的道，是这个词的意义的本源；不仅名词如此，动词、形容词、副词、叹词也如此。词和它所代表或指示的对象间的关系，在中国学问中称为名实关系。正常的情况应当是名符其实，名不符实指的是这个名没有与它应当相符的实联系起来，而不是说可以有不指任何对象（实）的词（名）。绝对无所指的名是不能成立的，因为它毫无意义。词的意义在于它所指的对象，这在中、西日常语言中应当是没有区别的。

然而在本体论中我们却看到了不同的情况。例如大这个理念，与我们日常语言中的大是同一个词，然而它却不被允许从它可指示的对象（即大的东西）方面去说明其意义，而是要从它与其他理念的关系方面取得意义的，例如，大本身被规定为是小的对立面。在本体论中，从这种关系中得到的意义，后来被称为逻辑规定性。

本体论中的理念或范畴是从逻辑方面得到规定的，而不是从经验事实方面获得意义的；由理念或范畴的结合所构成的命题或逻辑地推得的结论，则是所谓纯粹的原理，而不是对可感事物的直接描述，或者反过来说，本体论的纯粹原理是不能根据经验事实去理解的。但由于表示理念或范畴的那些词也是日常语言所使用的，人们往往以日常语言对词的用法去理解本体论的范畴，这是本体论对大多数人来说晦莫如深的重要原因。如果我们说，本体论是纯粹概念的理论，人们便怀疑是否真出现过脱离现实而纯粹从概念到概念的哲学。人们或许会问，本体论中也出现和讨论诸如"现象""存在"这类范畴，难道这些词不直接指现象和实际的存在吗？对此，我们只要提请大家注意康德对上帝存在的本体论证明的批判。那个证明以上帝是完满的"是"为大前提，以"存在"属于"是"为小前提，推得上帝存在。证明过程是一个典型的三段论推理，逻辑上完全正确。康德对这个证明所作的批判之一，便是指出以"是"推得的"存在"是一个逻辑的规定性，这样的存在与口袋里当下有100元钱的存在完全不是一回事。可见本体论用作范畴的词与我们日常语言中的词是不同的，即使本体论中的存在，也不是我们日常中的存在，或者干脆说，它简直就不存在。

冯友兰先生在他的《中国哲学史新编》"全书绪论"部分谈到理论思维与形象思维的区别，以及了解理论思维的概念或共相之困难时说，一般人说到"红"的概念或共相，就觉得有一个什么东西，完全是红的，没有一点杂色，认为所谓红的概念就是如此，以为这就是理论思维。其实这并不是理论思维，还是形象思维。"红"的概念或共相，并不是什么红的东西。就这个意义说，它并不红。同样，他认为，"动"的概念或共相并不动，"变"的概念或共相并不变，懂得这点，才算懂得概念和事物、共相和殊相的分别[①]。冯先生这里所说的概念和共相，只应该在本体论中才有（经验主义哲学也不全是形象思维，但他们并不如此理解概念和共相）。但冯先生只说出了本体论范畴的一半特点，即否定的那一半：红不红、变不变、动不动。只讲否定的一半特征，不讲肯定的一半特征，适足

---

① 参见冯友兰：《中国哲学史新编》第一册，人民出版社，1995年，第22页。

以使人两头落空，更加糊涂。试问这样的概念究竟有什么意义？又怎样用于理论思维呢？理解本体论范畴，还应指出其肯定方面的特征，即它们是从相互的逻辑关系中获得其规定性的。这也决定了本体论范畴必组成一个相互联系的体系，孤立的范畴是不能成立的。至于不同的范畴何以能联系在一起，就要说到本体论那个核心的范畴"是"了。

## (四) 本体论的核心范畴——"是"

"是"在本体论中是最普遍的范畴。所谓"最普遍"，不应当从泛指万物的角度去理解，而是指，它自身中包含着一切规定性，但它又不是任何特殊的规定性。如果把它理解为任何一种特殊规定性，它就失去了成为最普遍的范畴的资格了。又因为它不是任何特殊的规定性，黑格尔说，它等于无。

为了理解"是"作为最普遍的范畴，我们还是要回到柏拉图关于理念间相互结合的理论。柏拉图认为，理念只是从它们相互的关系中是其所是的，离开了这种关系，个别、孤立的理念不仅失去了使自己获得规定的关系，而且其自身也不可能是。因为，一个理念之成为理念，如以理念"一"为例，起码应表达为"一是"（此据希腊文文法直译，意为"这是一"），然而在这个表述中"一"已经和"是"结合着了。显然，离开了与"是"的结合，则"一"将不成其为"一"，孤立、分离的"一"不能成立。反之，如"一"和"是"结合，那么就有"一是"。这时，"是"是分有一的是，"一"也是分有"是"的一。分有"是"的一称为"所是"或"是者"。据此类推，一切理念要有其"自在的是"，都必须至少与"是"结合，成为分有"是"的所是。"是"本身不是任何特定的所是，但它却被一切作为其他范畴或理念的所是所分有，使它们是其之所是，这样，"是"本身不成了最普遍的范畴了吗？在英文里，"是"常写作大写字母开头的 Being，所是或是者写作 being，以示区别。

为了确切把握本体论范畴的"是"，有两点区别应当搞清。第一点是关于"是"与"万物"这个概念的区别。一说到"是"作为最普遍的范畴，人们可能想到的是它无所不指、包罗万象，于是就将它等同于万物这个概念。其实本体论的"是"和"万物"的概念从属于两个完全不同的系统。"万物"是一个从经验事实中概括得出的概念，在汉语里，是一个最高的类概念，泛指一切事物。本体论的"是"则不是从经验概括中得出的概念，从柏拉图的时候起，"是"就具有先于经验的性质。可以说，本体论的"是"并不指示任何事物，它只是从逻辑上得到规定的最普遍的概念。然而，由于在西方日常语言中，"是"（Being）也常被用作指示一切存在的事物（万物），如果我们不紧守本体论的语言是经过特殊规定的语言这一点，混淆便是不可避免的。

第二点是关于"是"和"存在"的区别。对"存在"这个词也可以有两种理解。一种是对经验世界中的事物，去掉它们各自的特性，剩下的便是它们的共性，即它们都是"有"或"存在"。这样的"存在"是从经验中概括得出的，它的意义在于指出那些经验中可证实的东西。这样的"存在"和"万物"的概念差不多，却和本体论的范畴"是"不在同一个系统中；另一种是作为本体论范畴的"存在"。在本体论中，"存在""本质""偶然性""必然性""因果性""现象"等等，这些都是特殊的规定性，是分有"是"的所是，因而便与"是"本身区别开来。据此，我们说"是"的意义要比

"存在"广[①]。问题在于,在日常语言中,Being 确实也常作 exist (存在)的意思(如 I am here)。人们习惯于日常的语言和从经验中进行抽象概括的思想方法,种种混淆便由此而生。为此我们再次指出,当作本体论范畴的"存在",并不指示事实的存在或存在的东西。它与其他范畴都是所是,并以此而逻辑地归属于"是"。我们还要指出,坚持把 Being 译作存在的人,可能是因为他们尚未摆脱日常语言的习惯和经验概括的思想方法,以为本体论的概念也像日常语词一样,总得指示一个什么东西,并以此而获得其意义。如果我们知道"是"作为本体论范畴本来就不指示什么实际的东西,而只是一个纯粹的逻辑规定性,那么我们就不会因为"是"这个词无所实指而有所不安了。以"存在"取代"是"去译 Being,诚然使人感到更习惯,更容易理解,但是正因为图习惯求方便,就把蕴含在本体论中的那种我们所不习惯,也不容易理解的思想方法抹去了。如果问题在于了解本体论究竟是一种怎样形态的哲学,那么我们就应将它如实地揭示出来。在哲学研究中,我们可以不赞成本体论的学说,但如果不能正确把握本体论学说,则一切无从谈起。

## (五)逻辑方法的运用及其发展

本体论作为纯粹的原理,它不是依据事实说话的(至少在形式上如此),事实倒反而要从原理得到说明。那么,那些将原理表达出来的话语又是怎样产生出来的呢?依照黑格尔的说法,它是概念自身运动的结果。概念的自身运动就是概念的逻辑演绎,并且是称作辩证法的逻辑。

---

[①] 参见柏拉图:《巴曼尼德斯篇》,陈康译注,商务印书馆,1982 年,第 107、161 页。

黑格尔对辩证法的运用，是西方哲学史上本体论发展到顶峰的标志之一。要知道，本体论的逻辑方法也有一个逐步发展的过程。当柏拉图初创本体论时，不仅还没有形成逻辑学这门学问，连逻辑这个词也还没有出现。我们只能说，柏拉图初创的本体论中包含着一种逻辑的雏形，它主要表现在理念的相互结合中。logic（逻辑）一词是从希腊文 logos 一词变化而来的。人们一般把 logos 理解为说、谈话，而据海德格尔对荷马史诗、亚里士多德《物理学》及赫拉克利特著作残篇的释读，logos 及其派生的相关词 legein 的原意是指结合①。事实上，我们在柏拉图这里也见到了同样的证据："言说正是名的结合"，据康福特标明，这里"言说"的原文即 logos②。所以，在柏拉图这里，逻辑和缀词成句是一回事。孤立隔离的"一"不能成立，也不成句，必须"一是"，它是一个最简单的句子，这时"一"才成立。在"一是"这个句子里，表明"一"和"是"的结合。但是缀词成句的语法规则和具有普遍必然性的逻辑毕竟是不完全吻合的，柏拉图本人也看到了这一问题，他指出有两个句子："与我谈话的泰阿泰德坐着""与我谈话的泰阿泰德飞着"，前一句为真，后一句为假，尽管它们都符合缀词成句的要求。他借此说明，并非一切通种都能互相结合，指出哪些可以相互结合，哪些不能结合，哪些又是具有最广泛普遍结合性的通种，这就是哲学应当探寻的方向。

完整地建立起形式逻辑的是亚里士多德。但是亚里士多德本人并没有把形式逻辑用作理念结合的方法，他是根本反对有理念这种

---

① 参 Matin Heidegger, *An Introduction to Metaphysics*, Yale University Press, 1959, pp. 125–130。
② 柏拉图：《泰阿泰德篇》，202B；见 F. Cornford: *Plato's Theory of Knowledge*, The Liberal Arts Press, 1957, p.143。

东西的。亚里士多德创立的逻辑方法直到 12 世纪才在基督教神学中用作本体论的方法。对上帝存在的本体论证明就是一个典型的例子。后来,托马斯·阿奎那对本体论证明的方法作了总结,认为这种证明方式的特点是先天的、从原因到结果的推理,其结论是前提中已经包含着的东西。这些推论要追溯上去的最终原因或作为开端的大前提是不能在经验范围内证实的。虽然不能证实,阿奎那仍称这种证明方法为"自明"的,即"在自身中的自明"[①]。这显然是出于神学的立场为信仰作辩护。阿奎那的这些观点启发了康德对本体论作深入的批判。针对运用形式逻辑的本体论的全部学说无非是从"是"这个范畴中演绎出其他各种范畴,康德说,这种推论并不能得出新的知识,因为其结论已经蕴含在前提中了。更重要的是,常常有这样一些推论,其过程完全符合逻辑,但是它们的前提却可能是正相反对的,这就是所谓二律背反问题。通过对二律背反的揭露,康德想表达,本体论的学说是脱离实际的,是纯粹从概念到概念的推论,他不主张哲学去研究这些问题。

康德的批判刺激了黑格尔,当他再次把本体论学说建立起来的时候,以辩证法取代了形式逻辑。对于形式逻辑来说,概念的自相矛盾是不可容忍的,辩证法却采取不同的态度。站在辩证法的立场上,概念自身中包含矛盾不仅是正常的,而且是必要的。这种矛盾成为概念自身规定性展开出来的动力,在更高的概念中获得统一。整个绝对理念就是借此而发展着的。

由此可见,本体论所使用的逻辑方法大致可分为三个阶段:与话语的构成相关的理念间结合的原则、形式逻辑和辩证法。逻辑是

---

[①] Anton C. Pegis (ed.), *Introduction to Thomas Aquinas*, The Modern Library, 1948, pp. 21 – 22.

本体论标榜自己的学说是普遍必然的原理的根据。然而在本体论发展的过程中，逻辑本身也不是一成不变的。对本体论起源的探究也许会唤起我们对逻辑的本质深入思考的兴趣。

## (六) 本体论与科学方法

概括地说，本体论是逻辑地推演得到的范畴体系。这个体系被认为是绝对真理、客观规律，它代表了西方哲学所标榜的理性主义的基本精神。由于"是"这个范畴渗透在所有其他范畴中，使其他范畴成为所是而与"是"相关，这门学问就称为 ontology，按字面意思，当作"是论"。当我们姑且从俗以本体论相称的时候，切莫望文生义，把它当作是关于本体的理论。

所谓绝对真理，也即先天原理，从性质上说，它不是从自然界和人类社会的运动、发展中概括总结出来的，相反，自然界和人类社会的一切发展变化倒是绝对真理的展开。绝对真理被认为是客观性的，这是指，它不以人的主观意志为转移，更是指，它具有逻辑的普遍必然性。从这个意义上说，本体论是一种世界观，又包含一种方法论。黑格尔的《逻辑学》则是其集大成者。

本体论对西方民族文化生活的各个方面都产生了深刻的影响，这里仅以科学为例进行说明。科学一般可分为应用科学和基础科学，后者以数学和理论物理学为代表。本体论和数学从一开始就有密切的关系，在柏拉图那里，数学问题甚至是直接作为本体论的内容进行讨论的，反过来，数学的纯粹形式的推论性质，又被柏拉图利用来作为超出经验之外的理念间可以相互结合（推论）的依据。的确，数学是在脱离了经验事物羁绊的纯粹形式的领域里自由发展的，这样，才会建立起零、负数、无理数甚至虚数的概念，也才能建立起几何学上的点是没有大小的、线是没有粗细的、面是没有厚薄的、射线的一端是无限延伸的等等观念。拘执于经验，那么，"一尺之棰，日取其半，万世不竭"（《庄子·天下》）。在纯形式的数学中，上述问题成为求极值的问题，其结论应当为0，而极值的观念是整个微积分理论得以建立的基础。顺便指出，创立微积分理论基础的人之一——莱布尼茨，同时也是以哲学家名世的，甚至他作为哲学家的名声比数学家的名声影响更大。另一位大名鼎鼎的哲学家笛卡尔，他创立了解析几何学。出现这种情况不应奇怪，他们作为理性主义哲学家，应当是熟知本体论的，经过本体论哲学的熏陶，思想便超越了经验的事物，驰骋于纯粹概念或形式的领域。这也是跨进数学领域的基本要求。

近代科学的发展离开数学是不可想象的，数学的领域则首先是在本体论中敞开出来的，以至于今天仍然有人以数学比喻本体论，认为本体论哲学类似数学，只不过它是以范畴取代数学和点、线、面来说话的。胡塞尔从对数学的本质的研究，一步就跨入了对哲学范畴的研究，这说明数和本体论哲学范畴间有相通的性质。

本体论不只是通过与数学的关系间接地影响科学的发展，它的那种思想方法直接影响和体现在自然科学的许多基础理论中。例如，我们对物体运动状况之能够做出精确的计算，是有赖于力学三大定律的建立，其中之一说：一个物体在不受外力作用下，保持它原有的状况，原先是静止的恒静止，原先是匀速运动的恒匀速运动。可是在经验范围内，我们不能观察到一个不加力便会永远匀速运动着的物体。我们能观察到的是，一个运动着的物体不予加力便逐渐停了下来，这被解释为是因为受了阻力的缘故。我们可以在实验中设法减小它的阻力，如在一个滑动于平面上的物体的运动中，使物体与平面的接触面变得更光滑以减小摩擦系数，我们看到随着摩擦力的减小，物体在平面上滑得越久越远，但在最终还要静止下来。因为实验无法彻底排除阻力。实验只提供阻力越小，物体滑动越久的事实。如果假设阻力越来越小，最终为零，那么，从理论上说，这个物体便会永远运动下去。这一假设便越出了经验的范围。只有越出经验的范围，才能建立上述定律。本体论至少为突破经验局限的理论思考做了思想训练。

## （七）作为世界观的本体论的解体

黑格尔过世（1831）以后，本体论就逐渐解体了。社会的发展变化肯定是本体论解体的根本原因。此外，就这种理论本身而言，有两个问题是值得注意的。

首先是本体论的先验的性质问题。早在本体论以理念间结合的理论形式刚刚出现的时候，就遭到了亚里士多德的批评。亚里士多德批评了所谓事物因分有理念而是其所是的观点，也批评了理念间相互分有或结合的理论。由于柏拉图演示理念间相互结合的理论中曾借重了数的推论或运算性质，亚里士多德特别指出，数学的数不是理念的数，理念的数是根本不能成立的，而且全部理念都是不能成立和没有必要的。亚里士多德的哲学是经验论倾向的。先验哲学和经验哲学的对立在柏拉图和亚里士多德的时候就埋下了种子。

作为先验哲学的本体论的要害，是在现实的经验世界之外设立一个纯粹原理的世界。正是由于它的先验的性质，本体论曾经长期为基督教神学所容，并在神学中得到发展和成熟。一旦哲学从神学中解脱出来，本体论的先验性的困难就暴露出来了：彼岸世界的原理怎样作用于此岸世界呢？现实的人又怎能认识那绝对的真理呢？近代西方哲学的各种努力都围绕着克服横亘在两个世界间的这道鸿沟。理性主义一派的办法是把彼岸的理念移入人脑，当作人所固有的天赋观念，人就相应地成了能运用天赋观念进行理性（逻辑）思维的主体。经验主义一派坚持感觉经验的可靠性，认为一切观念的根源在于感觉中的印象、知觉，凡是不能在印象、知觉中找到其起源的那些观念都出于虚构，因而是不能成立的。经验主义所谓虚构的观念，指的就是本体论的理念，它们用的是同一个词 idea。在克服由本体论造成的两个分离的世界的困难中，理性主义高扬人的理性，断定人的理性思维能直接进入和运作于纯粹原理的世界；经验主义则根本否认那个原理的世界的存在，或者宣布它是不可知的。这两派哲学共同标志着近代西方哲学是以认识论为其主要标志的。

当黑格尔重建以本体论为核心的哲学体系时，他不得不考虑认识论问题，其核心仍在于沟通两个世界。他首先写了一部《精神现象学》，试图说明以个体知觉为起点的人的自我意识是向着意识的高级阶段发展的，它历经自身的异化和对异化的克服，终于会达到客观和普遍意识的水平，以示人把握理念是自我意识发展的必然结果。此后，在他的《逻辑学》中，他又让范畴的推演表达为从抽象到具体、简单到复杂的辩证运动的特点，以示与人的认识过程的一致。黑格尔的这些努力，似乎使感性和理性、现象和本质、现实世界和原理世界得到了沟通，然而，当他坚持说现实世界的一切都是绝对理念的展开和体现时，他仍是主张原理先于事实，仍是主张有一个在现实世界之外独立存在的原理世界。对此，马克思主义提出了关于物质和精神、存在和意识孰先孰后的哲学基本问题，批评黑格尔哲学设立了一个头足倒置的世界。马克思主义对黑格尔哲学体系的这一批判，事实上也是对本体论哲学的彻底批判。

其次，关于本体论的独断论性质。现代人一般以独断论这个词指排除人的意志自由，认一切为命定的主张。以黑格尔《逻辑学》

为代表的本体论，号称是绝对精神自身的运动，是纯粹的原理、绝对真理，它不仅统摄自然界，也统摄人类社会和人自身。而《逻辑学》所表达的绝对真理则被认为是具有普遍必然性的，人的自由只在于自觉地服从这种必然性。这一点是黑格尔以后的大多数哲学家所不能接受的，也是他们反对黑格尔哲学体系，使本体论解体的一个重要原因。我们只要略看一下，叔本华、尼采以人的意志、表象、权力意志为其哲学主题，存在主义更是以人本身的种种生存状况为哲学主题，便可见出这种形势。后现代主义对一切权威本身持反对态度，实际上也是反对独断论的一种极端表现。在促使本体论解体的现代西方各流派中，胡塞尔的现象学相对来说具有更多的传统学术的特点。对于从本体论中发展起来的那些理念（idea）、范畴，胡塞尔不是采取抛弃的态度，他觉得范畴间普遍必然的逻辑关系是不可否认的，问题在于，光凭范畴相互关系中得到的逻辑规定性，还不足以使我们清晰明白地把握范畴的意义。他设计的现象学方法是要通过对意识现象的分析，描述出各种范畴在意识中形成的过程和途径。他的这种方法启迪了海德格尔。海德格尔认为，既然范畴的出处可以在人的意识现象中找到，而人的意识现象又是人自身的生存方式和状态，那么，对人自身生存状态的结构及其展开的描述，它不是比号称第一哲学的本体论更深、更基本的理论吗？这就是他把对人的生存状态分析的理论称作基本本体论的理由。基本本体论不是另一种形式的本体论，而是用来摧毁本体论的手段。海德格尔本人决不会承认自己的哲学是本体论的。"是"的意义问题是海德格尔哲学的中心主题，因此，从表面上看，海德格尔的哲学是关于"是"的理论——ontology，即我们所谓的本体论。然而，海德格尔所谓的"是"，绝不是从柏拉图起逐渐形成的那个从逻辑方面加以规定的、作为最高最普遍的范畴的"是"，而是日常语言中随时使用而又未予深思的"是"。这样的"是",依海德格尔的说法,是从柏拉图起就被遗忘了的。海德格尔苦于人们将他哲学中讨论的"是"混同于本体论的"是",在他后期的著作中遂以"天道""天命"取代"是",在不得已而出现"是"的地方,就在这个词上打一个"×"。

本体论号称自己是先天的原理体系,这种理论因此便成为一种世界观。依这种理论,太阳底下没有新鲜事物,一切运动变化无非是这一原理体系的展开和体现。这既不符合自然和社会运动的实际情况,抹杀了运动变化的丰富多样性,又不能满足人的永无休止的探索欲望,限制了人的能动性的发挥。一旦实际生活显示出了先天原理体系不能涵盖的新鲜内容,作为先天原理体系的本体论的解体便是不可避免的。

## (八) 本体论与中国哲学

中国传统哲学从来没有以本体论这种形态出现过,或者说,中国传统哲学是没有本体论的。如果我们搞清了本体论原来是怎么回事,那么,得出上述结论是不言而喻的。

首先,以儒道释三家为代表的中国传统哲学没有一种通过概念(或曰范畴)的逻辑关系建立起来的先天原理体系。中国哲学以追求"道"为最高目标(佛学也把悟得佛性称为得道)。对于"道",各人有不同的说法,但是以下两点大致是没有人会反对的:(1) 道不离器。它强调的是,道是体现在自然和人事过程中的某种非人能予以左右的力量或作用,离开了实际事物的过程,便也谈不上道了。(2) 道是不可以语言确切表达的。一旦用语言说出来了,它就不是你能够真实地体验的道了。仅举此两点就足以说明,道不是先天原理，它不离开我们可感的事物而独立存在，更不会从道逻辑地展开出一个概念体系，甚至连道本身，也不是一个逻辑地规定的纯粹的概念。

其次，"道"与作为先天原理体系的本体论在性质上的差异，决定了中、西传统哲学在目标和途径方面的差异。对于以本体论为其核心的西方传统哲学来说，哲学的目的在于求得绝对真理。其途径在于发展严密的逻辑方法。彼岸的真理和此岸的现实之间的沟通则是这种哲学始终面临的难题。"道"既是遍及于一切的，那么每个人都能在他自己从事的事业和活动中去体验，在自己当下的事情中体验得道的境界就成了中国哲学最高的目标。得道的方式多种多样，展示出从事哲学活动的途径的差异：有的强调入世，有的偏重出世；有的讲求从实际中来（格物致知），有的主张加强身心修养。中西哲学目的和途径的差异表明中国以"道"为中心的哲学和西方以本体论为核心的哲学在形态上是判然有别的。

再次，西方语言中的系词"是"及其依语法的变化，对构成本体论范畴的"是"有十分重要的作用。把"是"确定为一个基本的范畴，其他范畴都作为分有"是"的所是，这就使一切其他范畴与"是"建立了一种逻辑的关系，本体论因此而被认为是一个范畴的逻辑体系。中国古代汉语中，"是"还不是系词，虽然我们现在也用"是"为系词，但汉语不合西文那样的语法，因而无法根据词形的变化从"是"得出"所是"，并把"所是"当作逻辑地从属于"是"的。这是从语言特征方面来看，中国古代不可能产生本体论那种形态的哲学。

有无本体论，决定了中西哲学形而上学形态的差异。形态差异后面更深一层的地方，是两种思想方式或应世接物的态度的差异。本体论寻求先天的原理体系，并以之作为现实世界的一切必须遵循的普遍必然的真理。为了把握这样的真理，首先就得让自己的思想接受和适应逻辑推理的习惯。这样的真理纯粹是从概念到概念的推论中得来的，即所谓逻辑的真理。逻辑的真理在得到事理的验证前，充其量只是一种可能性。逻辑的真理只有通过事理的验证，才证明为是有效的。人在其亲身参与的事情中，才使真理成为直接被把握的东西，而不是仅仅停留在概念的把握中。与本体论形成对照的是，以道为目标的中国传统哲学则主张，道是在事理中可以直接体悟的。事理有非人意可移的走向，然而它却是人在自己的实际活动中可以体察的。真切的体察是努力使自己的活动与事理的走向相宜，直至成为事态本身的一部分。这样的人被称为得乎其道的人，他们常常被描述为能出神入化地处置各种事物而又入乎忘我境地的人，如庄子所述庖丁解牛故事中的人物，也是孔子所谓随心所欲而不逾矩一类的人。人们相信这样的境界可意会而不可言传，说出来就出乎境界之外了，就是"口头禅"。由于不能以明确的语言得到表达和交流，对于局外人来说，得道的境界不免显得神秘莫测。神秘的根子在道本身。也许恰恰因为道之为物不能一言以蔽之，也永远不会有一个确定的答案，对道的追求才会继续下去，而不会像本体论那样，一旦号称占有绝对真理，这种哲学也就解体了。

原载：《上海社会科学院学术季刊》2000年第1期

## 二、马克思主义哲学与本体论问题

马克思主义哲学是否具有本体论的部分？在这个问题上，我国哲学界应当说是存在着两种截然相反但没有认真交锋的观点的。我国有关的教科书历来都没有提及本体论，不言自明地就是对本体论的一种否定的态度。然而近年来被热烈争论的一个问题则是：马克思主义哲学究竟包含着一种什么样的本体论？这场争论，显然是以承认马克思主义哲学有本体论为前提的。

本体论是与西方人的语言形式和思维方式特点有关的一种独特形态的哲学。传统的本体论实质上是运用逻辑的方法构造出来的范畴体系，并以之作为"第一原理"，是纯粹概念的思辨的哲学。马克思主义哲学不仅不能采用，而且应当坚决批判这种哲学。事实上，马克思主义哲学的创始人正是通过对传统本体论的批判，创立了唯物史观，并第一次明确地表述了哲学的基本问题，而被认为是实现了西方哲学史上的革命性的变革。

本文打算展示西方本体论哲学的基本特征，以见出马克思主义哲学创始人对本体论的态度。这也许可以澄清目前正在进行的这场争论中关于本体论的某些误会，让争论各方的意见变得更明确。本文的根本目的则是为了更全面、准确地把握马克思主义哲学的本意和精髓。

## (一) 关于本体论的定义

我国哲学理论界对于本体论的误解可以说是普遍性的。本体论是从西方哲学中 ontology 一词翻译过来的。ontology 一词的词根并不包含本体的意思,但一经译成本体论,人们便望文生义地把它理解成关于本体的学问。国内编写的哲学专业辞书,以及通俗工具书《辞海》,都把"关于世界本体或本原的哲学理论部分"这句话或与之意思大致相当的话,当作是对本体论的定义[①]。

在以上误解的基础上,人们又根据各人自己对本体、本原或本性的不同理解,去规范马克思主义哲学,并把马克思主义哲学的有关内容归结为不同的本体论学说。例如,根据马克思主义哲学主张物质存在第一性的观点,马克思主义哲学就是物质本体论。从马克思主义强调社会历史性的方面看,实践被当作社会运动的"本原",于是马克思主义哲学被归结为实践本体论。要是认为马克思主义哲学是并重物质第一性的观点和实践的观点,马克思主义哲学又被当作是物质-实践本体论的。还有一种观点认为,本体论以整个世界及其一般规律为研究对象,马克思主义哲学的唯物辩证法即以此为对象,它既是世界观,又是本体论。这种观点实际上是将本原或本性的概念的内涵作了具体的扩充,它依然把本体论看作是关于世界的本原或本性的学说。

---

① 如,胡曲园主编的《哲学大辞典·马克思主义哲学卷》(上海辞书出版社,1990年)"本体论"条:"哲学中关于世界本原或本性问题的理论部分";黄鸣主编的《常用哲学名词辞典》(广西人民出版社,1985年):"指哲学中研究世界的本原或本性的问题的部分";刘延勃、张弓长、马乾乐主编的《哲学辞典》(吉林人民出版社,1988年):"在哲学理论中,说明什么是世界的本原或本性问题的部分"。

以上流行于我国的对本体论的见解，与西方人所说的本体论相去很远。西方哲学中关于本体论的说法虽不尽相同，但有一点则肯定是相同的，即都把本体论界说为是关于 being 的学问。ontology 的词根 on 源于希腊文的 ὄν，相当于英文中的 being，通常把 being 译成"有"或"存在"，那么西文中本体论的字面意思就不是关于本体的哲学学说。经黑格尔转述的由德国哲学家沃尔夫（1679—1754）第一次为之作的定义是："本体论，论述各种关于'有'（ὄν）的抽象的、完全普遍的哲学范畴，认为'有'是唯一的，善的；其中出现了唯一者、偶性、实体、因果、现象等范畴；这是抽象的形而上学。"① 这个定义在西方是比较知名的，至今还时常被提到。黑格尔对这个定义应当也是认可的②。

如果我们嫌这个定义太陈旧，那么英国学者安东尼·弗卢最近为本体论下的界说依然肯定了它是一门关于"存在"的学说："本体论（1）研究存在本身（不考虑任何存在物性质）的形而上学的一个分支。它区分了'实在的存在'和'现象'，并且探讨了一些属于不同逻辑范畴（物理客体、数、共相、抽象等等）的实体，可以说是存在的不同方式。（2）关于作为任何概念图式或任何理论或观念体系基础的存在的假设。……"③

《简明不列颠百科全书》的条目是这样写的："本体论，研究 Being 本身，即一切实在性的基本性的一种学说。这个术语尽管初

---

① 黑格尔：《哲学史讲演录》第 4 卷，贺麟、王太庆译，商务印书馆，1978 年，第 189 页。
② 黑格尔在转述沃尔夫的理论时，对于他认为不正确的地方一般会随时插以评论，而对于这个本体论定义则未予评论。例如，在同一页转述沃尔夫关于宇宙论的定义时，是这样写的："（沃尔夫）认为没有偶然，自然中没有飞跃——论证了连续性的规律。他排斥博物学和自然史。"（同上）
③ 安东尼·弗卢（Antony Flew）：《新哲学辞典》，黄颂杰等译，上海译文出版社，1992 年。

创于17世纪,但它和公元前4世纪亚里士多德所规定的形而上学和'第一哲学'含义相同。由于形而上学还涉及其他的研究(如哲学的宇宙论和心理学),本体论就成了专指研究 Being 的术语。这个术语在近代哲学中的知名则是由于德国理性主义者沃尔夫,他把本体论视为有关 beings 的本质的必然真理的演绎法。……"①

上面引用的无论哪一种说法,都没有指示本体论是关于世界的本体、本原或本性的哲学理论。在西方,关于广义的自然世界的研究,在经验范围内的属实证科学的领域,在形而上学范围内的属宇宙论。它们和本体论的区别是十分明显的。如果依我国流行的关于本体论的见解,那么它们之间的界限就模糊掉了。

译名的误译是导致人们误解本体论的一个重要原因,不过这一误译也可能是事出有因,当人们把本体论追溯到亚里士多德关于对"being as being"的追问时,看到亚里士多德追到了本体这个范畴,把它当作是对"being as being"问题的答案。于是,便误以为本体论就是追问本体问题的学问。其实,亚里士多德的那部分理论之所以被当作本体论,恰恰取其是关于 Being 的一种学问,而并不着眼于它是否出现或强调本体这个范畴。正如前引《简明不列颠全书》那段话所说的,本体论之被认为和亚里士多德的"第一哲学"含义相同,乃是因为它是"专指研究 being 的术语"。所以,将"本体论"译 ontology 本来就是不确切的。研究西方哲学理论的前辈和同仁注意到 ontology 的关键是 being,曾提出过不同的译名。如,早在50年前,陈康先生曾建议译作"万有论";近来,陈嘉映、王庆节又在他们翻译的《存在与时间》一书中译为"存在论"。暂且不

---

① 《简明不列颠百科全书》编辑部译编:《简明不列颠百科全书》第1卷,中国大百科全书出版社,1985年。译文据英文版酌改。

论这两个译名是否妥当,提出这些译名至少可以动摇人们关于本体论这个译名确定无误的信念。本体论这个译名容易在中国流传是有其特殊背景的。因为人们总倾向于以已知去推及未知,而中国哲学史上本来就有大量关于本体、本根、体用的论述。事实上,人们也正是根据中哲史上关于体用的学说去理解本体论的,这一理解同我国马克思主义哲学研究中对本体论的理解互相影响、互相声援,遂形成了中国哲学理论界所理解的一种不同于西方哲学的特殊的本体论观。

或者有人说,哲学的问题及其使用的概念、范畴的意义是不断发展变化的,在我国流行的本体论的观念下,也有许多值得讨论的哲学问题,何必否认它的合理性和意义而非要回到西方哲学的本体论观念上去呢?但是我们应当明白,本体论是作为对 ontology 的译名才出现的,它本来就是西方哲学的术语。我们更应该明白,马克思主义哲学是世界性的,当我们讨论马克思主义哲学对本体论的态度时,怎么能离开马克思主义哲学创始人所熟悉的那种本体论呢?

以上还只是限于指出我国流行的本体论观是一种误解。那么本体论究竟是什么呢?

## (二) 本体论的本质特征

传统的本体论实质上是哲学范畴的逻辑体系。这种范畴的逻辑体系得以构造出来,是同西方人特有的语言形式和思想方式相关的。其中,being 被当作最高的类(或曰种,species)的范畴,同时它又是一个最普遍的范畴,即它是一个用以泛指其他一切范畴的范畴。所以,本体论这门关于范畴的逻辑体系的学问可以被称为是关于 Being 的学问。因此,搞清 Being 的意义及其何以能够成为最高最普遍的范畴是一个关键的问题。在此基础上才能进一步考察范畴体系及逻辑方法的意义，并最终概括出本体论的特点。

## 1. 作为最高最普遍的范畴的 Being 的意义

粗略地说，西方人的 being 是指万物①。这反映了最初的认识形式同语言的联系。因为当人说及万物时，总要用"这是甲""那是乙"的句式，于是万物无非是"是的东西"即是者。希腊文中的 ὄν（being）就是系词 εἶναι（to be，是）的分词，它兼有动词和形容词的性质。

说一个东西是"是者"包含了两层意思，它既指"有"某个东西（thatness），同时也指这个东西必定"是一个什么东西"（whatness），这分别指 being 具有存在和本质的意思。being 的这两重意思同 to be 的语言功能恰好一致，它既可用作动词作存在解，又可用作系词以表语来表达主语之"是什么"。中国古代汉语没有系词，因此也不可能有系词做成的哲学概念。现代汉语中唯一的系词"是"恰好有上述西文中的系词所有的两重意义，如在"苦海无边、回头是岸"中，"是"是存在的意思；在"实事求是"中"是"指本质，同样的意思也见之于"究其之所是"的说法中②。因此，用"是""是者"翻译 being 比用"存在"更全面、更贴切。但这一翻译主要的困难是人们感到拗口、不习惯。这也同语言特征有关。汉语中的"是"依不同上下文虽然有存在和本质的意思，但人

---

① 如 16 世纪末利玛窦向中国介绍西方分类法"物宗类图"时，就用"物"取代 being。见利玛窦：《天主实义》（中英对照本），马爱德（Edward J. Malatesta）编辑，Douglas Lancashire、胡国桢译，台北利氏学社，1985 年，第 192—193 页。
② 参阅王力：《汉语史稿》中册，中华书局，1980 年，"第四十一节 系词的产生及其发展"。

们不习惯把"是"从其上下文中抽出来，当作是兼容了存在和本质的整合的概念。而在西文中，则有动名词之便。语言特征的差异反映出思想方式的差异。如果我们在译名上单求符合习惯，势必抹杀两种思想方式的差异，在研究西方哲学时就难以登堂入室。这是我们坚持译 being 为是、是者的理由。还要说明一点，希腊哲学中原来除了运用系词，没有另一个词表述存在的意思。直到中世纪经由阿拉伯文将亚里士多德的著作译为拉丁文时，才有了 existere 和 quiditty 两个词，以分别表示原来希腊文中的 ειναι 所表示的存在和本质①。

上述背景可以帮助我们理解，为什么希腊哲学中有些问题表述得很艰难。例如柏拉图说，如若一是，并且仅仅一是，那么，这样的一就不是一。这个"如若一是"是假设一存在，有一，但这里"是"却不作系词解，那么，我们就不能把任何性质（如数）作为表语加到一上去。于是，就不可能说出这样的一"是什么"。一个缺乏其"是什么"的东西是不能有现实的存在的。所以这样的一不是一，即一不存在，没有这样的一。反之，如果"一是"的"是"兼作系词，那么，我们可以进一步说出一的"是什么"，这样的一才能成立。系词对于主语和表语的联结，又被柏拉图说成是哲学上各种概念或理念对于系词"是"的分有（participate），因而，可以用分词（participle） ὄν 来代表它们，称为是者。这就是说，是者之为是者，是分有了是。由于西文中系词"是"的应用极广，几乎所有词类都可以成为它的表语，于是，举凡一切可以称道的东西，无论个别事物、抽象的性质还是思想的对象，都成了分有是的是

---

① A. C. Graham, *Unreason within Reason: Essays on the Outskirts of Rationality*, Open Court, 1982, p.90.

者。这样形成的是和是者的概念自动就有了逻辑的规定性,即,"是"是最高的类概念,诸是者是"是"不同等级上的属类。是和是者这种逻辑规定性,也是区别于事物这个概念的基本特点。

## 2. 以范畴体系表达的第一原理

虽然是者可以指称语词所能指称的一切东西,包括特殊名词所指的个别事物,但哲学所考虑的主要是那些关于一般、普遍性的是者。如果能运用这样的是者,建立起关于它们相互之间关系的理论,便被认为是表达了某种普遍必然的原理,这也就是本体论。

对于西方本体论哲学的形式具有决定性意义的是柏拉图哲学。据他的主张,那些实际上是作为一般、共相的理念是现实世界的个别事物的原型。不过个别具体事物也不是简单单一的,它集合着许多不同的性质即殊相。于是就要考虑这些殊相之原型的共相之间的结合问题。《在巴曼尼德斯篇》中,柏拉图论述了作为共相的理念之间相互结合的必要性,即:每一个理念只有与其他理念相结合才能成立,反之,单独的理念是不能成立的。相互结合在一起的理念构成了理念的体系或曰"相的集合",是解释现象世界的原理。另一篇讨论纯粹一般理念之间的结合的对话是《智者篇》,在此,这些更一般的理念被称为通种。柏拉图声称,寻找通种及其相互结合的理论是一门"最大的学问"[①]。这项任务也是很艰难的。他自己在该篇对话中仅仅提出三对这样的通种,它们是:"是""非是";"动""静";"同""异"。柏拉图关于通种的理论是西方哲学史上构

---

[①] 柏拉图:《智者篇》,253B;参见严群译本《泰阿泰德 智术之师》,商务印书馆,1963年,第189页。

造范畴体系的先声。

亚里士多德寻找通种或一般概念的途径是对语词加以分类,那么标志不同语词的类的名称始被称为范畴①。如前所述,词语既可当作是者看待,那么,范畴作为词语的类的名称也是些是者,并且是普遍、一般层次上的是者。亚里士多德的话证实了范畴就是是者。他说:"主要诸'是'的分类略同于云谓的分类〈范畴〉,云谓有多少类,'是'也就该有多少类。"② 其中"云谓"就是指可以充当表述语的那些词,它们的分类也就是范畴。

范畴既是从分类得出的,它们作为是者又都是最高最普遍的类——"是"的属类,因此,范畴一开始就是具有逻辑规定性的。范畴原本就是对某一整体的领域加以划分的结果,是相互联系的。不可能成立孤立的范畴。范畴作为类的概念,已经进入了普遍、一般的领域。研究这些是者的学问,即研究"实是之所以为实是"及是者本性的学问,依亚里士多德的说法,就是"寻取最高原因的基本原理"③。这也就是"第一哲学"或后世西方哲学中所谓的"本体论"。

以各种是者所构成的范畴体系既然被称为"第一哲学",它当然也被认为是可以用来解释和说明现实世界的现象的。然而尽管这样,本体论却并不直接是"关于"世界的理论。就像数学可以成为自然科学的理论的基础,但它本身则不是任何一门自然科学,而是一片独立的领域。本体论的范畴体系所表达的被认为是一个超验

---

① 在希腊文中,κατηγορια(范畴)一词的本意即指表语的类(Kind of predicate)。至今我们还可看出英文中的 category(范畴)与 catalogue(目录,编目,分类)词源上的联系。
② 亚里士多德:《形而上学》,吴寿彭译,商务印书馆,1981年,第94页。
③ 同上书,第56页。

的、实在的领域，即一个突破了经验事实和现象界的局限，达到普遍必然性的领域。其中所说的实在性首先是指普遍本质的意思，因为现象界的个别事物被认为是多变的、充满偶然性的，这显然是受到柏拉图理念论的影响；同时，实在性也指概念逻辑上的必然性，这也被本体论哲学家视作客观性的标准。随着本体论哲学中逻辑方法的成熟和发展，上述看法得到了加强，以致到了黑格尔的时候可以说："揭示出理念发展的一种方式，亦即揭示出理念各种形态的推演和各种范畴在思想中的、被认识了的必然性，这就是哲学自身的课题和任务。"①

黑格尔的《逻辑学》就是一部典型的本体论之作。它是黑格尔哲学体系中的"第一哲学"，自然哲学、历史哲学和精神哲学只是《逻辑学》中所揭示的绝对理念自身运动的外化。《逻辑学》以最普遍抽象、没有任何确定性的范畴"是"为开端，逐步开展出各种有确定规定性的"此是"（Dasein，定在）。全部"此是"分为三大块：存在（existence）、本质和概念。整个范畴体系的推演遵循从抽象到具体、简单到复杂的路线，使人仿佛想见整个自然界和人的认识由简单到复杂、由低级到高级的运动过程。显然，黑格尔在编制他的范畴体系时，心目中实际上已经有了当时自然科学和认识论最新成果的图景。但是，黑格尔决不认为实证科学和认识论是他的《逻辑学》的基础，《逻辑学》也不是对实证科学和认识论的概括和抽象；相反，《逻辑学》是包括实证科学和认识论在内的其他一切学科的基础、原理。《逻辑学》是范畴自身逻辑运动的结果。从一个范畴到另一个范畴的过渡、反思、发展，都是依逻辑的必然性展

---

① 黑格尔：《哲学史讲演录》第1卷，贺麟、王太庆译，商务印书馆，1978年，第33—34页。

开的,它保证了全部范畴体系所表达的原理的客观性。正如他自己所说:"只有沿着这条自己构成自己的道路,哲学才能够成为客观的论证的科学。"①

所以,本体论是纯思辨的哲学。其构造范畴体系的依据不在于经验事实,而是逻辑的必然性。这进一步导致并说明了本体论研究的是完全抽象的形而上学的领域,即这是一片与现象世界相脱离的独立存在的领域。(由于本体论哲学的这种逻辑的特点包含着一种中国人所不习惯的思想方式,所以往往容易被我们所忽略)。

### 3. 本体论逻辑方法的演变

在本体论哲学发展的历史上,所使用的逻辑方法不拘一格。总的来说,其形态越来越严密。到了黑格尔哲学中,创造了辩证逻辑,是本体论哲学中有过的最完美的逻辑方法。希腊哲学时期的初创阶段、中世纪严密的三段论演绎法和黑格尔哲学中的辩证法,是西方本体论哲学逻辑方法的粗略划分的三个阶段。

在柏拉图、亚里士多德本体论初步形成的时期,其逻辑方法也不像后世那样严密。例如在柏拉图哲学中,逻辑问题和语法问题往往是纠缠在一起的。同样的情况也出现在亚里士多德的哲学中,当他论述本体是"是者之为是者"的根据时,经验的方法、逻辑的方法和语法的方法也是相互混杂的,比如说,本体是指那些可以独立存在的事物,个别事物是本质,这是经验的证明;从因果关系方面说,本体是是者之所以成为是者的原因,如灵魂之于动物,这是逻辑的证明;从范畴方面看,本体是指那些充当主语的范畴,它只能被修饰、被表述而不表述其他的东西,这又是语法的证明。

---

① 黑格尔:《逻辑学》上卷,杨一之译,商务印书馆,1974年,第5页。

虽然亚里士多德已经创造了三段论演绎法，但在他这里还只是一种独立的工具，没有完全贯穿到被称为本体论的那部分哲学中去。这种方法到了中世纪经院哲学中，成了本体论的主要的方法。始见于安瑟伦的那个著名的关于上帝存在的本体论证明就是一个典型的例子。这个论证是："大前提：上帝依其概念来说就是最完满的'是'（Being）。小前提：存在（existence）从属于最完满的'是'的概念。结论：所以上帝存在（exists）。"① 这个论证直到笛卡尔的《第一哲学沉思集》中几乎仍然原封不动。它之所以能在数百年间被包括大学问家在内的人们奉为有效的论证，不全是由于宗教的狂热迷住了人们的慧眼，而是由于西方人的概念的逻辑思维方法已经成为习惯，以至于越是学问家，越是对这一论证深信不疑。沃尔夫关于本体论的定义中所指的就是这种演绎的逻辑方法。其中，"'有'（按即'是'）是唯一的、善的"即指"是"是最高最完满的范畴；"其中出现了……"即指从"是"这个范畴中演绎出其他的范畴。从概念逻辑的规定看，类概念包含并可从中演绎出属类的概念，这是天经地义的。

使这种以演绎法为其主要方法的本体论遭受沉重打击的是康德。康德很明白，所谓本体论就是纯粹（理性）概念的逻辑体系②。他认为形式（先天范畴）无质料（感觉表象）则空，质料无形式则盲，这可以看作是康德对本体论的提纲挈领的批判。此外，他对本

---

① 转引自 Matin Heidegger, *The Basic Problems of Phenomenology*, trans. by Albert Hofstadter, Indiana University Press, 1982, p. 32. 顺便指出，这一推论再次说明，Being 不能译作存在，"是"的意义比存在要广。
② 康德说："玄学就其狭义而言，由先验哲学及纯粹理性之自然学而成。前者在'其与普泛所谓对象有关而不顾及其能授与之对象之原理及概念'之体系中，仅论究悟性及理性（Ontologia 本体论）"（见康德：《纯粹理性批判》，蓝公武译，商务印书馆，1982年，第577页）。

体论的逻辑方法的批判主要有两点：（1）本体论纯粹从概念到概念的演绎，这是从大概念推出小概念，其中并没有产生出新知识。他称这为先天分析判断。（2）纯粹概念的推演也会导致一系列二律背反，即得出一系列互相矛盾的结论。这对于以逻辑方法为其生命的本体论来说，不能不是一个沉重的打击①。同时，康德对上帝存在的本体论证明也作出了批判。其要点为：（1）"是"本是一个系词，它不能用作大前提中的表语。（2）本体论的证明是纯粹从概念到概念的推论，即使从"是"推出了"存在"，这个"存在"也只是概念的逻辑规定性，它与我口袋里有一百元钱的存在完全是两码子事。而人们却在靠概念的"存在"来证明上帝的存在，这显然不是人们所指望的那种实际存在。

康德对本体论的批判，尤其是他对纯粹概念推论导致的悖论的揭示，刺激了黑格尔去着意改进逻辑方法。结果便是辩证逻辑的创立。根据黑格尔的这种逻辑方法，概念中的矛盾并不是不能容忍的，相反它倒是绝对理念发展一定阶段上合理的现象。矛盾双方相依相存，并且通过否定之否定可以得到扬弃而达到更高的发展阶段。此外，他还把辩证方法与历史的方法结合在一起。这样，本体论就成了绝对理念体系的发展过程的表述。

根据上述考察，我们把本体论哲学的特征归结为三点：第一，就其实质而言，它是一种客观唯心主义的哲学。因为无论是作为对理念世界还是对绝对精神描述的范畴体系，它总之是一片纯粹概念的、超验的实在领域。第二，就其形式而言，它是关于"是"及"是者"范畴的学说。这里根据西方语言的特点，把一切范畴都化

---

① 陈康指出："我们相信，总会有人赞同我们的话：即在《纯粹理性批判》产生以后，建设一种万有论至少不是一件容易的事。"（见柏拉图：《巴曼尼得斯篇》，陈康译注，商务印书馆，1982年，"序"第5—6页）

作用系词作成的"是"或"是者"来表述。这也正是 ontology 这个词字面上的意思。第三，就其方法而言，它采用的是概念逻辑的方法，这种方法在西方哲学史上是逐步形成、成熟，并发展变化的。这种本体论哲学与马克思主义哲学当然是两股道上跑的车。

### （三）马克思主义哲学对本体论的批判

马克思主义哲学的创始人在建立阐述自己的哲学观时，多次批判了黑格尔和青年黑格尔派的哲学。如果我们搞清了本体论是怎么回事，那么也就可以明白，这种批判中实质上包含着对本体论哲学的全面的、彻底的批判，而不管是否提到本体论这个字眼。

针对本体论哲学的三个特点，马克思主义哲学对本体论的批判也可概括为三个方面：

第一，马克思主义哲学揭露和批判了本体论哲学的实质是唯心主义。这主要反映在马克思主义哲学的创始人对黑格尔哲学的全部体系，尤其是《逻辑学》的批判中。让我们来重温恩格斯在《路德维希·费尔巴哈和德国古典哲学的终结》中的如下一段话："在黑格尔那里，辩证法是概念的自我发展。绝对概念不仅是从来就存在的（不知在哪里？），而且是全部现存世界的真正的活的灵魂。它通过在'逻辑学'中详细探讨并且完全包含在它自身中的一切预备阶段而向自身发展；然后它使自己'外化'，转化为自然界，它在自然界中并没有意识到它自己，而是采取自然必然性的形式，经过新的发展，最后在人身上重新达到自我意识，这个自我意识，在历史上又从粗糙的形式中挣脱出来，直到绝对概念终于在黑格尔哲学中又完全地达到自身为止。因此，在自然界中和历史上所显露出来的辩证的发展，即经过一切迂回曲折和暂时退步而由低级到高级的前进运动的因界联系，在黑格尔那里，只是概念的自己运动的翻版，而这种概念的自己运动是从来就有的、不知道在什么地方发生的，但无论如何是同任何能思维的人脑无关的。这种意识形态的颠倒是应该消除的。"①

类似这样的论述在马克思主义哲学创始人的著作中简直不胜枚举，况且也都是人们所熟知的。这里批评的概念的自身运动，正是指本体论哲学。这种概念在黑格尔哲学中被当作是"从来就存在的"，而且是全部现存世界的真正的活的灵魂，即先天第一原理。但是人们并不知道它们究竟存在于何处，它们也是同任何能思维的人脑无关的，这样的原理当然是"意识形态的颠倒"，即唯心主义哲学。

揭露它的唯心主义实质，这是马克思主义哲学对有史以来的本体论哲学的最彻底的批判。这一点在同康德对本体论的批判的对比中很明显。康德对于本体论的批判主要是集中在指出其所使用的传统逻辑方法之不足，但他同时也把纯粹理性范畴当作人所具有的先天的认识形式、自在之物，以至于黑格尔在改进了传统的逻辑方法之后能够再次复活本体论。而马克思主义哲学则在作出批判的同时，多次指出这样的旧哲学应当终结了。如果说，经过康德的批判，要复活本体论是一件不容易的事，那么，经过马克思主义的批判，再要复活这样的本体论简直是不可想象了。

第二，马克思主义哲学创始人揭露了本体论哲学中有一个独立的特殊的语言王国。这一批判涉及本体论哲学对系词"是"的滥用，是从形式方面对本体论的批判。

马克思在《1844年经济学哲学手稿》中批判黑格尔哲学时指

---

① 《马克思恩格斯全集》第21卷，人民出版社，1965年，第336—337页。

出，对于黑格尔来说，绝对理念的自身运动必须有一个承担者、主体，这个主体"就是神，绝对精神，就是知道自己并且实现自己的观念。现实的人和现实的自然界不过成为这个隐秘的、非现实的人和这个非现实的自然界的宾词、象征"①。这个主词就是被人们一向误译为"存在"的系词的动名词 Sein。这里，马克思是沿用费尔巴哈的术语来论述的。因为费尔巴哈在其《关于哲学改革的临时纲要》中说过，在黑格尔这里，思想就是存在、主词，而存在同时又是宾词，逻辑学是他所特有的那种形式的思维，是作为无宾词的主词的思想，或者是同时兼为主词和宾词的思想；黑格尔将客体仅仅看作能思维的思想的宾词。在《德意志意识形态》中，马克思主义哲学创始人更是直接引用费尔巴哈的话说："纯粹建立在这种不可表达的东西上面的存在，本身就是一种不可表达的东西。是的，是一种不可表达的东西。词句失去作用的地方，才是生活开始的地方，才是存在的秘密揭开的地方。"② 这一段话是引来批判施蒂纳的。施蒂纳哲学表面上有别于黑格尔哲学，因为在他的哲学体系中，作为逻辑开端的是"唯一者"，然而，从其实质上看，施蒂纳对"唯一者"作的限定与黑格尔哲学中对"是"（Sein）的限定是一样的③。所以，马克思主义哲学创始人认为，"这样的开端也就是黑格尔的'存在'和'无'的真正同一"④。

在上面的引文中，我们遵从原译而未予改动的那个"存在"，

---

① 《马克思恩格斯全集》第 42 卷，人民出版社，1979 年，第 176 页。
② 《马克思恩格斯全集》第 3 卷，人民出版社，1960 年，第 528 页。
③ 马克思、恩格斯摘引了施蒂纳本人对"唯一者"的 18 条规定，其中如：唯一者是"无规定的"，唯一者是"无规定的概念，其他任何概念都不能使他有所规定"，"唯一者是一个无思想的词"，"唯一者没有任何思想内容"，"有了唯一者，绝对思想的王国就完成了"等语（同上书，第 527 页）。
④ 同上书，第 122 页。

当是我们译作"是"的那个 Sein。在本体论哲学中,"是"是最高最普遍的范畴,其他范畴作为分有"是"的"是者"(das Seiende),都可以从"是"中逻辑地推论出来,这难道不正是所谓从主词中产生出宾词吗?"是"作为最高的类概念,外延最广而内涵极稀薄,它无任何进一步的规定性,这不正是所谓"不可表达的东西"吗?由于施蒂纳没有跳出黑格尔哲学的框子,以一个与"是"相似的、"不可表达的"、"没有任何思想内容的""唯一者"作为逻辑的开端,被马克思、恩格斯戏称为"无思想的、破产的哲学家"①。这些难道不是马克思主义哲学创始人从形式方面对本体论进行批判的铁证吗?这样的证据在马克思主义哲学创始人的著作中也是多得不胜枚举的。

马克思主义哲学的创造人还深刻地指出,没有脱出黑格尔哲学窠臼的施蒂纳哲学,是被囚禁在一种特殊而独立的语言王国里的哲学。《德意志意识形态》写道:"语言是思想的直接现实。正像哲学家们把思维变成一种独立的力量一样,他们也一定要把语言变成某种独立的特殊的王国。这就是哲学语言的秘密,在哲学语言里,思想通过词的形式具有自己本身的内容。从思想世界降到现实世界的问题,变成了从语言降到生活中的问题。……哲学家们只要把自己的语言还原为它从中抽象出来的普通语言,就可以认清他们的语言是被歪曲了的现实世界的语言,就可以懂得,无论思想或语言都不能独自组成特殊的王国,它们只是现实生活的表现。"②

我们已经指出过本体论哲学同西方语言的一种联系并且正是这种联系造成了本体论哲学形式上的特点。马克思主义哲学创始人上

---

① 《马克思恩格斯全集》第 3 卷,人民出版社,1960 年,第 262 页。
② 同上书,第 525 页。

述这段对哲学中"独立的特殊的语言王国"的批判,联系起来思考,就是对本体论哲学的形式的一般批判,他们以其深邃的洞察力,要求人们抛弃用语言独自组成的特殊王国,让哲学直接面向现实生活。如果人们不注意联系西方语言的特点考察本体论哲学的形式,那么上述引文也就失去了它的针对性,马克思主义哲学中的一个重要思想的光辉也就被掩盖过去了。

作为打破本体论哲学中独立的特殊的语言王国的一个重大行动,马克思主义哲学创始人对本体论哲学中性命攸关的那个"是"的概念作了重新界定。在本体论哲学中,"是"作为最高最普遍的范畴,其中包含着"存在"的规定性,但这样推论得出的"存在"只是一个逻辑的规定性,而并不是直接指实际的存在。马克思主义哲学创始人第一次在西方哲学史上把"Sein"这个词"还原为它从中抽象出来的普通语言",把它界说为"存在"。这不是作为逻辑规定性的"存在"范畴,而是指与意识相对的现实世界的存在,马克思、恩格斯明确指出:"意识在任何时候都只能是被意识到了的存在,而人们的存在就是他们的实际生活过程。"[①] 从此,凡是在马克思主义哲学中正面使用的地方,"是"(Sein)这个词就能够,并且只能理解为"存在",这个"存在"就是指自然界,人们的实际生活过程、物质。由于旧哲学中对"是"这个概念作为最高逻辑范畴的运用已经根深蒂固,马克思主义哲学创始人经常需要注意把它和自己的理解区别开来。如,马克思主义哲学认为存在就是指物质,但当杜林使用着同一个词而说世界的统一性在于存在时,恩格斯就指出:"世界的统一性并不在于它的存在","世界的真正统一性是

---

① 《马克思恩格斯全集》第3卷,人民出版社,1960年,第29页。

在于它的物质性"①。显然，这里被译作"存在"的这个词，是杜林从旧哲学意义上理解的"是"，它是"把握自身等同的无所不包的存在（按：当谈论如'是'时）的概念。"② 正因如此，杜林声称他可以从中推论出质（属和种）、量的范畴，直至所有的范畴，恩格斯揭露这是对黑格尔《逻辑学》的粗劣的摹仿。紧接着，恩格斯再次对自己使用的 Sein 这个词作了界说："当我们说到存在，并且仅仅说到存在的时候，统一性只能在于：我们所说的一切对象是存在的、实有的。"③ 如果西方哲学史上对 Sein 这个词根本就没有过与马克思主义哲学的不同的含义，马克思主义哲学的创始人何必一再重申自己对它的界定呢？如果我们对此不作区分，那么在理解马克思主义哲学对诸如有关批判杜林的论述时，又怎能免于一笔糊涂账呢？

第三，马克思主义哲学创始人对本体论的逻辑方法，主要是指黑格尔的逻辑方法，采取了一分为二的态度，即摈弃其神秘的外壳，汲取其辩证法的合理的因素。

马克思、恩格斯多次指出黑格尔的辩证法的逻辑是抽象的、形式的、纯粹思辨的，是"思想的自我发展"，因而是头足倒置的、颠倒的。例如，马克思批判黑格尔哲学中的否定性这个范畴时说："这就是普遍的，抽象的，适合任何内容的，从而既超脱任何内容同时又正是对任何内容都通用的，脱离现实的精神和现实的自然界的抽象形式、思维方式、逻辑范畴。"④ 马克思对黑格尔的逻辑学的结论性评语说："全部逻辑学都证明，抽象思维本身是无，绝对观

---

① 《马克思恩格斯选集》第3卷，人民出版社，1972年，第83页。
② 同上。
③ 同上书，第82页。
④ 《马克思恩格斯全集》第42卷，人民出版社，1979年，第176页。

念本身是无，只有自然界才是某物。"①

摒弃神秘的外壳，意味着把辩证法从概念逻辑中解放出来，去当作是现实世界自身运动的普遍规律。但这也不是说，马克思主义哲学是原封不动地把整个黑格尔的辩证体系安置到现实世界中去，而是通过对自然和社会的考察对它的重新发现。恩格斯说："我们头脑中的辩证法只是自然界和人类社会中进行的、并服从于辩证形式的现实发展的反映。"② 因此，马克思主义哲学的逻辑方法与黑格尔的有根本性质上的不同："即使把马克思的从商品到资本的发展同黑格尔的从存在到本质的发展作一比较，您也会看到一种绝妙的对照：一方面是具体的发展，正如现实中所发生的那样；而另一方面是抽象的结构，在其中非常天才的思想以及有些地方是极其重要的转化，如质和量的互相转化，被说成一种概念向另一种概念的表面上的自我发展。这类例子，还可以举出一打来……"③ 也因此，"黑格尔的方法在它现有的形式上是完全不适用的"④。以上所引的这些话，以及还有大量类似的话，都是人们常谈的，其中表达的观点想必也是人们熟悉的。人们可能忽略的是：马克思主义哲学创始人所批判的这种纯思辨的、抽象形式的，"从无，经过无，到无"⑤ 的概念逻辑方法，正是本体论方法的特点。对这一方法的批判，是对本体论哲学批判的一个不可分割的方面。

原载：《上海社会科学院学术季刊》1994年第1期

---

① 《马克思恩格斯全集》第42卷，人民出版社，1979年，第177页。
② 《马克思恩格斯选集》第4卷，人民出版社，1972年，第494页。
③ 同上。
④ 《马克思恩格斯选集》第2卷，人民出版社，1972年，第120页。
⑤ 同上。

# 三、西方哲学中"是"的意义及其思想方式

汪子嵩和王太庆两位老师合写的《关于"存在"和"是"》一文①讨论了西方哲学中 Being 这个概念的翻译,认为已经"约定俗成"的"存在"这个译名不足以准确表达 Being,主张改译为"是",至少对于理解亚里士多德、巴门尼德哲学应当如此。从表面看,这只是一个术语翻译问题,然而研究西方哲学的人当知道,Being 对于西方哲学这座大厦来说,具有奠基石的功效,对于我们追溯西方哲学的思想方式来说,又有行经走纬的作用。

这篇文章从几个方面论述了 Being 当译为"是"的理由,其中包括追溯其印欧语系的词根并作词源和词义的考释;阐述了作为系词的"是"与西方哲学中逻辑表达式的关系;还结合巴门尼德和亚里士多德哲学,说明以"是"这个译名去释读他们的思想,在一些向来疑难的关节点上所获得的新见解。对于此文得出的结论,我是完全赞成的。

其实早在 20 世纪 40 年代,陈康先生在他译注的柏拉图的《巴门尼德篇》中就把相应于 Being 的希腊文 on 译作"是"和"是的"了。1959 年初版的吴寿彭译的亚里士多德《形而上学》,也作了同

---

① 此文载于《复旦学报(社会科学版)》2000 年第 1 期。

样的处理。然而，长期流行于学术界的却是"存在"这个译名。据信其主要的理由中有：人们的思想不习惯于把"是"当作一个概念来思考，同时也因为汉语没有词性的转换，不便在行文中把它当作名词来谈论。这两点理由是互为表里的，缺少这样的思想，也没有表达这种思想的语言。的确，西方人把"是"用作哲学概念时，同时伴随着一种思想方式，而且，随着在不同哲学中"是"的意义的不同，思想方式也不同。如果我们想进入西方哲学的堂奥，也许不得不用"是"这个词。为此，本文试以"是"去述说西方以论说"是"为主题的两种不同的哲学：传统的是论（ontology）和海德格尔的哲学，以期揭示其思想方式。兹从作为最普遍概念的"是"谈起。

## （一）作为"最普遍"概念的"是"

大家都承认，"是"是西方哲学中广泛使用的核心概念，读西方哲学书总是碰到它。早在巴门尼德那里，"是"就作为哲学术语了。柏拉图以相的方式讨论过"是""不是""所是"或"是者"。亚里士多德提出，哲学就是关于"是者之为是者"的学问。中世纪神学甚至以"是"指称万能的上帝。黑格尔声称他的《逻辑学》是一个严密的演绎体系，其中的范畴无不有其来历，这个范畴体系的开端就是"是"。海德格尔革新传统哲学时，也围绕着对于"是"的阐述，其最著名的著作即称为《是与时》[①]。

在各位哲学家那里，"是"的用法及意义是不尽相同的，但是

---

[①] Matin Heidegger, *Being and Time*, trans. by John Macquarrie and Edward Robinson, New York: Harper and Row, 1962；参见陈嘉映、王庆节译《存在与时间》，生活·读书·新知三联书店，1987年。

## 第一编　本体论的意义

有一点恐怕是人们都会承认的：在西方哲学史上，"是"被认为是"最普遍"的哲学概念，即"是"的意义在于它是那个具有最普遍性质的范畴。至少，这是"是"的多种用法和意义中最重要的一种用法和意义。

什么是"最普遍"呢？通常人们把它理解为包容一切的意思。可是什么是"一切"呢？事实上，由于人们的阅历不同，尤其是思想方式的不同，所谓的"一切"是不一致的。囿于日常生活的人把凡是他亲身经历和感受到的东西称作一切。有科学常识的人把一切扩大到细胞、分子、原子、基本粒子以及这些物质的运动规律。我们也没有理由把那些非物质的东西排除在"一切"之外，例如数学对象、符号组成的信息世界，甚至宗教信仰和哲学思想表达的对象。用什么词语才能使这一切得到表述呢？

在中国历史上，人们曾经把"物"作为泛指一切的名称。墨子称"物"为"达名"[①]，荀子则称之为"大共名"，他说："故万物虽众，有时而欲徧举之，故谓之物。物也者，大共名也。"[②] 这种观念及其表述方法影响深远，直至今日人们还用"万物""世间万物"的说法泛指一切。"万物"在英文里作"all things"，显然，哲学的对象并不限于 all things，"万物"不足以成为哲学的最普遍的概念。

西方哲学把"是"当作最普遍的哲学概念。那么，在什么意义上"是"能成为最普遍的概念呢？为了搞清这一点，我们须追溯到柏拉图。柏拉图是第一个将"是"作成最普遍的相的人。事由起于他的后期著作《巴门尼德篇》，在那里，柏拉图为补救其前期有关相的理论的不足，发展出一种关于相之间相互分有或结合的理论。

---

① 《墨子·经上》。
② 《荀子·正名》。

他提出，单一的相是不能成立的，相只能成立于它们的相互结合关系中。所谓相的相互结合，在形式上就表达为通过系词"是"把分别代表两个相的词组合成的句子。如"一是数"，这个句子就表示"一"和"数"这两个相的结合。"一"这个相的意义是通过"一是某者"这样的句式得到述说的。换句话说，"一"成立于与其他相的相互结合关系中。反之，如果"一"不与任何相结合，那么它除了自身就得不到任何规定，甚至连它自身也不能成立。因为，表示"一"成立的句子写作"一是"，这是希腊文里最简单的句子，它须是"一"和"是"的结合，可是，"是"也是一个相。由此可见，"是"这个相由于它还具有系词的身份，在柏拉图关于相的相互结合的理论中发挥着突出的作用。它不仅是相之间相互结合的纽带，还是每个相成立的起码的条件。"是"的这种性质使它成为最普遍地与其他相结合在一起的一个相。柏拉图论及"是"与"数"的结合时说：

> 如果一切数皆分有"是"，数的每一部分亦将分有"是"。这样，"是"就分配于许多是者中的每一个，不论其为最大的还是最小的，都无缺漏。认为所是者（any thing that is）竟缺少"是"，简直是胡说了。①

这里透露出，凡是分有"是"的相都被称为是者，由于一切相均须与"是"结合方能成立，所以凡是相都能以是者相称。而"是"本身则因遍及一切相而成为相的统领。

---

① Plato, *Parmenides*, 144A；参见陈康译注本《巴曼尼德斯篇》，商务印书馆，1982年，第179—180页。

柏拉图以上说的都是在相论的范围内。严格地说，由于相并不就是今人所说的概念，我们还不能肯定"是"在他这里已经成了最普遍的概念，但是，他至少为后人指示了通向最普遍的哲学概念的方向。亚里士多德也根据对语言中作为系词"是"的表语成分的分析，划分是者的类型，追溯"是"和是者的意义。他指出，被称为"是"的东西有四类：（1）作为事物的属性；（2）作为表语的那些词的类，即范畴；（3）作为被判断为真和假的东西；（4）作为现实的和潜在的东西①。也许系词"是"后面所示的东西不止这四类，然而不论有多少类，只要表示为由"是"引导的东西，无不是"是者"。仅据以上四类，是者的范围就很广泛：它可以指实际存在的东西（事物的属性、现实的东西），也可以指并非实际存在的东西（潜在的东西），可以指作为真的判断和假的判断的东西，甚至还可以指语词的类。这里已经透露出：是者是依"是"才是为所是的，而"是"的意义则是在是者方面得到显现的。

事实上，凡是我们感受得到、想象得到并能形诸语言的东西，都可以表达为"这是某者"的句子，因而都是是者，都落在"是"的范围内。西方人因此可以用是者指称一切可以指称的东西。例如，称人类为 human being，哪怕"无"这个概念也是一个是者，只要它是一个概念；而又因为"是"包容一切，也以"最完满的是"指称全能的上帝。

虽然在西方语言中，是者被用来指称一切可以指称的东西，但是当亚里士多德说，哲学是研究"是者之为是者"的学问时，作为哲学研究对象的是者只限于那些一般的是者，那些特殊的是者则是

---

① Aristotle, *Metaphysics*, 1017a8–b9；参见吴寿彭译《形而上学》，商务印书馆，1981年，第93—94页。

各门专科学问研究的范围①。亚里士多德根据语词类型概括得出的十个范畴，可以作为一般的是者的例子来了解，他说：

> 指实体的，如"人"或"马"；指数量的，如"两丘比特长""三丘比特长"等；指性质的，如"白的""语法的"等性质；"两倍""一半""大于"等属于关系的范畴；"在市场""在吕克昂"是地点范畴；"昨天""去年"是时间范畴；"躺着""坐着"是指姿势的名辞；"穿了鞋的""武装的"属状态范畴；"施手术""进行针灸"是主动范畴；"接受手术""接受针灸"是被动范畴。②

当我们循着柏拉图、亚里士多德的思路，从关于事物的名到达一般的是者时，我们已经不知不觉地在思想上跨出了两大步。首先是从名到是者。名是用来指示实际事物的，我们有"名符其实"的说法。不指示任何实际事物及过程的名被认为是无意义的，是应当予以遗弃的。而当我们的思想切换到是者的层面，一切都被称为是者时，那些"徒有其名"的名，因其转换成了是者，也获得了置身之地。因为，名的根据在于它所指的实，而是者的成立仅须依其在语言中成为系词"是"的表语。其次，当从个别的是者中概括出一般的是者时，思想又跨越了一步。这时，是者离开实际事物更远了，运用这些是者进行的思考也更具有纯粹概念性思考的特点。

既然哲学研究一般的是者，那么哲学中的"是"必定是在与这

---

① Aristotle, *Metaphysics*, 1003a20；参见吴寿彭译《形而上学》，第56页。
② Aristotle, *Categories*, 1b25；参见李匡武译《工具论》，广东人民出版社，1984年，第12页。

些一般的是者的相互关系中得到规定的"是"。一般的是者总是某种特殊规定性的是者（如亚里士多德所列十范畴），"是"使是者是其所是，但"是"本身却不是任何特殊规定的是者。西方哲学沿着这条思路，终于在黑格尔这里得出了有关"是"的如下结论：

> 有、纯有（按：即 Sein/Being，"是"。下同）——没有任何更进一步的规定。……有假如由于任何规定或内容而使它在自身有了区别，或者由于任何规定或内容而被建立为与一个他物有了区别，那么，有就不再保持纯粹了。……有、这个无规定的直接的东西，实际上就是无，比无恰恰不多也不少。①

黑格尔的这番话是对西方哲学史上最普遍的概念"是"的最严密的表述。根据这个表述，我们可以理解"是"有如下三个特征：（1）"是"这个概念是最普遍的概念，这是从逻辑方面规定的，是逻辑的规定性。逻辑的领域是超越时空的，因而我们不能指望"是"指示什么实际可经验的对象，也不能从对象方面去理解"是"的意义。最普遍的"是"的逻辑规定性在于"是"与同样是从逻辑上加以规定的诸是者的相互关系中。（2）对于最普遍的概念"是"，不能有任何进一步的意义方面的说明，除非把它说成无。因为任何进一步的说明都是把一种特殊的规定性加给"是"，从而会使它失去最普遍的性质。（3）"是"是不能被定义的。定义的方法是种加属差。"是"既然作为最普遍的概念，不可能有比它还普遍、还高的种概念。

虽然对于作为最普遍概念的"是"的意义说不明、道不清，有

---

① 黑格尔：《逻辑学》，杨一之译，商务印书馆，1974年，第69页。

的只是否定性的意见，然而"是"却是西方理性主义从事哲学演绎时不可缺少的逻辑开端。

我们已经说明了"是"是西方传统哲学中最普遍的概念，以及这个概念从系词"是"演化而来的过程。或许有人会因为汉语中的系词"是"离开上下文便意义不确定，也因为没有把系词"是"当作一个概念的习惯，于是就不赞成把它用作 being 的译名。那么试问，在现代汉语中，还有哪一个词可以充作最普遍的概念呢？离开了系词"是"，又怎么说明这个最普遍的概念的形成过程呢？有一点则是可以确定的，即任何有确定意义的概念肯定不是最普遍的概念。

## （二）"存在"不是最普遍的概念

我国学界流行以"存在"译 being，几乎已经根深蒂固。然而这个译名对于我们理解西方传统哲学及其思想方式却造成了很大的障碍。

人们喜欢取"存在"这个译名，可能是由于"存在"比"是"容易理解，同时也可以找到词义上的根据。因为"to be"作为实义动词使用时，可以是"存在"的意思。我们确实在恩格斯写于 1886 年的《路德维希·费尔巴哈和德国古典哲学的终结》里，读到了应当理解为"存在"的 being："全部哲学，特别是近代哲学的重大的基本问题，是思维和存在的关系问题"，"思维对存在、精神对自然界的关系问题……"①。不过我们也应该注意，早在出版于 1878 年

---

① 恩格斯：《路德维希·费尔巴哈和德国古典哲学的终结》，人民出版社，1972 年，第 14 页。

的单行本《反杜林论》中，恩格斯有过一个说明："当我们说到'是'，并且仅仅说到'是'的时候，统一性只能在于，我们所说的一切对象都是着（are）、存在着（exist）。"① 这表明恩格斯在使用 being 这个词的时候肯定是指"存在"的意思。然而问题在于，为什么恩格斯要特别加以说明，如果 being 一向约定俗成为"存在"的意思，这一说明就是多余的。恩格斯有必要在此作一说明，这一事实恰恰说明，至少恩格斯所批判的杜林并没有这样认为。而杜林又是摹仿黑格尔的，这点是明确的。恩格斯指出："杜林先生的世界的确是从这样一种'是'（being）开始的，这种'是'没有任何内在的差别、任何运动和变化，所以事实上只是思想虚无的对偶语，所以是真正的虚无。"② 显然，我们是不能把杜林理解的那个 being 当作存在的。

马克思主义哲学中的"存在"是一个标志世界的客观实在性的概念，它与"物质性""自然界"是同义的。所以哲学的基本问题即"思维对存在的关系问题"，也可表述为"精神对自然界的关系问题"③。事实上，当马克思主义把 being 解释成上述意义的"存在"时，其中已经包含着对西方传统哲学的革新。如果我们把马克思主义哲学理解的"存在"加到传统哲学的 being 上去，这不仅抹杀了马克思主义哲学对传统哲学实行的变革意义，而且会把那些在传统哲学框架里围绕"是"这个范畴的纯粹思辨的哲学当作表述存在问题的哲学，从而使我们面对西方哲学陷入一个又一个的困惑。

例如，恩格斯主张"世界的真正统一性在于它的物质性"，批

---

① 恩格斯：《反杜林论》，人民出版社，1970年，第40页。
② 同上书，第41页。
③ 恩格斯：《路德维希·费尔巴哈和德国古典哲学的终结》，第15页。

判杜林主张世界的统一性在于它的"being"。如果我们以为杜林的being就是"存在",并且与物质性同义,那么,恩格斯岂不是在自相矛盾?

又如,西方哲学史上曾经以上帝是完满的being为大前提,推论上帝存在(exist)。如果以为being就是"存在",那么这个推论译成中文后形式上就是错误的,根本就没有必要作进一步的讨论和批判。

这些都是由于不加分析地把being统译成"存在"造成的后果。

事实上,大家都知道,英文中另有一个表示"存在"的词,写作existence。"是"与"存在"既有联系又有区别。"存在"作为一个是者,是从"是"中分化出来的。

"存在"从"是"分化出来,这是一种逻辑的思想,它表示"存在"这个范畴逻辑地蕴含在最普遍的范畴"是"之中。这种观念的产生有其语言学的踪迹可寻。在古希腊的时候,语言中还没有分别表述"有什么"(thereness)和"是什么"(whatness)的词,也即没有"存在"和"本质"这两个词。而"是"这个词则被认为既表示了"存在",又表示了"本质"。所以,当柏拉图说"一是"这个句子时,可以认为是同时表达了"有一"和"这是一"这两重意思。这在表述现实事物的日常语言中是常见的现象,现实的事物必须既是一个什么,又必须是存在着的。两者缺一就不成其为现实的事物。例如,当说"这是一座金山"时,我们明白了它的"是什么",然而由于它并不存在,它就不是现实的事物。

正因为当时希腊文只有"是"而没有分别表示"有什么"和"是什么"的词,当亚里士多德想加以分别表述时,就显得十分麻烦。例如,当他想表达"有什么",即"存在"的意思,是这样说的:"我说的'是'或'不是',是没有进一步限定的,不是指'是或不是白的'。"① 下面一段话是亚里士多德对"有什么"和"是什么"的分别表述:"一个事物是的原因——(此'是')不是指是这或是那,即有这种或那种属性,而是没有限定的'是';以及它是其所是的原因——(此'是')不是指没有限定的'是',而是有某种本质属性或偶性的'是这'或'是那'。"②

从"是"中区分出"存在"和"本质"的过程是颇具戏剧性的。原来,亚里士多德的著作曾被译成阿拉伯文,"在阿拉伯文里不存在一个将这两种意义结合在一起的适当的词"③,即阿拉伯文里没有一个相当于希腊文系词"是"的词,所以,"亚里士多德著作的阿拉伯文版是直译的,然而由于语言结构的原因,它们径直将亚里士多德译成一位有时谈论存在,有时谈论本质,却从不谈及'是'的哲学家"④。大约在公元12世纪至13世纪,亚里士多德的著作又经阿拉伯文转译为拉丁文,从这时起,拉丁文中才逐渐形成了明确区分存在和本质的词。

上述语词演变的历史告诉我们:"是"这个词原来就包含"存在"的意思,但它比"存在"的含义要广;"是"有时也表达"存在"的意思,但"存在"却不能取代"是"。尤其是,当"是"作为西方哲学中最普遍的概念时,更不是"存在"所能取代的。

---

① Aristotle, *Posterior Analytics*, 89b33;参见李匡武译本《工具论》,第222页。
② Aristotle, *Posterior Analytics*, 90a10;参见李匡武译本《工具论》,第223页。
③ A. C. Graham, *Unreason within Reason: Essays on the Outskirts of Rationality*, Open Court, 1992, p.87.
④ 同上书,第88页。

## （三）关于"是"的理论——是论

前文一再坚持，要把"是"当作西方哲学中最普遍的概念来理解，因为这直接关系到对西方哲学中一门最核心的学问——ontology 的理解。仅从字面上说，ontology 就是关于 on/being 即"是"的学问，照惯例也应译作"是论"[①]。西方哲学史上重要的大哲学家的学说，如果不是直接建设"是论"的，多少也是围绕着"是论"或针对"是论"暴露的问题而发的各种议论。因此可以说，只有进入"是论"的门庭，才能得着西方哲学的精神。然而长期以来，我国学界关于这门学问流行的译名是"本体论"，近些年也有的译为"存在论"。这些译名使人觉得这是一门关于本体或存在问题的学问，种种误译，大抵都同一开始就没有把"是"理解为最普遍的概念有关。

究竟什么是"是论"？为什么单用"是"这个名称标志这门学问？详述起来等于是展示一部西方哲学史，本文只能作单刀直入、抽取筋骨的叙述[②]。

虽然"是论"这个名称出现在 17 世纪末，这门学问的奠基者却是柏拉图。柏拉图建立了一种关于相的理论，这种理论认为，我们能感知的事物总有生灭变化，因而是相对的，从它们我们得不到关于它们真正所是的知识，能说明它们真正所是的是相。相不在可感的事物中，它们存在于可感世界之外的另一个世界，即相的世界里。这种理论的积极作用是，使人认识到从感觉得到的知识的局

---

[①] 王太庆先生在《柏拉图关于"是"的学说》（载台湾《哲学杂志》1997 年 8 月第 21 期）中，已经使用"是论"一词。
[②] 参见俞宣孟：《本体论研究》，上海人民出版社，1999 年。

限，从而力图透过现象去发现真理。但这种理论也带来许多难题。首当其冲的一个是，既然相不是我们直接感知的东西，是否真的有相以及一个相的世界的存在？这个问题是无法从正面回答的。柏拉图巧妙地把问题转化成相是如何才有其"自在的是"（ousia）的，或者说，相在怎样的情况下才能成立？以《巴门尼德篇》等为代表的柏拉图后期相论试图解决这个问题。他的结论是，单独一个相是不能成立的，相只能成立于它们相互结合的关系里。本文第一节曾提及，语言中有广泛连系作用的系词"是"，到了相的世界里，被柏拉图用作一个起纽带作用的相，一切相只有通过和"是"的结合，才是其所是，并与其他相结合在一起。柏拉图关于相的结合的理论，就是西方哲学史上最初的"是论"。

相的结合的理论被称为真理，然而它却不是我们可感世界里的真理。人们完全有理由问，这样的真理对我们来说又有什么用处呢？适逢历史进入了基督教发展的时期，柏拉图那套非人间的真理恰好被基督教神学吸纳，用来论证天国的真理。这套理论在其漫长的进程中，后来又采纳了亚里士多德的形式逻辑。于是，相的结合就发展为范畴间的逻辑演绎体系。范畴逻辑体系的出现，是"是论"成熟的标志。

对于日常思维方式中的人来说，"是论"是很难理解的，更何况对于不同语言习惯和文化背景的我们。对于一种理论，人们习惯上首先要问，它是以什么为对象的理论？然而"是论"从其奠基起，就不涉及任何对象，更不是从经验中概括出来的关于世界或宇宙的一般规律的学说。甚至，当它被表述出来的时候，也不能把它看成是人的主观思想的产物，而应视为是范畴自身中的逻辑必然性的展现。从肯定的方面说，"是论"所表达的是绝对理念自身的运动，是纯粹理性自身的展现。

所以，从18世纪初德国哲学家沃尔夫最早为"是论"所下的定义起，我们就发现，这种纯粹的哲学理论除了摆弄范畴本身，并不是关于任何我们所熟悉的对象的。这个定义说：

> 是论，论述各种抽象的、完全普遍的哲学范畴，如"是"以及"是"之成为一和善，在这个抽象的形而上学中进一步产生出偶性、实体、因果、现象等范畴。①

这一定义中提到的在形而上学中进一步"产生"出偶性等范畴的"产生"，指的是逻辑地演绎出来。这在《不列颠百科全书》（第15版）"是论"条中明确地说出来："依他（按：指沃尔夫）的看法，是论是走向关于诸是者之本质的必然真理的演绎的学说。"而《美国大百科全书》则尤其侧重于指出"是论"不以任何经验事物为对象、超经验的性质："是论，形而上学的一个分支，它研究实在本身，这种实在既是与经验着它的人相分离的，又是与它的思想观念相分离的。"

现在我们再回过头来谈与是论密切相关的这个"是"的意义问题。我们已经交代过了，在柏拉图那里，"是"这个相倚仗其在语言中的系词的身份，成为相之间相互结合的纽带，因此我们对"是"这个相的理解离不开对作为系词的"是"的理解。自从是论引进逻辑方法以后，"是"就成了一个严格逻辑规定的范畴。而且，它不是一般的范畴，而是作为全部演绎体系开端的范畴。形式逻辑的三段论，用康德的话来说，本质上是一个先天分析判断，结论中

---

① 转引自 Hegel, *Leture on the History of Philosophy*, Vol. III, London, 1924, p.353；参见贺麟、王太庆译《哲学史讲演录》第4卷，商务印书馆，1978年，第189页。

的东西事实上只是将逻辑地包含在前提中的内容展开。因此,是论作为演绎体系,要逻辑地推出各种范畴,其最初的大前提,即作为全部逻辑体系开端的范畴,必定是一个无所不包、最普遍的范畴。这个范畴就是"是"。作为最普遍的范畴的"是",其意义只是相对于各种特殊规定性的范畴即是者而言的,此外,"是"并无其他所指①。

是论曾经被认为是纯粹的哲学原理。作为纯粹的原理,它并不指示任何对象,而只是从概念到概念的纯粹思辨。甚至,当我们说它是纯粹概念的思辨时,还得指出,这不是人在思维,而是假定为绝对精神自己的展开。在这个意义上说,是论是完全脱离实际的、空洞的理论。对于这种理论形式及思想方式,日常思想方式的人们是十分陌生的;在中国古代,也从来不曾出现过这种形态的哲学。人们习惯于与对象相联系的思想,即关于某个对象的思想,哪怕是虚构的对象,却不习惯不与对象相关的空洞思想。也许正因如此,人们就容易接受"本体论""存在论"这样的译名,以满足其对象才踏实的思想的需要。但是这一脚却踏到是论之外去了。

我们且不要因为是论有脱离实际的明显缺点而怀疑它在西方哲学史上的存在和地位。事实上,这种理论的存在有其历史渊源,并且正因为有这种理论,才使哲学家们在批评和克服其缺陷的过程中,推动了西方哲学的发展。例如,笛卡尔以"我思,故我是"这个命题,把"是"等同于思维。考虑到"是"原来是另一个世界里

---

① 牟宗三先生在《五十自述・架构的思辨》中曾谈到西方哲学中的"存有领域(realm of being),关于这个领域的理论,他的体会是:"一个表达逻辑自己的纯形式的推演系统,自始即不牵涉对象,全系统一无所说,与外界根本无关。然则它表示什么呢?这须慎审体会。我步步审讯的结果,遂断定它只是'纯理之自己展现',它不表示任何东西,它只表示'纯理自己'。"(见《牟宗三集》,群言出版社,1993年,第58页)这个"存有领域"实际上就是西方哲学的"是论"。

的纯粹原理的逻辑开端，笛卡尔的这一转语所起的作用，正在于把这套原理体系纳入人的思维，逻辑演绎从此被肯定为人所具有的理性能力。这一转折使西方哲学的重心从是论移到了认识论，从而开启了西方近代哲学的序幕。

### (四) 海德格尔的"是"的意义

西方哲学中谈到的"是"的意义是多种多样的。本文前面所谈的作为逻辑意义上最普遍的范畴的"是"，主要见于是论中。由于是论在西方哲学中的重要地位，这种意义的"是"是我们首先需要了解的。同样，如果有一种哲学针锋相对，根本反对把"是"当作一个逻辑范畴看待，便是对以是论为核心的西方哲学传统的挑战，它也是本文尤其应当关心的。海德格尔哲学正是这样一种哲学。

照海德格尔的说法，传统哲学看似在讨论"是"（Sein/Being）的问题，实质上却停留在是者（das Seiende/being，即 that it is）的水平上。因为在传统哲学里，"是"是一个范畴。海德格尔要讨论的"是"，是指"天是蓝的""我是快活的"这样的句子中的"是"，所以，从西方的语法来说，传统哲学的"是"是动名词 Sein，海德格尔的"是"则是不定式 sein，只是屈从于文法，在行文中也写作 Sein。照海德格尔的看法，由于从柏拉图以来，西方哲学实际上只停留在是者的水平上而没有真正深入到"是"的意义问题，所以整个西方哲学史只是一部忘"是"的历史。"是"的问题的重要性在于，大家都承认，是者是依据"是"的方式是其所是的，阐明了"是"的意义也就说明了是者的来历。号称西方第一哲学的是论既然只停留在是者的水平上，就称不上是最深的哲学，因为它来历也可从"是"的方面得到说明。

第一编　本体论的意义

　　那么"是"的意义究竟是什么呢？对"是"的意义应该从何处着手去寻问呢？前面我们曾引"天是蓝的""我是快活的"，海德格尔要寻问的是这种表述中作为系词的"是"的意义。可是我们不要以为海德格尔是一位研究词义的语言学家。他在这些表述中看出，天、蓝的、我、快活的，这些是者得到了首肯。在我们的首肯中，是者得到了显现，"是"的基本意义就是显现。使是者得以显现的"是"的方式是多种多样的，判断、解释、说明、表述、领悟等等都是"是"的方式。在许多情况下，我们并不必使用到"是"这个词，甚至是在没有去想一下的情况中把握着是者的。例如，在一场激烈的乒乓球比赛中，运动员须全神贯注回击飞来的球，他打得越顺手，就越不及去想一下手中握着的拍子，拍子与他是浑然一体的；只是当拍子影响了他正常发挥的时候，才会特别留意拍子出了什么毛病。在这两种情况里，运动员对待他的拍子的方式是不同的，在前一种情况里，运动员对拍子取环顾（circumspection）的方式，后一种取看（seeing）的方式。相对于这两种方式，球拍分别成为应手状态（readiness-at-hand）的是者和显在状态（present-at-hand）的是者。这个例子说明，是者之为是者，在于人与之打交道的方式，这种打交道的方式既是事物那样的是者的"是"的方式，也是人自己这个是者"是"的方式。所以，"是"的方式应当在人与周围事物打交道的方式中去寻求。

　　人自己也是是者。人是在与周围的他人和事物打交道的关系中是为所是的，这种打交道正是人自己的"是"的方式，所以海德格尔用"本是"（Dasein）称呼人，它表示我们每个人都是一个在与周围的交道中（即"是"中）是为所是的是者。这里所谓打交道的现象，是人主动介入自己所在的世界的过程，描述为"是于世中"（Being-in-the-world），"本是"就是以这个结构去"是"、去展开的。世间是者之为是者，取决于人与之打交道的方式，而人则是打交道现象中主动的方面。因此，追寻"是"的意义，归根结底在于揭示人自己的"是"的方式。

这里还要交代一点：虽然一切都在"是"中是为所是，只有人这个是者才在自己"是"的过程中同时领悟着"是"，海德格尔称人的这种与众不同的"是"的方式为生存（existence）。因此之故，海德格尔称本是为"澄明之所"，意为各种是者在其中得到显现的场所。也由于这个特点，关于"是"的意义问题可以从本是依"是于世中"的结构展开出来的生存状态（existentiality）的分析中去寻问。

以上的初步介绍已经透露出，海德格尔哲学所谈的"是"的问题，与传统哲学的"是"的问题，其间存在着如此巨大的差别，以致我们只有从哲学的不同方向和形态方面才能讲清两者的差别。

从古希腊哲学起，西方人就开始把哲学定位在追求真理的方向上。在其发展的过程中，西方人认为真理应当具有普遍性和必然性的特征。这就是说，真理不应因人而异，而应是放之四海而皆准的。结果就产生了是论这样的理论。是论运用范畴进行逻辑演绎，被认为是普遍性和必然性的保证，并因而被称为是具有客观性的。"是"和是者就是这样一些从逻辑上加以规定的范畴，其中，作为全部逻辑体系开端的"是"是最具普遍性的范畴。然而，当海德格尔主张，是者之"是"的意义应当在本是的生存状态中去寻求，于是，哲学便转向深究人自己的"是"的方式的方向上去了。又因为人自己作为是者也是在自己的"是"的过程中成其所是的，所以追究人自己的"是"的意义等于深挖人之为人的来历。海德格尔得出的最终结论是，能够刻画本是之"是"的特征的是时间性。"是"的时间性特征，使"是"必定要从自身冒出来，介入或沉沦于它所

第一编　本体论的意义

在的世界，从而是为所是。死亡也是本是自身所"是"的方式，它使本是不可能再去"是"了。据此，人们认为海德格尔哲学是以探究人生意义为其方向的。本是的"是"的过程就是我们每个人自己生命展开的过程，"是"的时间性特征不但说明生命总是要展开出来，而且说明生命是有限的。明白这一切的真正目的，在于实现自己本真的生存，也就是要达到人生的自觉性。

不过，要是让海德格尔自己来说的话，他不会同意把他的哲学看作是哲学所可能取的多种方向中的一种。对他来说，如果哲学研究的问题应该是最深刻的问题，那么，通过对本是的生存状态的分析而追寻"是"的意义问题，当是一切哲学中最深的问题，因而应当是哲学最基本的方向。其他方向的哲学中所谈及的问题，可以从他的哲学里得到说明。由于是论一向被传统哲学认为是纯粹的原理，所以海德格尔要使是论在他的理论框架内得到解释。他批评是论中作为最普遍的范畴的"是"既然不能被定义，也不能用任何特殊的规定性去解说它，说明在是论的框架内，"是"的意义是得不到阐释的。他又指出，是论里的"是"既然是一个范畴，它实际上只是一个是者。是者的本质或来历可以从它"是"的方面去说明。作为例证，他谈到过"无"的问题。在是论中，最普遍的"是"因没有任何进一步的规定性而被等同于"无"。可是海德格尔指出，这样的"无"其实仍然是一个是者，因为它是一个范畴。真正的"无"是人自己的一种生存状态，在这种状态里，无思无虑，物我浑然一体，甚至连"无"这个词也说不上。只是当从这种状态醒过来，擦亮眼睛回想起来，才说出了：原来刚才的状态就是"无"①。

---

① Matin Heidegger, *What Is Metaphysics*, trans. by R. Hull and Alan Crick, in *Existence and Being*, Vision Press Ltd., 1967, p. 367；参见熊伟译《形而上学是什么？》，载孙周兴选编：《海德格尔选集》（上），上海三联书店，1996年，第144页。

海德格尔认为,这种"无"的境界是我们每个人可能亲身体验的,是作为概念的"无"的出处,概念的"无"则是对生存状态的"无"反思的结果。依此类推,是论中的每一个范畴应当都能通过生存状态的分析,说明它们的出处和来历。事实上,是论中的范畴只具有逻辑规定性而不涉及对象,这是是论号称绝对真理却与现实世界隔一道鸿沟而存在于彼岸世界的原因。绝对真理既然是普遍必然的真理,它也不是从经验事实的概括中得出的。它倚仗逻辑演绎,声称是自己说明自己的。现在,海德格尔对其中的范畴的来历从生存状态的分析中作了说明。于是海德格尔认为,对本是的生存状态的分析是比是论还要基本的学说,因而称之为"基本是论"(fundamental ontology):"基本是论——所有各种是论只有据此才得以得出——必须在对本是的生存状态的分析中去寻求。"①

海德格尔哲学与传统哲学的差别还体现在二者的方法上。以是论为核心的西方哲学重逻辑的方法,这是不必多说的。海德格尔则称自己的方法为现象学的。一切是者是其所是的过程是现象,或者反过来说,在现象中,一切是者是其所是。前面说过,本是是使一切是者得到显现的一块澄明的场地。于是,所谓现象就是本是自身的展开。本是是依"是于世中"的结构展开的,这意味着,一切世内的是者显现出来时,总伴随着人与之打交道的一种方式,即本是自己的生存方式,或曰"是"的方式。而我们每个人自己就是本是。因此,当采用现象学的方法去描述本是的"是"的方式时,我们不必到别的地方去找一个本是,而是直接把自己这个本是"是"

---

① Matin Heidegger, *Being and Time*, p.34;参见陈嘉映、王庆节译《存在与时间》,第17页。

的方式描述出来。海德格尔又称这种方法为释义学的。显然，无论是现象学的还是释义学的，都是引导人们去体验自己生存的方式，并将这种体验描述出来。

同传统哲学比较，海德格尔哲学不仅在方向和方法上与之不同，就是在哲学形态方面也是不同的。哲学的灵魂在于形而上学。哲学的形态指的是形而上学的形态。以黑格尔哲学为代表的西方以是论为核心的形而上学解体以后，人们一再惊呼，哲学终结了。但是并没有人否认海德格尔哲学中仍然有形而上学这个灵魂[①]。但是仔细分析起来，海德格尔的形而上学与西方传统的形而上学是不同的。传统哲学把形而上学看作是对经验的超越，是走向经验之外的东西[②]。如果我们承认海德格尔哲学也是一种形而上学，那么它不仅不脱离经验，而且需要个人自己当下的体验。这种体验里有对日常经验的超越。日常经验总是拘执于是者的，为要体验本己的"是"，就需要剥离是者，从而赤裸裸地显出使是者是其所是的"是"来。剥离是者的过程是一种超越的体验，但这种超越不是超出经验，而是超越日常经验，去深入把捉形成这种经验的自己的生存方式。因此，我们看到两种不同的形而上学：一种是从经验向外超越，直到用概念的逻辑演绎表示的传统形而上学，另一种是从经验向内超越，直到显露出使这种经验成为可能的自己的生存方式的海德格尔的形而上学。

值得我们惊讶的是，这两种有重大区别的形而上学，都是借助于"是"这个词做文章的。这岂不是说明哲学思想的革新也只能在

---

[①] 卡尔那普的著名论文《通过语言的逻辑分析清除形而上学》(载洪谦主编：《逻辑经验主义》上卷，商务印书馆，1982年) 就是将海德格尔哲学作为形而上学的典型的。
[②] 康德在《未来形而上学导论》中说："形而上学知识这一概念本身就说明它不能是经验的。"(庞景仁译本，商务印书馆，1982年，第17页)

传统文化的背景中展开么?

## (五) 思想方式始于词的运用

本文的出发点是要说明西方哲学中的 Being 译为"存在"之不妥,而当译为"是"。但是本文不采取逐条辨证的办法,而是径直采用"是"这个译名,去述说西方哲学。结果,我们发现,这样表述中的西方哲学,与采用"存在"这个译名表述的西方哲学相比较,不仅面貌上有了不同,而且以是论为核心的西方哲学的形态、方法及其特有的思想方法也更清楚地呈现在我们面前。如果这种述说是符合西方哲学的真实本义、是成功的话,那么就是对"是"这个译名的一个检验。在词的运用中,就有了思想方式。

人们容易接受"存在"和"本体论"这样的译名,其中一个主要的原因,可能是因为人们一见"存在"和"本体论",就对这两个词的意义有一种理解。而离开了上下文,"是"这个词的意义就不明白了。其实这还是拘执于日常思想方式而没有进入西方是论所特有的那种思想方式。是论中的范畴区别于日常语言中的概念:日常概念的意义在于这个概念所指的实际情况或对象,而是论中的范畴既然是超时空的,它就不指示什么实际情况和对象。正如冯友兰先生关于理论思维中的概念所说的那样:"如果能了解'红的'概念或共相并不红,'动'的概念或共相并不动,'变'的概念或共相并不变,这才算是懂得概念和事物、共相和殊相的分别。"① 冯先生是从否定方面说的。从肯定的方面说,逻辑范畴(即冯先生所说的理论思维的概念或共相)的意义在于它们的相互关系的规定中。比

---

① 冯友兰:《中国哲学史新编》第一册,人民出版社,1984年,第22页。

如说，作为逻辑范畴，整体和部分是相互规定的，其中有整体是部分之和、部分必定包容在整体中等等必然的关系。如果用在日常语言中，情况就可能不一样，如蟒蛇的胃（部分）容得下一头牛（整体）。是论中的范畴是摆脱了经验事物的绝对的概念，只有这样才留下了纯粹概念间的关系。所以，在这里，我们可以说，"存在"并不是实际的存在，"本质"也并不是事物的本质，"存在"与"本质"是在其相互关系中而有其各自意义的。是论中其余的范畴也都如此。所有的范畴都通过化为是者而与"是"建立逻辑关系，如此而已。因此，如果是为了迎合日常思维方式，为概念确定其对象而取"存在"和"本体论"这样的译名，那完全是多余的。事实上，"本体论"这种名称立即使人想到关于"本体"的学问，字面上的可理解性反而封闭了通向理解是论的道路。

海德格尔明确他所谈的是"我是快活的""天是蓝的"这类句子里的系词的"是"。大概没有人会把这些句子里的"是"读成"存在"。如果我们能容忍以"是"谈论海德格尔哲学，却坚持以"存在"去读西方传统哲学，那么，海德格尔哲学问题的提出就没由来了，西方哲学的文化背景也就断裂了。作为系词的"是"看似只起联络主词和宾词的作用，实际上当某些东西通过系词表达出来时，其中包含着人对它们认可的态度。这种态度不只是纯粹意识性质的，它首先存在于人与之打交道的实际活动中。是人自己的生存方式。用汉语的"是"述说海德格尔哲学，既表达出了与西方传统哲学不同的一种哲学，又在其中保持了西方文化背景的一致性。

最后一点关于语法问题。有人担心汉语中没有动词转换成动名词的语法规则，所以觉得"是"不能作为名词被谈论。本文自始就在谈论"是"的问题，而没有顾及它的词性，行文想也没有什么不便。既然只有西方语言中有动词名化的规则,就让西方语言去遵守。汉语本来就"词无定品",为什么要遵守西方语法呢?

原载:《中国社会科学》2001 年第 1 期

# 四、论普遍性
## ——中西传统哲学形态的一种比较研究

### (一)"普遍性"问题的意义

普遍性很有吸引力。它最初是产生在西方哲学中的一个概念，现在我们已经在各种场合使用得很频繁，同时，不可否认，普遍性也使我们在许多问题上产生疑惑。

理论上的普遍性标志其适用的范围，其适用范围越大，就被认为越有价值。普遍性较大的理论把其他普遍性较小的理论当作只是自己的一个特例。

人们不仅在理论上追求普遍性，创造一种产品、一种服务，如果最终成了标准，就会占领市场，这也包含着创造某种普遍性的意思在内。在经济活动中，经济活动要走向世界，与全球接轨，这意味着要遵循共同的活动规则。人们用"普世性""普适性"来描述经济生活中的这种现象，我们现在正在使自己的经济活动获得普遍的性质。

我们似乎逃脱不了普遍性的笼罩。只要我们留心于普遍性，那么，就到处都能发现普遍性。黑格尔说，"这片树叶是绿的"，就已经掺杂有"是"和个体性的范畴在其中[①]。其中的"是"就是代表

---

① 黑格尔：《小逻辑》，贺麟译，商务印书馆，1980年，第41页。

普遍的范畴。亚里士多德说："任何事物的认识均凭其普遍性。"① 分析我们日常交流的话语，其中就有普遍性的概念，不然就达不到交流的目的。

从逻辑上看，普遍性包容特殊性，因而优于特殊性。但是当对普遍性的强调触犯了人的实际利益的时候，普遍性的优越地位就会受到挑战。

我们常用各个国家的人民有不同的价值观的说法，来回应西方世界对我们施加的压力。问题在于，价值是否也存在普遍性的问题？也就是说，是否也存在普遍的价值？如果存在普遍的价值，那么，我们有什么理由拒绝普遍的价值？如果我们不能从理论上对所谓普遍性问题作出说明，就总不是有力的回应。这里的问题是，如果大道理可以管小道理，那么有无最终的大道理？如果有，它的性质又如何？

为了澄清普遍性问题，我们试图考察这个观念的来源。我们惊讶地发现，中国哲学史上并未曾有过对普遍性的自觉追求，更没有形成绝对普遍的观念。有无绝对普遍的观念竟是中西哲学形态的重要区别之一。

## (二) 普遍观念的源起

说中国哲学并没有对于普遍性的自觉追求，人们最初的反应往往是难以置信。这里首先要区别一点：一种学说有普遍的意义与一种以普遍性为目标的学说是不同的。经过分析我们知道，哪怕用于日常交流的语言也充满普遍性，但是，普遍性本身不是日常语言追

---

① 亚里士多德：《形而上学》，吴寿彭译，商务印书馆，1981年，第55页。

求的目标。对普遍性的自觉追求始于柏拉图、亚里士多德,这种自觉的追求决定了西方传统哲学的形态,使哲学最终成为普遍知识乃至绝对原理的学说。中国哲学显然不是以那种绝对原理的形态出现的,它主要是求得人生自觉的学问。难怪日本人西周以汉字翻译philosophy时,最初见于1861年出版的津田进藤《新理论》的附录,用的是"希贤学"或"希哲学",意思是成圣成贤的学问,落脚点在人而不在原理,这是站在中国哲学或受了中国哲学影响的日本哲学的立场上的翻译,循此,可以揭示中国传统哲学的特点和形态。直到1874年,西周才在他的《百一新论》中改译为"哲学",把"希"去掉了①。如果我们习惯了作普遍性的思考,就容易认为中国哲学既然包含着普遍性的道理,就应当与关于普遍性的学说没有区别。

普遍是指全部、整个,或没有例外。一个普遍的概念指称同一类的全部对象;一种普遍性的原理被认为是该普遍性所涵盖的范围内的全部对象都须遵循的规律。普遍性显然有程度上的差别。其涵盖的范围越大,则普遍性越高。在中文里,普遍有时也称为一般。习惯上人们认为,与普遍性相对的是特殊性,与一般性相对的是个别性。

我们现在能熟练地使用普遍性的观念,对于普遍性本身也有牢固的把握,这事实上是接受了教育的结果。最初"普遍性"本身对于大多数人来说,是很不容易把握的。这需要经过哲学家的提倡和长期的训练。我们有柏拉图写的对话为证。

在古希腊,柏拉图最初提出的理念,就是一种普遍性的东西。

---

① 转引自柯雄文:《西方哲学对中国哲学史发展的影响》,载上海中西哲学与文化比较研究会主编:《20世纪末的文化审视》,学林出版社,2000年,第97页。

由于那时人们并不识普遍是什么意思，柏拉图几乎是费了九牛二虎之力，才能把人们引导到对普遍性的方面进行思想。我们可以举柏拉图的《美诺篇》为例。在那篇对话里，柏拉图的目的是要提出一种关于"美德"的理念。我们读到，当被问及"什么是美德？"时，美诺只能提出各种各样具体的美德，只有在经过"苏格拉底"的不断启发下，才达到美德的一般观念，即达到所谓"美德"本身的理念。柏拉图早期的对话中，有许多这样的内容，人们把它们归入寻求定义或理念一类的东西，其作用在于训练人们接受普遍的观念，并用普遍的观念进行思考。这说明，对于没有受过思想训练的人来说，要形成普遍的观念并不容易。甚至，在柏拉图写的对话中，似乎还没有"普遍"这个词。

我们都知道柏拉图创立的理念论对于西方传统哲学形态的确立有重大的决定作用。理念就是普遍性的东西，是后世所谓普遍概念的雏形。相对于可感世界里同类事物的多样性，理念是它们的标准，是一。柏拉图认为，我们在可感世界所知的事物不是它们的真正所是，理念才让我们看清它们的真正所是。理念是我们肉眼不能看见的，它们独立存在于另一个世界。所以，我们对理念的把握与对我们可感世界事物的把握的方式是不同的，他用著名的洞穴比喻说明这种不同。不明白理念的人与把握了理念的人的区别是，一个是终身被囚在洞穴内面壁而坐、只看见洞穴口的事物被光线映在洞壁上的物象；另一个则是挣脱了枷锁走出洞穴看见了事物的真相（柏拉图：《理想国》，第7卷，514A—517B）。不懂得理念的人和把握了理念的人所知的世界还有一比：一个像是在水里的鱼看天空和星辰；另一个则是跃出水面见到了真实的天空和世界。

从柏拉图提出理念论以后，对普遍性的追求就成了西方哲学的目标。起初，柏拉图的理念论主张事物分有理念，由于分有理念，

第一编　本体论的意义

事物才是其所是。后来，这种理论遇到了困难，他转而在《巴门尼德篇》中发展出一种关于理念间相互结合的理论。最后在《智者篇》中他提出，有一门最大的学问，它研究"通种"间的结合[①]。所谓通种是最具普遍性的理念，研究理念或通种间结合的理论就是西方哲学史上最初的"是论"（即 ontology，旧译本体论）。亚里士多德在他的《形而上学》一书开头就把知识划分成等级，有感觉、记忆、经验、技能的知识，直至智慧所把握的知识。而知识的普遍性程度就是划分等级的标准，技术高于经验，就因为"经验为个别知识，技术为普遍知识"，所以技术家较之经验家更聪明。"智慧由普遍认识产生，不从个别认识得来。"（亚里士多德：《形而上学》，981a15，981a26）哲学就是研究最普遍的原理和原因的学问。这样，他把哲学界定为是关于"是者之为是者"的学问，并且说："这与任何所谓特殊的学问不同；那些特殊的学问没有一门普遍地研究是者之所以为是者。"（亚里士多德：《形而上学》，1003a20）

我想，上面引证的这些话已经能够说明，西方传统哲学自始就有一种自觉追求普遍性知识的动机，乃至于哲学就可以定义为关于普遍知识的学问，其他有关哲学的定义多半是这个定义的引申和发挥。

由于西方哲学从柏拉图、亚里士多德起就确定了追求普遍知识的目标，导致了绝对普遍观念和绝对普遍观念构成的绝对原理世界，这就把中西哲学形态的差异进一步显示出来了。

---

[①] 柏拉图《智者篇》253B-C："既然我们承认，通种间也有结合的问题，那么，要能指出哪些通种彼此相合，哪些通种彼此不合，不是需要有一门学问指点讨论的途径吗？有没有某些渗透在它们中间、把它们结合起来的通种，或者，在分离的情况下，是否有些通种贯穿于全部并在其中起作用，这些不也是这门学问要讨论的吗？"

## (三) 从普遍到绝对普遍

柏拉图和亚里士多德都主张哲学是普遍性的学问,但是他们两人是有重大分歧的。柏拉图主张理念论,全部理念是存在于我们可感的世界之外的,他的理论被称为实在论(realism)。亚里士多德则不承认有理念的存在,并不存在这另一个世界,所谓普遍的东西其实是从经验中概括出来的,亚里士多德则成为经验论的代表。

经验论的观点似乎更容易被大众接受,因为人们多半总是根据常识来理解自己生活于其中的世界的。但是,只要人们沿着追求普遍性知识的方向深入思考,就会发现经验论的局限性。例如,我们常有机会比较自然界的两个事物相等还是不相等,一般以为,我们从两个事物相等的事实获得了等的观念;但是,有道是,天底下没有两片树叶是相等的,尽管如此,我们还是有相等的观念,这个观念是哪里来的呢?经验论不容易回答这个问题。

还可以以数学为例。数是一种普遍性的东西,它是哪里来的?按照亚里士多德的观点,普遍就在万物中,是从万物中抽象出来的[①]。用这个观点看数,"数学对象不能离事物而独立存在"(亚里士多德:《形而上学》,1064a34),"数若不存在于可感觉事物之内,

---

[①] 关于这一点,有亚里士多德的话为证,他说:"他们(按,指柏拉图主义者)认为可感觉世界的各种特殊事物总是变动不居、难以持恒,唯有与事物分离的普遍者离异了万物,然后才不至于那样。在先前的讨论中我们曾说过,是苏格拉底的定义的方法启发了这种理论,但是,他并没有把普遍和个别相分离。不分离的想法是对的。这点从结果看是很明白的:没有普遍便不可能有知识,然而,分离却是引起关于理念的异议的原因。但是,他的继承者却认为,如果在可感和变动不居的事物之外确有其真正所是,那么,这些表示其真正所是的普遍的东西必是独立存在的,别无它方。这就使得普遍和个别几乎就是同一个东西了。照我们上述观点,这就是理念论的毛病。"(见 *Metaphysics*, 1086b1 - 12)

何以可感觉事物表现有数的属性,执持数为独在的人们均应该解答这个疑问"(亚里士多德:《形而上学》,1090b4),他事实上是主张数是从计点事物中抽象出来的。根据这种方法,计量的单位必须相同,如,人、马、神应分别计数,如果一定要放在一起计数,那么,就将他们统一看作"活物";人、白和散步就不能成数(亚里士多德:《形而上学》,1988a5—10)。数是事物数量的抽象,关于这种抽象的方法,亚里士多德打比方说,就像可以从诸多运动的事物中撇开运动的物体不管。但是,这里也有困难。如果每个数都是从计点事物的经验中得到的,那么,我们所知的数就只能是很有限的。然而,我们很容易就可以看出我们在实际中从来也没有计点过的很大的数目,并且能用它们进行运算;我们不仅有一切的自然数,还有分数、无理数甚至虚数这些不能直接从事物中感知的数。根据亚里士多德的经验论,这些问题是难以解释的。

柏拉图则把普遍的理念当作是在我们这个世界之外独立存在的东西,且理念存在于它们相互结合的关系中;既然数是理念,数也存在于它们相互结合的关系中。柏拉图指的这种结合关系就是加法和乘法的运算,用这种方法推得了一切的数(柏拉图:《巴门尼德篇》,142E—144E)。事实上,从"一"的理念推得一切数,是柏拉图论述理念成立于它们相互结合的关系中的重要论据。

柏拉图和亚里士多德对普遍性的不同看法,在后来的西方哲学中分别发展出"绝对普遍"和"相对普遍"的观念。相对普遍显然有程度的差异,其普遍的程度始终在经验范围内,且与经验所达到的深度和广度一致。绝对普遍则试图涵盖全部经验,不余例外,结果,它自身不能专系于任何特殊的经验,而只能置身于一切经验之外。

英文里有两个词反映出绝对普遍和相对普遍的区别,一个是

universal（universality），另一个是 general（generality）。一般来说，当说到绝对普遍性的时候，用的是前一个词；general 则多用于相对普遍性，general 这个词有一个动词形式，to generalize，意思是概括。所以 general 也多指从经验概括来的普遍，即相对普遍性。

绝对普遍性最能反映西方传统哲学主流的特征，也是把握西方哲学的难点。我们要把握它的如下三个特点。

第一，绝对普遍性通过纯粹概念（或范畴）表达，纯粹概念与经验事物是相脱离的。这个意思首先是说，它不是从经验概括得到的。因为从经验概括得到的概念总是有局限的，因而总是相对普遍的而不是最普遍的。黑格尔说到他的《逻辑学》开端的范畴"是"的时候说，作为最高、最普遍的范畴，"是"是没有任何进一步规定性的，因为任何特殊的规定性都将使"是""不再保持纯粹了"[①]。所谓纯粹的概念就是概念本身，与经验事实无关。其实，不只是"是"，任何最普遍的概念都是与经验事实无关的。正如冯友兰先生说，理论思维的概念"红"并不红，"动"并不动，"变"也不变[②]。

第二，绝对普遍的概念是超时空的。这一点与前一点有关，或者说是前一点的进一步发挥。经验的事物总是发生在时空内的，所以，与经验事实无关的纯粹概念就具有超时空的性质。特别列出这一条是必要的，因为我们可能因为不了解这一点而陷入思想的困境。例如，有人问，先有竹还是先有笋？如果指的是某棵具体的竹和笋的关系，我们并不难回答这个问题。但是，问题中的竹和笋不特指具体的竹和笋，而是超时空使用的普遍概念。问题本身一方面

---

① 黑格尔：《逻辑学》上卷，杨一之译，商务印书馆，1974年，第69页。
② 冯友兰：《中国哲学史新编》第一册，人民出版社，1982年，第22页。

唤起我们对两个互为因果关系的对象的思考，这是超时空的纯粹理论的思考，然而，另一方面，这个问题同时又要把我们带入关于对象的时间关系的思考，它要问竹和笋的先后关系，这样就使我们的思想在两种不同的思考方式间游移。我们实际中遇到的这类问题并不少见。

第三，纯粹概念是从它们相互规定的关系中获得意义的。日常思维的方式总是从经验事实方面理解相关概念的意义。例如，关于"红"的意义，我们就自然联系到我们所见的红颜色。但是作为纯粹概念的"红"既然不是从经验概括得到的，就不能从所见的红颜色去理解。理论上可能说，"红是一种颜色"，这是通过"红"和"颜色"这两个概念的关系规定它们的意义。哲学上以纯粹概念间关系表达的理论，就是所谓"是论"，它被认为是纯粹原理，是西方传统哲学主流所致力构造的东西。逻辑，从最初的意义上说，就是为了进行纯粹概念间的关联而产生出来的规则。这样说的一条证据是，在柏拉图这里，最初逻辑和语法是不分的，理念间的结合是兼用语法和逻辑的。

与以上三点相关，我们还要提到西方哲学中作为绝对普遍性质的纯粹原理所使用的语言的特点。尽管绝对普遍的原理是脱离经验的，但是，其所使用的词汇也是我们日常使用的，只是在使用这些词汇的时候，要求人们摆脱经验的瓜葛，学会作纯粹概念的思考①。这种语言表达的是一个脱离生活世界的独立的思想王国。对此，马

---

① 黑格尔在他的《逻辑学》导论中，多次提到从事哲学就要使自己的意识上升到概念的高度，并为此而提出了意识训练的任务。例如，他说："逻辑的体系是阴影的王国，是单纯本质性的世界，摆脱了一切感性的具体性。学习这门科学，在这个阴影的王国中居留和工作，是意识的绝对教养和训练。意识在其中所从事的事业，是远离感性直观和目的、远离感情、远离仅仅是意见的观念世界的。"（《逻辑学》上卷，杨一之译，第42页）

克思、恩格斯早有揭露，他们说："正像哲学家们把思想变成一种独立的力量那样，他们也一定要把语言变成某种独立的特殊的王国。这就是哲学语言的秘密"；又说："哲学家们只要把自己的语言还原为它从中抽象出来的普通语言，就可以认清他们的语言是被歪曲了的现实世界的语言，就可以懂得，无论思想或语言都不能独自组成特殊的王国，他们只是现实生活的表现。"① 追求绝对普遍性的西方哲学对语言的这种使用，是我们一般人搞不清康德所谓的纯粹理性概念、读不懂黑格尔《逻辑学》的主要原因②。

西方哲学中的绝对普遍概念及纯粹原理的出现并不是偶然的，只要哲学把普遍性确立为目标，就一定会走向绝对普遍。从浅显的方面看，既然从亚里士多德起，普遍性是划分知识等级的标准，越普遍的知识被认为是越高级的知识，那么，势必就要追求最普遍的知识。的确，西方哲学从一开始就被规定为不是关于任何特殊对象的学问，而是关于一般的"是者之为是者"的学问。从概念的性质看，最普遍的知识要运用最普遍的概念，这样的概念要包容经验中一切同类的事物或性质，但，其自身却不能确定为其中任何一个，结果，只能得出与经验事物或性质隔离的超时空的概念。

概念既然与经验世界的事物和性质相脱离，还留下的唯一可能就是让概念自己表现，逻辑是人为概念活动制定的规则，正因如此，维特根斯坦把它叫做游戏规则。可以从各个方面去刻画逻辑规

---

① 《马克思恩格斯全集》第 3 卷，人民出版社，1960 年，第 525 页。
② 分析哲学也见到了传统形而上学使用语言的混乱，他们试图从两个方面解决问题。一个方面是呼唤回到日常语言；另一个方面是，既然语言并不指示现实世界的事物，而只从它们的相互关系中获得其规定性，他们干脆以符号代替词语，发展出了演示纯粹符号间关系的哲学。分析哲学本是从经验主义传承下来的，是反对主流哲学的，结果倒是继承了传统主流哲学的纯粹逻辑的衣钵。

则,我认为,从整体演绎出部分是它的基本规则。逻辑演绎的必然性其实在制定逻辑规则的时候就已经决定了:只要结论的东西是作为整体的前提范围内的东西,它就必然符合前提提供的条件。如果要保证前提必然为真,就需要倒溯上去,把这个前提当作另一个更大前提的结论。这样不断倒溯上去的结果,就得到一个最大的前提,这也就是所谓全部逻辑的开端的范畴。康德曾经思考过这种逻辑演绎体系的性质。他认为,对"张三是有死的"这句话,我们固然可以从经验方面去理解,但,如果我们要把它当成是一种必然的知识,那么,就需以"人皆有死"为前提。这个前提其实就是设定的条件(即"人皆有死"),结论不过是符合所限定的条件中的一个对象(即"张三是人")。"与这种条件有关的全部范围,就叫做普遍性。"[1] 不过问题并没有到此结束。因为,前提作为判断句要成为必然的知识,仍需从一个将它包容在内的更高的前提推出。前提又有前提,最后将会怎样呢?这种三段论推理最终必追溯至一个能包容一切,而其自身则不受任何条件限制的前提。这无条件限制者,康德称为"绝对"[2];如果我们把前提所能及的范围称为外延,条件所涉及的内容称为内涵,那么,这一系列推论的最初前提必为一外延最广、内涵最少或没有任何特定内涵的观念。在西方传统哲学中,那个作为一切推论最初前提的观念就是"是"(Being),我们从黑格尔的《逻辑学》中见识到了它。它是最高、最普遍的概念,但却是没有任何进一步规定性的,以至于它就是"无"。全部哲学形而上学的逻辑演绎体系就是建立在这样一个相当于"无"的

---

[1] Kant, *Critique of Pure Reason*, trans. by Paul Guyer and Allen W. Wood, Cambridge University Press, 1998, p.400.
[2] 同上书,第401页。

范畴上的①。

关于哲学应当是最普遍的知识,亚里士多德比柏拉图说得还明确,循着这个方向,西方传统哲学终于走上了绝对普遍的道路。不过,亚里士多德本人反理念论的立场表明,他是不赞成这样的绝对概念和脱离经验事实的超时空原理体系的。但是,既然他主张哲学追求普遍的知识,哲学最终成为绝对普遍的知识就是势所必然的。所以,从历史上看,还是柏拉图的理论影响更大。这不是说,此后的每个哲学家都赞成他的观点,但是,认为哲学追求的就应当是最普遍的原理,这确实成为西方传统哲学根深蒂固的观念。这部分理论实际上就是"是论"。一部西方哲学史也就是围绕这种普遍原理展开的,或赞成,或反对,或为之寻找根据,或追问其实在性,乃至于限定其运用的范围,等等。所以,一种流行的观点认为,一部西方哲学史就是对柏拉图的注释。

## (四) 普遍性问题中反映出的中西哲学形态的差异

可以从许多方面、不同角度比较中西哲学,而"普遍性"问题则是显示中西哲学形态差异的一个亮点。抓住了这个方面,其他方面的问题也就比较容易得到说明。

西方传统哲学是追求普遍知识的学问,中国传统哲学最高的目标在于求得得道的境界,这是区分中西传统哲学形态差别的根本特点。它决定了,西方传统哲学最终采取概念推论的形式,而得道的

---

① 关于 Being 这个词竟译为"是",还是"存在"或"有",有不同的看法。在这里,我们起码可以利用汉语"是"和"所是"的区别,把还没有成为"所是"的"是"对应于黑格尔所谓的"没有任何规定性"的意思。一旦成为"所是",就必定是一个"什么",就有了规定性了。

境界则关乎每个人自己的体会，它是修行式的。这里产生许多要讨论的问题，人们首先要问的也许是，即使得道的境界最终是个人体验式的，但是，人们总得去描述它，甚至还要传授、交流，离开了普遍性，传授、交流可能吗？如果不可能，它还能成为中国文化的传统吗？确实，对于普遍性的知识是西方传统哲学的形态这一点作肯定的判断容易，要否定中国传统哲学具有普遍的形式却难。尤其是，如果我们已经接受了哲学是普遍的知识这个观念，离开了这个说法，什么是哲学呢？关于什么是哲学，我们这里暂且不论，可以期待的是，由于西方以外各民族文化逐渐在世界上亮相，关于哲学是什么的说法也会引起讨论，在其中，中国人的意见是有重要意义的。我们这里就中国传统哲学"非普遍性"的性质试作一论述。

所谓中国传统哲学"非普遍性"的性质，首先是指，中国哲学并不是以普遍的知识作为自己追求的目标，或者说，中国古代的学者并没有关于普遍性的自觉意识。"普遍"是个双声词，《词源》中没有"普遍"条目。查《汉语大词典》"普"字条有"遍，全面。如：普及，普天之下。《玉篇·日部》：'普，徧也。'《易·乾》：'见龙在田，德施普也。'孔颖达疏：'能德在田，似圣人已出在世，道德恩施能普徧也。'""普徧"就是"普遍"。我怀疑，"普遍"这个词只是西方哲学传入中国以后才流行的。需要特别指出的是，作为哲学概念的"普遍"是与"特殊"相对的，这里已经包含着逻辑的性质。中国古代典籍中的"普徧"则是单纯描述地域范围之广大的，如"普天之下，莫非王土"。

对学问的分类是检验有无自觉追求普遍性意识的一个证据。中国古代有无数的典籍，但是，在西方哲学传入之前，哲学在中国并不是一门独立的学科。据《汉书·艺文志》记载，刘向、刘歆父子曾撰《七略》，有辑略、六艺略、诸子略、诗赋略、兵书略、术数略、方技略,被认为是中国最早的图书分类。关于其中的辑略,颜师古曰:"辑与集同,谓诸书之总要。"这是提要式的,而不是高居于其他学问之上的普遍的学问。六艺即六经,包括《易》《书》《诗》《礼》《乐》《春秋》,是当时认为最重要的六部经典,被单独列出,但是,它与后面五"略"内容上有重叠。所以,这个分类并不是根据学问内容的分类。长期以来,人们并没有对这种分类的方法发生异议。历经两千年,直到清代汇编《四库全书》,分经、史、子、集四部,仍与西方对学科的分类有很大的差异,其中的关键,就是没有西方那种划分概念的逻辑方法,更没有要想建立一门超越各门学科之上、关于普遍知识的学问。

或者有人提出,中国到了宋代时,有"理一分殊"之说,并且认为理是"放之四海而皆准"的说法,难道这不是普遍性质的东西吗?人们正是把"理一分殊"看作是普遍和特殊的关系的。关于这个问题,我想指出,一种追求普遍性的自觉意识必定会区分普遍性的程度,并且最终在思想上建立起最高普遍性的东西,即绝对普遍的东西。而绝对普遍,我们前面已经指出过,是脱离时空的。这就是说,在绝对普遍的层次上,普遍和特殊的概念只表示逻辑的关系,它们并不指示实际对象,即它们的使用是脱离经验的。要说中国古代哲学中有那种绝对普遍的观念,是没有根据的。当理学家们说,理是"放之四海而皆准"时,并不是脱离了经验世界专讲普遍和特殊的关系,而恰恰是讲经验世界的事情,"四海"无论如何广阔,也仍在经验范围内,是一个空间观念。一种道理有普遍的意义与一种关于普遍的道理是不同的,后一种道理是纯粹概念思辨的,其中的每一个范畴或观念,哪怕"个别"(如黑格尔《逻辑学》中的"这一个")这个范畴,也是绝对普遍的,而当人们需要借助于"月映万川"那样的例子来说明"理一分殊"的道理时,总之还没有进入纯粹概念的思考,尽管我们可以把它分析为是涉及普遍与特殊关系的道理。

西方哲学的普遍性最终是绝对的普遍,抓住这一点对于把握西方哲学的形态很重要。绝对普遍的超时空性质使哲学家们在思想上划分出了另一个世界,这是产生了二元世界观的根源。这里的二元不只是指物质与精神,也指现象与本质、主观与客观等的分裂,甚至身与心的分裂也要从这个根源上去理解。西方哲学所设立的那另一个世界是我们中国哲学中从来不曾有过的,正因如此,对于我们来说,要正确表述它也是有难度的。过去我们曾经用"天人二分"来描述西方哲学的特征,这其实是用我们已知的东西去说所不知的东西,因而未能真正把西方哲学形态的特征表达出来。所以,安乐哲先生要多次指出,用"天"翻译 heaven 是不妥的。我是同意他的意见的。除非我们接受过训练,思想上进入过绝对普遍的领域,我们是很难知道西方哲学的这种二元论究竟是怎么回事。

中国哲学从来也没有在我们这个世界之外设立起另一个世界。中国哲学无论儒、道、释,总是把他们的哲学的最高目标表述为"得道",尽管他们各自理解的道是有区别的。但是,道并不超越于我们的世界,这点是一致的,即所谓"道不离器"。只有朱熹曾说过似乎要动摇上述结论的话,他主张"理在气先":"未有天地之先,毕竟也只是理,有此理,便有此天地。""有是理后生是气。"据此,有人认为朱熹是中国哲学史上最大的"本体论者"(冯友兰先生语)。然而,我们不能否认,他也说过:"天下未有无理之气,亦未有无气之理。"有一次,一个学生试图要他确认先有理后有气的观点时,他说:"不消如此说,而今得知他合下是先有理后有气邪?后有理先有气耶?皆不可得而推究。然以意度之,则疑此气是依傍这理行,及此气之聚,则理亦在焉。盖气则能凝结造作,理却无情意、无计度、无造作。只此气凝聚处，理便在其中。"从这些话看，朱熹之主张理在气先至少并不是很干脆、很坚决的。尤其值得注意的是，在上引同一段话稍后，他说："若理，则只是个净洁空阔的世界，无行迹，他却不会造作。气则能酝酿凝聚生物也。但有此气，则理便在其中。"① 这简直是在对"理在气先"作批判了。所谓中国"最大的本体论者"朱熹尚且如此，遑论其余呢！事实上，中国哲学史上从来没有过超时空的原理世界，即所谓"六合之外，圣人存而不论"②。

前引朱熹的话中说到理是个"净洁空阔的世界"，它"不会造作"，这话值得重视。如果理脱离了时空世界，它的内容是什么？我们又如何认知它？这便会成为问题，缺乏西方那样文化背景的朱熹也不得不因此而却步。在西方哲学中，则假定了绝对普遍概念是逻辑范畴，概念的产生乃是出于其自身逻辑规定性的推演。例如，黑格尔从"是"作为没有任何特殊规定性的范畴，推得"无"这个范畴。逻辑推论的必然性使得这种哲学看起来具有摆脱主观随意性的特点，因而被认为是客观的。有人曾问，那么在《老子》中也有"有无相生""前后相随""高低相倾""音声相和"这类说法，它们岂不是成对范畴么？那不是讨论概念间的关系吗？我认为，那不是关于纯粹概念间的关系，而是关于实际情况的关系。确切地说，中国传统文化中的习惯是从"名"而不是从概念的角度使用词语的，而"名"的特征是与"实"密不可分。离开了实的名被认为是没有意义的，这几乎是没有异议的。

任何学问要进行交流、传承，总是有其普遍性的形式，这是没

---

① 以上均引自《朱子语类》，卷一"理气"（上）。
②《庄子·齐物论》。

有问题的，中国传统哲学博大精深，有关于自然的知识，也有关于社会的知识，如果我们对它进行分析，也是能够了解为普遍性的。并且，如果我们对包含在其中的普遍形式进行反思，形成自觉追求普遍性的意识，那么依据中国语言和文化的背景也有可能达到绝对普遍的层次。但有一种精神贯穿在中国哲学中，这就是，懂得这些知识的最终目的是为了求得人生的自觉，这就是所谓得道。得道要借助于当下时代的知识，但是，得道从根本上说是一种境界，是个人自己在实际生活中一种得心应手、进退有序、动静适时、宠辱不惊、能得能失、游刃有余、发而中节的当下切身体验。这里要紧的是体验的深刻性和真实性。宋儒强调的"切己工夫"，就是这个意思。"切己工夫"的提出与中国哲学一开始就把人生问题作为主题是一脉相承的。做人是否得道是每个人自己的身心事，当人们不得已而要用语言来描述得道的境界的时候，就打破了得道的境界，进入了对道的境界的反思中。

当西方哲学传入中国以后，中国学者毫不犹豫地感觉到，中国有自己的哲学，于是就开始写作中国自己的哲学史著作。我们现在还不知道当时这种感觉的根据是什么。从蔡元培先生为胡适《中国哲学史大纲》作的序看，依傍西方哲学建设中国哲学史被认为是一条应当遵循的道路。事实上，各人遵循西方哲学的时候，又是根据他们自己理解的西方哲学。现在看来，虽然"依傍西方哲学"的出处在胡适的书中，但是，倒是后来的各位先生越来越照着西方哲学的观念整理中国哲学史，其中包括冯友兰、冯契诸先生。这可能同他们对西方哲学的理解程度逐渐加深有关。据我所知，对西方哲学理解最深、依傍最甚的当数金岳霖先生，这反映在他为冯友兰先生的《中国哲学史》所写的审查报告中，更直接的是他自己的《论道》。

胡适认为，哲学是"研究人生切要问题，从根本上着想，要寻一个根本的解决"的学问①。这里提到人生问题，这是方向。但是既然要依傍西方哲学，重点就不在人生问题，而在普遍的原理，或曰第一原理。冯友兰先生区分真际和实际②，冯契先生把中国哲学史看成是范畴的逻辑发展史③，金岳霖先生更是以中国哲学中"道"的观念来统领全部范畴，写成了一部纯粹原理的著作《论道》④。这些，根据我们现在的认识，都是向着西方哲学"是论"方向的逼近。虽然这些著作中还沿用着中国古代哲学的术语，但是，人们总觉得它们与我们读原著时获得的感受是不一样的。根本的问题是，人生问题减色了，普遍知识的性质越来越重了。现代中国哲学的建设是否要继续沿着这条路子往下走，这是个问题。

## (五)"放弃普遍性"

我们对普遍性的看法是两方面的：追求普遍性的自觉意识指引着西方哲学的发展，并且全面影响了西方文化的发展，它的最显著的成果莫过于科学的发展。但是，对于普遍性的极端追求也使人产生困惑。且试作一分析。

普遍性意识首先导致学问的分类。这是由普遍性是有等级层次所决定的。哲学既被认为是最普遍的知识，就必然有次普遍的知识，照亚里士多德的话说，其余的知识都是关于特殊的所是的知识。我们现在关于知识的分类以及学科等级的划分就是沿用这种方

---

① 胡适：《中国哲学史大纲》卷上，商务印书馆，1987年，影印。
② 冯友兰：《贞元六书　新理学》，华东师范大学出版社，1996年。
③ 冯契：《中国古代哲学的逻辑发展》，上海人民出版社，1983年。
④ 金岳霖：《论道》，商务印书馆，1985年。

法的结果。普遍性分等级的思想方法还应用到某些学科内部,生物学中的生物分类就是一个典型的例子。

追求普遍性的思想与科学密切相关。一种科学理论须是普遍的、必然的,这就是说,对某个领域的现象作说明的科学理论是不允许有例外的。反过来说,一种科学理论必须具备普遍必然的性质方才是有效的。

科学的发展受到哲学上追求普遍性的指引,但是,哲学本身与科学有别。科学有属于自己的一片经验领域,西方哲学既然号称是普遍的知识,高踞于一切科学之上,结果,就只能经营纯粹概念的思辨。黑格尔《逻辑学》的目录所列的就是一张比较完整的范畴表。它从"是"推论出整个范畴体系,把这样的范畴体系当作第一原理。但是,这种理论从一开始就存在着困难。

首先,由于它是先验地推论出来的,它的真实性始终是成问题的。在西方哲学史上,先有唯名论和唯实论之争,争论的焦点在于,普遍概念究竟只是代表一类事物的名称还是其本身即是一种实在的东西,双方各执一词,难定伯仲。近代哲学史上的经验论把感官的感知当作真实的标准,以此否定普遍的东西的实在性。不过,经验论的思考也不周全,自然科学知识的有效不正是因为它具有普遍必然性吗?为此,康德想出了一种解决的办法,他根据普遍概念的不同使用划分出知性范畴和理性范畴,即,同一个概念,当用于整理经验材料时,称作知性范畴,用于纯粹思辨时,称作纯粹理性范畴。他证明,脱离经验材料作纯粹概念的推论是会产生二律背反的,因而他主张把普遍的概念的使用限制在对经验材料的整理方面,越出了这个界限,则是不可知的领域。此外,他还分析过所谓上帝存在的"本体论"证明,从无所不包的"是"的范畴推得"存在",逻辑上是符合三段论推理的,但是,这样得出的"存在"毕竟是逻辑上的规定，并不是现实中的存在。这个批判揭示了在纯粹概念思辨和现实之间隔阂着一道难以逾越的鸿沟。既然如此，靠纯粹概念思辨得出的原理系统究竟能否成为我们这个世界的原理，倒是一个需要证明的问题。说得简单一点，构成原理系统所依赖的是运用绝对普遍的概念作逻辑的推演，而绝对普遍的概念既然是脱离经验的，由此构成的理论自始就有脱离实际的性质。现代分析哲学则干脆放弃概念，发展为纯粹符号的逻辑。他们有理由这样做，因为第一原理中的概念本来就不指示经验世界的实际，它们倒是造成与日常语言的混淆。于是，哲学到了他们手里，成了纯粹的逻辑思想的训练，世界观的问题就被取消了。这种哲学与开端时的哲学相去何其大，然而，从追求最大普遍性的意义上说，它正是西方传统哲学的归宿。最大的普遍性是脱离一切内容的。

其次，西方哲学对普遍性的自觉追求使人自身受到了挤压。这不只是说，这种哲学没有给人以充分的地位。哲学本来是人的活动或生存方式，人应当是自主的，但是，当人投入到追求最高普遍性的哲学中去的时候，他必须使自己摆脱欲望和情绪，进入理性状态，而所谓理性，主要指的是运用逻辑的能力。逻辑的必然性使得在它面前的每个人都普遍化了，有我和无我，对于逻辑来说都一样，理性的思考就是逻辑自己的展开，以至于胡塞尔谈到当他发现进入逻辑世界时的自我必须是先验自我时说："我自己这样做时，我也就不是人的自我了。"[①] 人能够以逻辑规定的方式去思想，但是思想本身却不是逻辑规定的。

如果说，上面第一点是西方哲学史上一向就有的争论，那么，

---

① 吕迪格尔·萨弗兰斯基：《海德格尔传》，靳希平译，商务印书馆，1999年，第115页。

这后一点则是现代现象学的发现。虽然胡塞尔对意识现象的分析发现，所谓客观的逻辑世界其实是与人的一种主观的意识状态相关的，但是，他总的倾向是维护理性主义、为科学辩护的。根据他的方法而开展出来的海德格尔哲学则注意到了对理性的过分强调会戕害人的完整性，按照海德格尔的看法，人从其原初方面说，有多种可能的生存方式，理性主义的态度是其中之一，但是，一旦理性主义的态度占据了统治地位，就把人的其他可能的生存方式封杀住了。在《存在与时间》一书中，他通过对人的生存状态的分析，揭示出人的原初的生存结构中就包含着多种可能的生存方式，即，在一切情况里，人总是它的可能性，并且总是在它的可能性里①。正因为人本质上是生存的可能性，我们才能够对新的生活方式有所向往。早在《存在与时间》出版之前（1919年），海德格尔就在给友人的信中说："我们所期望的，或者说，在我们之中欲望着的新生活，放弃了普遍性。这就是说，放弃了不真、表面（肤浅）。"② 这里值得注意的是，海德格尔提到要"放弃普遍性"。

海德格尔的话虽然看上去很极端，但是正如我们分析的那样，传统西方哲学所建立的整个概念世界，其根源在于对普遍性的刻意追求，直至构造出绝对普遍的世界。这一点，恐怕至今还没有引起人们充分注意呢！我们只是看到，当科学依据其自身发展的要求与人类的实际利益发生冲突的时候，人们表现出的困惑和不解。至于放弃了普遍性是否意味着放弃交流，这个担忧是不必要的，因为要放弃的是对普遍性的刻意追求以及由此而得出的绝对普遍性。中国传统哲学没有追求普遍性的自觉意识，更没有形成绝对普遍的观

---

① 海德格尔：《存在与时间》，陈嘉映、王庆节译，商务印书馆，1985年，第68页。
② 吕迪格尔·萨弗兰斯基：《海德格尔传》，靳希平译，第123页。

念,因而也不交流那样的"真理",但是,倒交流得更真实。

　　我想起曾经读到过的一句话:几何定理要是违反了资本家的利益,也是会被反对的。这不应该是一句戏话。


　　　　　原载:《复旦学报(社会科学版)》2004年第5期

# 五、论普遍主义

哲学很少就现实问题直接发表意见，然而现实中的人们一有机会就会用哲学的语言放大他们的声音。近来被人们较多提及的一个哲学术语是"普遍主义"。但是这一次，同一个词汇被用于表达两种对立的观点，一种认为普遍的东西在西方，另一种认为中国也有普遍的东西，双方似乎都在争抢普遍主义的旗帜。这里我讲有关普遍主义的学术问题，供现实中作抉择的人们参考。

## (一)"普遍性"是一种知识的属性

一切的"主义"(-ism)，包括普遍主义，肯定不是中国传统哲学的观念，它的出处在西方哲学。然而，一般的哲学词典并不见"普遍主义"这个条目。在《不列颠百科全书》中，所谓普遍主义(universalism)，是基督教内部的一种观点和运动，它相信每个人的灵魂最终都能得救。这显然不是我们关心的普遍主义。虽然普遍主义不见于一般的哲学词典，但我相信，它也是西方哲学界目前关心的一个热点，而且，据我所知，时新的流派（以后现代主义为中坚）对哲学的普遍主义是取批判态度的。

什么是哲学的普遍主义呢？照一般的理解，某某主义，就是关于"某某"的一种理论，或者主张这个"某某"具有某种优越性。照此说来，普遍主义就是关于或推崇"普遍"的理论。可是"普遍"又是什么呢？我们不会因为"人们的生活水平普遍有了提高"这句话中提到了"普遍"而认为它是普遍主义。"普遍"（universal）是一个形容词，普遍主义不可能是关于形容词"普遍"的理论，而只能是对于普遍所形容的某种东西的理论，或者对那种普遍性质的东西的推崇。

"普遍"是一个外来的哲学术语，它始于古希腊，是用来表达一种知识的属性的。亚里士多德的《形而上学》开头就谈人类有各种知识：从感觉、记忆、经验、技术，直到普遍性的知识，这是一个由低到高的等级层次："从经验所得许多要点使人产生对一类事物的普遍判断，而技术就由此兴起"，"经验为个别知识，技术为普遍知识"，"博学的特征必须属之具备最高级普遍知识的人；因为如有一物不明，就不能说是普遍"。这样，普遍的知识也是原理、原因的知识，"明白了原理与原因，其他一切由此可得明白，……凡能得知每一事物所必至的终极者，这些学术必然优于那些次级学术"，"智慧就是有关某些原理原因的知识"[①]。

亚里士多德的这些话清楚地表明，"普遍"一词最初是用来标志一种知识的，这种知识也称为原理或原因。哲学，在亚里士多德看来就是最普遍的知识，相对于哲学，其他学问如数学，只是特殊领域的知识。哲学研究事物的原理和原因，换一种说法，哲学就是关于事物本质的知识，这种知识也是解释现象的根据（原因）。于

---

① 以上引文俱见亚里士多德：《形而上学》，吴寿彭译，商务印书馆，1981年，第2—4页。这里须注意，希腊人所谓技术，与今人不同。照亚里士多德说，会技术的人也是具有理论、懂得原因的人。与经验相比，技术才是真知识。技术家能教人，只凭经验的人则不能。

是，哲学作为普遍的知识有两重意义：(1) 哲学不局限于某个特殊的领域；(2) 哲学是关于原理、原因的知识，原理和原因是普遍性质的知识。照此说来，普遍这个词是标志某种知识的性质，普遍主义是与张扬这种普遍知识有关的一种态度或立场。

康德也谈过普遍性问题，他从根源方面挖出知识的普遍性在于人自己的理性认识能力。康德的问题是，数学知识何以可能？自然科学知识何以可能？换一种说法就是，人类何以能够有普遍必然性的数学和自然科学知识？因为康德之前的经验主义证明了，如果承认一切知识都是建立在经验基础上的，那么，在经验的概括中并不能得出普遍必然的概念以及由这些概念组成的普遍知识。康德特别提醒，这里的关键问题就是"普遍性"问题。他指出，虽然休谟是最接近提出这个问题的，然而，他只是停留在与因果性相关的问题上，"还远远没有足够确定地并在其普遍性中思考它"[①]。换一句话说，数学知识何以可能？自然科学知识何以可能？这样的问题询问的是，普遍性的知识是何以可能的？而"形而上学何以可能"这个问题则是要回答前面两种知识的普遍性"是如何从普遍人类理性中产生出来的"[②]。

康德认为，既然经验材料中概括不出普遍必然的知识，而数学知识和自然科学知识具有普遍必然性又是事实，那么我们只能承认，人在把经验材料整理成数学和自然科学时使用的方法具有普遍必然性，这种方法出于人自己的理性能力。对于康德来说，真正普遍必然的东西是实现在认知活动中的人类理性。普遍知识需要认知理性，认知理性造成普遍知识，普遍是知识的性质，更是人的理性

---

[①] 康德：《纯粹理性批判》，邓晓芒译，人民出版社，2004年，第15页。
[②] 同上书，第16页。

能力的固有特征。康德在哲学史上首次揭示了产生普遍知识的根源在于人的理性的运用。他说："经验永远也不给自己的判断以真正的或严格的普遍性，而只是（通过归纳）给它们以假定的、相比较的普遍性。……所以，如果在严格的普遍性上，亦即不能容许有任何例外地来设想一个判断，那么它就不是由经验中引出来的，而是完全先天有效的。"①

于是，我们看到有两种东西被认为是具有普遍性的，一种是从亚里士多德流传下来的知识，另一种是作为人的认知能力的理性。知识和理性看来好像是两种根本性质不同的东西，但是，它们都是在认识论所讨论的范围内。西方传统哲学是以普遍知识为目标的，因此，总体上说，西方传统哲学就是普遍主义的。

### （二）普遍知识不等于普遍认可的知识

什么是普遍知识呢？人们可能以为这是一个多余的问题，难道知识可以是没有普遍性的吗？尤其是，人们把知识的普遍性和知识的交流捆绑在一起，于是就认为，凡能够进行交流、被他人理解的都是具有普遍性的东西，绝对个别的东西是不能交流的。照那样的说法，中国哲学如果不是研究普遍知识的，它本身也属于普遍知识。其实，并非能进行交流的都是普遍知识，也不是只有普遍的知识才能交流，中国哲学至少也不是以普遍知识为目标的哲学。在此，我们需要对普遍知识的特征作出研究。

从否定的方面说，普遍知识不能等同于普遍接受的知识。普遍知识的标准不在于人们对它的接受与否。哥白尼之前，欧洲人普遍

---

① 康德：《纯粹理性批判》，邓晓芒译，第3页。

认为太阳是绕地球转的,那种知识就不能称为普遍知识。普遍知识是一种其本身具有普遍性的知识。比如说,数学知识,它不会因为人种的不同、民族的差异而改变自己的内容。又如,牛顿定律在其规定的条件内总是有效的。普遍知识的普遍是知识本身的性质,在知识命题规定的范围内,其所断言的结论是不能有例外的。换句话说,一种知识并不因为人们对它的普遍接受和赞成而是普遍的知识,也不因为人们对它的不理解或拒斥而不是普遍知识。

从肯定的方面说,普遍知识是概念才能把握的理性知识。早在柏拉图的时候,他就揭示了人类凭感觉认知的对象是多变的、没有确定性的,他提出了有理念这样的东西。后来越来越明确,所谓理念就是一类事物的共相,它是普遍性质的东西。普遍的东西是感官所不能直接把握的,能够把普遍的东西当作对象显示出来的意识,就是思想。普遍的东西是思想的对象。

但是,需要进一步说明,思想所把握的普遍性有两种,一种是广义的普遍性,一种是狭义的普遍性。广义的普遍性包括从经验概括得到的普遍性,这种普遍性的程度是随着经验的扩大而提高的,但是,经验概括得到的普遍性总是有局限的,在这条道路上人们只能得到或然性的知识。狭义的普遍性是严格意义上的普遍性,这样的知识被认为是绝对普遍的,是没有例外的。这两种普遍性在康德这里有明确的划分,他说:"经验永远也不给自己的判断以真正的或严格的普遍性,而只是(通过归纳)给它们以假定的、相比较的普遍性。……所以,如果在严格的普遍性上,亦即不能容许有任何例外地来设想一个判断,那么它就不是由经验中引出来的,而是完全先天有效的。"[①] 康德有时也把"严格的普遍性"表达为"绝对的

--------

① 康德:《纯粹理性批判》,邓晓芒译,第3页。

普遍性"①。那么，从经验概括的普遍性就应当是相对普遍性了。

相应于绝对普遍和相对普遍，英文中有两个词："universal"和"general"。"general"的动词形式是"generalize"，意为概括。由此可知，"general"这个词只能表示相对普遍，即从经验概括得到的普遍。而绝对普遍就只能用"universal"来表示了。在中文里，为了加以区分，可以将"general"译为"一般"。不过，重要的是思想上真正理解两者的区别。经验概括的范围越大，其普遍性当然也就越大，这揭示了普遍性原来是有等级的，在这个等级系统中，哪怕特殊性也是一种普遍性，只不过比起更高等级的普遍性，它的普遍性要小一些。例如，相对于生命体，动物是一个特殊概念，然而相对于人类和各种动物，动物本身又是一个普遍概念。普遍既为一种"主义"，总不会去张扬不够普遍的东西，反过来说，只有对于绝对普遍的知识进行张扬的态度才能称为普遍主义。因为，从理论上说，那些停留在经验概括得到的普遍与绝对普遍相比只能是一种特殊性，相对的普遍其实还谈不上是普遍，真正的普遍只能是严格意义的绝对普遍，虽然相对普遍的问题也总是在普遍主义问题的范围内。

与严格普遍或绝对普遍密切相关的是必然性的观念。严格的普遍性照康德的说法既然是不能有例外的，那么，它同时就是必然的。康德说："必然性和严格普遍性就是一种先天知识的可靠标志，而这两者也是不可分割地相互从属的。但由于在两者的运用中，有时指出判断的经验性的局限比指出判断的偶然性要更容易一些，又有些时候指出我们加在一个判断上的无限制的普遍性比指出这个判断的必然性要明白一些，所以不妨把上述两个标准分开来使用，它

---

① 康德：《纯粹理性批判》，邓晓芒译，第45页。

们每一个就其自身来说都是不会出错的。"①

当一种知识不仅具有普遍性，而且具有必然性时，它就获得了客观性。因为这种知识没有例外，也不会因为人们是否认识它而改变其有效性，它是必然的。康德给出的这样的知识的例子是"一切数学命题"，在使用知性获得的知识方面的例子是"一切变化都有一个原因"②。按照康德的意思，人的理性不仅把握着普遍性的概念，还具有结合、操纵普遍概念的能力，换句话说，人类行使认知能力的过程实际上是思想的逻辑运动，普遍必然的知识在康德看来是理性能力的体现。至于事物本身是不是如知识所显示的那样，这是不可知的。这个观点受到了黑格尔的责难，因为照此说法，尽管人类有"客观"的知识，这种知识并不是事物的本质，而纯粹是知识的性质。因此黑格尔说："康德把符合思想规律的东西（有普遍性和必然性的东西）叫做客观的。"③ 黑格尔的观点是："思想的真正客观性应该是：思想不仅是我们的思想，同时又是事物的自身，或对象性的东西的本质。"④ 所以，依黑格尔，普遍知识不只是思想所把握的东西，它应当就是事物的本质。这就把思想所能把握的普遍知识放大为宇宙精神、绝对理念体系。

普遍知识的性质是在西方哲学发展过程中逐渐明确起来的。从柏拉图经由康德到黑格尔的有关普遍知识的观点，代表着西方理性主义的传统，是西方传统哲学的主流。根据他们的观点，只有真正严格普遍的知识才是普遍的知识，这种知识具有逻辑性质，不仅是思想运作的产物，同时也代表了事物的本质、客观规律，甚至是宇

---

① 康德：《纯粹理性批判》，邓晓芒译，第33页。
② 同上。
③ 黑格尔：《小逻辑》，贺麟译，商务印书馆，1980年，第119页。
④ 同上书，第120页。

宙的绝对真理。一部西方哲学史可以说就是围绕着普遍知识展开的，从柏拉图提出具有普遍知识以来，从普遍知识究竟代表着什么、是事物的本质还是思想的构造、是经验概括的还是先天的等问题出发，区分出柏拉图主义和亚里士多德主义、理性主义和经验主义、黑格尔主义和康德主义。这种知识的最终表述，就是黑格尔的"逻辑学"，即所谓"ontology"。普遍知识本身还不是普遍主义，但是，普遍主义确实是从对于这种知识的推崇中生发出来的。

## （三）普遍主义问题的产生

对于普遍知识的推崇，这本身不是普遍主义。与普遍知识相伴随的是人自己的生存方式，当人把这种方式当作唯一的生存方式推广到生活的其他领域时，就产生了普遍主义问题。当前提出反对和批判普遍主义的任务，正是因为人类分明感到，与普遍知识相关的人的生存方式掩盖了人的其他生存方式，从而给人类自身的生存造成了障碍，甚至带来了危害。人类开始意识到，把建构普遍知识的方式或态度蔓延到生活的一切方面是成问题的，于是就用"普遍主义"这个词来指称那种过于蔓延的生存方式。正如科学不是科学主义，但是科学主义与科学有联系一样，普遍知识也不是普遍主义，但是普遍主义也与普遍知识相关。普遍知识本身不必然产生普遍主义，掌控普遍知识的人将自身的状态放大起来，才是普遍主义的根源。照我的理解，"普遍主义"这个词自产生起就是贬义的，正如"科学主义"这个词一样。普遍主义是人自身的一种生存状态，这种状态滥觞于对普遍知识的掌握。

这里要依次说明生存状态的观念，与普遍知识相伴随的人自身的生存方式，以及人类保养、发掘多种生存方式的重要性问题。这些问题的澄清是我们面对普遍主义时应当采取何种态度的依据。

第一，关于人的生存状态。这个观念中最要紧的是对于人类生存与生存环境相关性的把握，这两个方面的相互配合作用，才有生命现象的存在。没有生命体，当然谈不到生命现象，然而，如果没有生命体可以寄生的环境，同样没有生命现象。比如，地球上的生命或翱翔于天，或畅游于水，或行走于地，这些生命活动方式的存在都需要生命体的组织机能和环境之间的相契合。社会既是人类的组织机能和生存方式，对于个人来说又是一种生存环境。生命是维系于生命体和环境相协调、相契合的现象。

第二，普遍知识与人的生存方式的相关性。生命作为一种现象是生命体和生命环境相契合的结果。在生命组织机能和环境相契合的限度内展开的多种多样的生命现象，都是生命意义的实现。人类是地球中最富意义的生命体，他以各种可能的生存方式展开出来，其中之一就是思想。思想可以是纯粹意识的活动，在其中，环境被建立为概念表达的对象世界。思想的方式与这个对象世界有契合的关系。这就是说，如果思想对事物进行概括，其所建立的对象世界就显示为依普遍性的等级排列的概念世界，生物学中的物种分类就是一个典型例子；如果思想超越一切经验对象，就成为纯粹概念之间的运作，这种运作需要遵循一定的规则，否则就不能交流。逻辑就是在运作概念时产生出来的规则。在这两种思想方式中，都形成了普遍知识，前一种普遍知识是相对的普遍知识（即或然性知识），后一种则是绝对普遍的知识。无论是相对普遍知识还是绝对普遍知识，都是人类自己采取的生存方式的结果。人们往往把普遍性知识的内容当作世界的本来面目，甚至"客观真理"，却忘记了这样的世界只有人才能把它发现出来，即，普遍知识表达的世界只是对于采用概念思考那种生存方式的人才显示出来。

第三，是关于人的生存方式的多样性问题。人类的生存方式是多样的，这一方面是因为人类生存环境的多样性，需要人类动用多种生存方式以应对生存环境的挑战，但另一方面，每种生存方式都是人的生命意义的实现，多样的生存方式也是人类生命具有多种意义的体现。不论是出于应对环境的挑战还是为了体现生命的多种意义，归根结底都是为了人类自身的生存。虽然我们不能事先知道人究竟具有多少方面的生存方式和每种生存方式的极限，而只能从人成功应对生存挑战的过程中展现出来的情况去了解它，然而，"让人得到全面发展"的提出则包含着人类对自身生命意义的自觉，人活着就是要让自身的生命得到充分的展开和实现。从另一个角度说，我们无法全部预测人类生存过程中将会遇到何种挑战，包括来自自然和社会生活方面的挑战，这也需要人类时刻保养和提升自身各种可能的生存能力和方式，以应不时之需。某些迄今成功的生存方式在将来不一定继续成功，考古发掘告诉我们，有些已经湮没的人群曾经有过至今仍让人叹为观止的繁荣。这些都提醒我们注意保存人的多样生存方式的重要性。

透过普遍知识，我们看到了人自己的一种生存状态，在这种状态里，一方面，人处于概念思想的方式中，另一方面，意识中呈现出一个概念表达的普遍性质的对象。把普遍的东西挖掘出来，同时开启出与之相应的一种意识能力——运用概念的思想，这使得人类生命活动中多开辟出了一个世界，多了一种生存方式。这是一种以心灵的眼睛"看"世界的方式：从杂乱中理出秩序，从无序中看出规律，通过概念的演绎推断各种可能的结果。当推论得到的可能性在实验室或实际生活中得到实现，这样的知识就是自然科学。

然而，与普遍知识相关的概念思考方式只是人类多种可能的生存方式之一，不论这种生存方式取得多少辉煌的成就，都不能取代和抹杀人类其他各种生存方式。实际生活中的情况是：人们以把握普遍对象的方式打开了一个世界，通过把这个世界说成是客观的、本质的世界，反过来又来规范人自己的生存方式，把一切与之不符的生存方式挤出去，甚至压制住。这多半是在提倡"客观态度"的幌子下展开的。结果，与普遍对象相符的生存方式渗透到了本不属于普遍对象的领域，甚至，还用它来对待人类生活中的一切问题，普遍主义的问题就这样产生了。

## (四) 普遍主义的局限

普遍主义目前确实已经成了问题。它排斥或贬低非普遍性的知识，把本不属于普遍知识范围的事物纳入普遍知识的形式，最严重的是，普遍主义作为人的生存状态有掩盖其他生存状态的趋势。然而，也正是在普遍主义大张旗鼓的时候，其局限性开始暴露。

最明显的是在伦理、审美和价值问题上。按理说，西方哲学以概念清晰见长，对于每一个概念都要根据它在整个概念系统中的关系得到定义和推论，如黑格尔的逻辑学或数学那样。然而，迄今为止，我们没有见到可据的有关"善""美"和"价值"的定义。所谓描述的定义或发生论的定义已经脱出了普遍知识定义的框架，即他们只能是经验概括和历史描述的，而不是所谓普遍必然的。这三个观念之所以不能给出普遍的定义，原因正在于认识活动与伦理、审美和评价活动是人的不同的生存方式。在认识活动中，人和认识对象已经分离为二，当作为观察者的人用普遍—特殊的框架去看自然事物的时候，不仅对自然事物作了定格，而且也把人自己定格为认知的主体。而"善""美"和"价值"却不是纯粹的自然事物，它们是产生在人的伦理、审美和评价活动中的现象。如果说每种生存方式都是一种定格,那么,这四种生存方式就是四种不同的定格,不能把后三种生存方式纳入认识的生存方式。用认知自然事物的方式去对待"善""美"和"价值"是不合适的,或者干脆说,"善""美"和"价值"不能成为普遍知识。

西方人现在也已经意识到普遍主义的局限。针对普遍主义抬高普遍知识的地位,甚至把普遍知识当作真正的知识、把非普遍知识排除在知识之外的情况,有人提醒说,知识这个词的本意比普遍知识广得多。例如,法国后现代主义哲学家利奥塔说:"知识还包括了'如何操作的技术''如何生存''如何理解'等观念。因此知识只是一个能力问题。这种能力的发挥,远远超过简单'真理标准'的认识和实践,再进一步,扩延到效率(技术是否合格)、公正和快乐(伦理智慧)、声音和色彩之美(听觉和视觉的感知性)等标准的认定和应用。"[①] 为什么利奥塔要为这种本来人人皆知的事实正名?如果没有普遍知识对于其他知识的掩盖甚至"专政",利奥塔的提醒就会是没有市场的。第二次世界大战以后,匈裔英籍学者波兰尼提出了"默会知识"(tacit knowledge)的观念,与之相对的是"明晰知识"(explicit knowledge)。我认为,这也是对于普遍知识专制的反抗。顾名思义,默会知识是人们心里明白但却难以表达的知识,这种知识纯属个人经验,是一个人在自己所属的那种文化背景的潜移默化中形成的,当一个人作各种判断和决定时,这种默会的知识往往发挥着背景、根据的作用。正如郁振华在介绍默会知识的背景时所说:"从苏格拉底以来,西方哲学形成了一种根深蒂固的重普遍而轻特殊的倾向。维特根斯坦把这种倾向刻画为'对普遍

---

[①] 利奥塔:《后现代状况:关于知识的报告》,岛子译,湖南美术出版社,1996年,第75—76页。转引自刘放桐:《新编现代西方哲学》,人民出版社,2000年,第619页。

性的追求'和'对个别事件的轻视'。二十世纪中叶兴起的默会知识论……其理论目标之一，就是要挑战西方哲学两千多年来在普遍和特殊关系问题上的上述理论倾向。"①

在黑格尔之后，有叔本华、尼采等人，在哲学中谈意志、表象，后来更有存在主义，把情绪、感受当作哲学的主题，这些都是对传统知识论哲学的突破。另外，狄尔泰开启历史人文学科，是补传统知识门类的缺失。普遍知识其实不"普遍"，有些领域的问题是不能用对待普遍知识的办法去对待的。当初柏拉图提出理念存在的假设时，也透露出这方面的忧虑，他一方面认为理念论能够帮助人类认识有关事物的真知识，另一方面，他对于能否把这种方法推广到伦理问题领域也有过顾虑。他在对话作品《普鲁塔戈拉篇》中，曾经讨论过美德是否能够教的问题，对话者"苏格拉底"起初认为不可教，而另一对话者普鲁塔戈拉则认为可教，对话的结果却出乎意料，最后对话双方都放弃了自己原来的主张，转而取对方的观点。其中的奥妙在于，美德是否可教关键在于美德是不是知识，可教的是知识。由于普鲁塔戈拉主张各种美德各不相同，是分离的，也不与智慧（知识）结合，因此他应当主张美德不可教；苏格拉底则在辩论中提出每种美德都与智慧（知识）结合，因而他转而主张美德可教②。这就是说，美德要可教，必须知识化。现在能够看出，西方人和中国人谈伦理问题是多么不同：西方人谈论普遍伦理判断必须符合什么条件，善这样的概念能否下定义，价值的性质

---

① 郁振华：《认识论视野中的判断力——康德判断力理论新探》，《哲学研究》2005年第6期。
② 柏拉图：《普鲁塔戈拉篇》，360E—361C。请注意，柏拉图把智慧等同于知识，这也是西方哲学走上普遍知识方向的重要环节。关于这个问题的论述，请参见俞宣孟：《本体论研究》，上海人民出版社，2005年，第193—199页。

是主观的还是客观的等等，谈论伦理和本人是否过伦理的生活并没有必然的关联；而在过去，如果中国学者这样谈伦理是要遭人责骂的。

中国人一般不会当真把知识限定在形式上具有普遍性的知识而排斥其他知识，与严格普遍性知识的观念相抗衡，中国人至少还保留着学问的观念。但这只是问题的一方面。另一方面，西方哲学和科学流传到中国毕竟有年头了，普遍主义在中国的影响也日见其盛。有一部分对西方文化了解较多的知识分子，就用这种眼光审视中国传统文化，其中虽不乏有价值的东西，但一个严重的倾向是贬斥中国文化。关于中医不是科学而主张抛弃它，关于中国哲学的合法性的疑问，就是其中两个比较突出的例子。

如果科学只能是普遍形式的知识，那么中医与西医确实是两种性质不同的知识，甚至中医也确实不是科学。西医运用了许多化学、物理学的成果，运用定性、定量的分析，近几年来，随着技术手段的发展，又深入到分子、原子的水平，揭示了遗传基因的密码，对于生命机能的过程有了深入的了解。这些方法都是中医所没有的，中医在器质性疾病的治疗效果上确实也不如西医。但是，无论中西，医学应当是一门治病救人的学问和技术，中医成功地维系了中华民族的健康与繁衍，这个基本事实不能否认。现在西医盛行也是应该的，因为它更有效。不过，不能因此而否认中医也是一种知识。关于中医究竟是怎样一种知识，需要在与西医的对照中作总结。有人说中医的观点是总体性的，讲究阴阳平衡、内外调和，这些都是有启发性的；中医治病时还兼顾人的精神因素，这也是有积极意义的。问题是，中医知识既然不是像西医一样的知识，就不能像西医那样学习和传授。我觉得高明的中医是难以言传的技艺，是做人的境界，包容在中医中的那种精神也是值得重视的。

　　说到中国哲学，也是与西方哲学形态不同的知识。西方哲学的核心内容是研究关于一般的事物本质的知识，包括研究这种知识的形式、普遍和特殊的关系、如何获得普遍命题、普遍命题的性质等等。于是，从事西方哲学就是进行思想训练，即学会运用概念的思考。中国哲学则不然，从事中国哲学的途径是身心修养。如果把西方哲学概括为追求普遍知识的学问，而把其余学问归结为特殊的知识，那么，中国哲学不应当冠以普遍知识的名称，而应当说是通学。中国哲学是关于得道成圣的学问，因为得道成圣并不脱离实际生活，所以，它贯彻在人的生活各个方面，是通学，但却不是形式上普遍的知识。普遍的知识是概念表达的知识，从这个方面讲，中国哲学更不是通过掌握概念命题把握的知识，而是要在生活实际中体验和磨练的"工夫"。试图依傍西方哲学编写中国哲学史，其结果已经证明是差强人意的。中国传统哲学曾经是中国人精神生活中的灵魂，成为中国人安身立命的根据。在新的历史时期，中国哲学仍然在发挥作用，不管人们是否意识到这一点。西方哲学自身也在不断反思，试图从普遍主义的阴影下走出来，如果还有人要根据西方哲学普遍主义的形式特征怀疑中国哲学的存在，是没有道理的。其能说明的只是，号称普遍的西方哲学并不"普遍"，它不能把中国哲学作为一种"特殊"纳入西方哲学设定的框架。

　　关于中国哲学和中医的问题还是比较能辩清的，它们至少是知识，是在实际生活中发生作用的。然而要看清普遍主义造成的思想定式就不太容易。比如，现在人们一般信奉生活的过程是从经验上升到理论，用理论去解说事实、指导实践并在实践中修正、发展理论。在这种思想定式中，看重的还是普遍性的理论，哪怕口头上强调实践的重要性。因为所谓的实践也是理论指导下的实践，即受某种普遍观念支配的活动。"普遍—特殊"是人的思想格式，现实生活可不是照思想格式而安排的，这种思想格式或许能对纷乱的现实生活理出一点头绪，对现实提供符合这种格式的解释，然而决不能认为"普遍—特殊"的思想格式能够解释全部现实生活。

## （五）虚幻的普遍价值概念

普遍—特殊的思想格式不能解释一切生活现象，一个明显的例子就是价值问题。价值问题根本不能纳入普遍知识的范围去理解，普遍价值的概念是一个虚幻的概念。如果陷在普遍—特殊的思想框架内作价值问题的讨论，问题就越讨论越混乱。

有一些东西，当不去问它是什么的时候，人们知道得很清楚，当去问它是什么的时候却讲不清。像时间、价值就属于这类东西。在生活中，人们可以不知道价值这个概念，但是不会不知道什么对他来说是好的、有利的。从《圣经》《古兰经》、佛经到孔夫子言，记载着许多做人的格言、训诫，这些也充满了价值。然而，当哲学把价值这个概念抽取出来，要问价值究竟是什么的时候，人们确实糊涂了。从人对事物的各种评价活动中抽取出价值的观念，并且追问价值是什么，这就把价值问题纳入普遍知识的框架了，这种做法，我认为就是普遍主义的一种表现。

普遍知识是把全部知识纳入普遍—特殊框架中的知识。在这个框架中，有两种办法做成一个普遍的概念。一是经验的概括，即取同类事物的共相；二是直接提出（或假定）一个先天的概念。把第一种方法用于价值问题，就把人们都向往、喜爱、从中得到满足的叫做价值。从事物中抽出共相作为一个概念，这个概念必须保持自身同一，就是说，概念本身不能自相矛盾。然而，用这种方式得到的价值概念却很难达到这个要求。因为同一种事物，在一些人看来是有价值的，在另一些人看来却不见得有价值，更糟糕的是，与不同的人的欲望挂钩因而被分别认为有价值的事物，可能还是尖锐对立的。自古以来，人与人、人群与人群、国家与国家之间充满了斗争，其最显而易见的原因就是出于利益的对立，即双方都把自己争取的东西当作是有价值的，硬要从中抽出自身同一的价值概念是不可能的。

以第二种方法，假定一个先天的价值概念也是不行的。且不说这样的概念的来源是一个问题，即使姑且承认有这样一个概念作为人们的信仰所追求的东西，但由于它是先天的、绝对的，因而是远离实际生活的，并无助于解决实际问题。

价值问题不能纳入普遍知识的范围，普遍知识的形式和追求普遍知识的方式在价值问题面前显露出它的局限。这主要是因为，普遍形式的知识自始就是关于事物本质的知识，是解释世界的知识。普遍知识也是人自身的生存状态，在此，人把世界当作对象考察，因而人与世界是分离的。这就是所谓二元分离。从普遍知识的角度考察价值，就把作价值评价的人挤出去了。普遍知识也是所谓"多中之一""变中不变"的知识，但是，这不是说世界本身是"一"和"不变"，而是由于人采取了"多中求一""变中求不变'的观察问题的方法的结果。然而，谈论价值问题时始终无法使人与世界分离，世界上的事物没有人对它的评价不成其为有价值的事物；没有世界，人的喜好、要求和评价也无法实现。生活中有价值取向的人也不局限于那种认知的"主体"，他不只是观察世界以获得对世界的一种理解，更不是只用"多中求一""变中求不变"的方式去观察世界，而是出于生存的目的选择着自己的生存方式，价值就在生存方式的选择中。观察、认知世界是人自己的生存方式之一，而生存方式不穷尽于认知世界，更不穷尽于以普遍知识的形式认知世界。价值问题作为一种可以讨论的知识，不尽是"明晰知识"，而也包含"默会知识"的成分。

西方人也觉察到人的问题在追求普遍知识的哲学中的缺失。黑格尔以后，哲学家们从各种角度发掘着人的主题，价值论（theory of value/axiology）作为一门学科就是在这种背景下作为哲学的分支得到确立的。本来，价值论也许有希望使西方哲学掘进到人的生存这个基点，使哲学重新回到它的源头，以便敞开广阔的视野，但是，普遍主义的影响太深，以至于价值问题又沦落到普遍知识的框架内。至今我们看到，价值究竟是主观的、客观的还是主客关系，价值的定义究竟是什么，这些普遍知识的思维格局再次笼罩着价值论的主题。有人提出，宽容是一种美德，因而是有价值的。然而，宽容有没有限度？又有人提出，解决贫穷和解决平等何者更重要？这些问题在实际生活中多半不会成为问题，但是，在抽象的概念中它们却成了问题，想必是习惯了普遍—特殊的思想格局，总盼望在思想上就能区分出更高、更普遍的价值。

现在，普遍价值是一个热门话题，这个问题之所以重要，是因为大家意识到这关系到中国人将来的生活方式。从良好愿望方面说，提出普遍价值的概念或许是为了人类确立共同的生活目标，以便避免冲突、友好相处。但是实际上，普遍价值是一个虚幻的概念。解决冲突从来不是依照某种普遍的价值概念，而是依据实际情况的妥协。妥协是免予冲突双方同归于尽的途径，妥协也互不改变对方的价值观念。试图以一种普遍价值的观念统一全世界人的生活方式，无论这种观念是出于西方还是出于中国，都是可怕的，也是做不到的。

## (六) 中国哲学在批判普遍主义中的意义

西方哲学从柏拉图起就以追求普遍知识为目标，并且把哲学当作是凌驾于各门特殊科学之上的学问，从这个意义上说，虽然普遍知识不等于普遍主义，但是，西方哲学自始就是普遍主义的，普遍主义是西方传统哲学的重要特征。黑格尔以后，西方哲学对传统哲学的方式和批判逐步高涨，其矛头指向形而上学、本质主义，但是较少涉及普遍主义，只是近来，批判普遍主义的声浪逐渐高涨。的确，对普遍主义的批判在理论上要困难得多。但是，从另一方面讲，抓住普遍主义也就是抓住了包括理性主义和经验主义在内的西方传统哲学的要害。

先看批判普遍主义的困难。在西方哲学内部，当经验主义对理性主义进行批判的时候也包含着对普遍主义的批判。然而，如前所说，由于经验主义本身也在普遍—特殊的格局内，在这个思想框架内批判普遍主义，很容易沦落为相对主义。简单地说，经验主义主张一切知识都需建立在经验的基础上，如果承认这一点，那么，就不可能有普遍必然的知识，而只能有相对的、或然性的知识。这就是所谓相对主义的观点。对此，理性主义反击说，那么你们上述这个主张是否有效呢？你们自己是否说了某种普遍的观点呢？这一论辩的结果长期压制着对普遍主义的批判，以至于逼得批判者不敢有所建树，乃至于从相对主义进一步沦为虚无主义。我觉得德里达就是一个例子。他标榜自己的理论为解构主义，所谓解构，照他自己的说法，取的是德文"destruktion"，这个词有摧毁、消灭的意思。为此，他也被批评为虚无主义。2001年，他在上海社会科学院的讲演引海德格尔的话，认为哪怕在"这是什么"这个提问中就已经有所建树了①。这样的辩护显然是苍白的。

经验主义搞不明白为什么他们自己陷入了相对主义的泥沼。原来，经验主义自己也是在普遍—特殊的思想框架内的，只是他们反对有脱离一切经验事物的绝对普遍的东西的存在，只主张经验范围内的普遍和特殊。然而，只要进入普遍—特殊这个迷宫，思想就被定格在逻辑上了，普遍蕴含特殊，这就是逻辑思想的一个规定。经验论的相对主义与普遍主义，两者只是五十步与一百步之差。相对主义在普遍主义面前总是腰杆不直，因为它们本是同根生。经验主义不得不承认，越普遍的知识越有效，这种方向必定指向绝对普遍知识。他们也没有看出，"有效"的意思可以指一种认知在实际中能产生的效应，但是，当普遍主义以"有效性"责问相对主义时，指的是作为知识命题的逻辑有效性。站在经验主义立场上的相对主义未能识破这个陷阱，因为他们自己身处陷阱已经太久了。

普遍知识给人类带来一种方便，是克服有限人生和无涯的知之间矛盾的方法之一。把握了普遍知识，特殊知识就在掌握之中。久而久之，就产生出对作为普遍知识的原理的敬畏，不管这种原理是先天的还是经验概括的。这种思想构架一旦形成，普遍主义的统治就盛行起来了。以至于当实际生活发生激烈变化时，各种原理就纷纷登场，做不切实际的概念推论游戏，这对于实际生活帮助甚少。冲破普遍主义的束缚，思想才能解放。问题在于，怎样才能摆脱普遍主义的统治而不陷于相对主义的困境？

西方哲学是维系在普遍主义和相对主义对峙中的，走出两者的对峙，才能真正批判普遍主义，但是，一旦走出两者的对峙，不谈

---

① 参见德里达在上海社会科学院的讲演纪要：《解构与本体论——记德里达在上海社科院的讲演》，《世界哲学》2002年第4期，《世界哲学》2005年第2期再次转载（《解构与本体论——德里达在上海市社会科学院的讲演纪要》）。

绝对普遍知识，也不谈相对普遍知识，哲学还谈什么？可能有那样的哲学吗？

我以为，中国哲学就是在普遍主义和相对主义对峙之外的哲学。中国哲学不是以普遍知识为目标的哲学，因此也不可能把追求普遍知识的方法引申到人类生活的一切方面而产生出普遍主义。既然没有普遍主义，因此也谈不到相对主义[①]。我的这种观点受到的一种责问是，难道中国哲学的内容没有普遍性吗？人们会说，除了专有名词，凡普通名词都是泛指的，因此都有普遍性。对此，我曾经在一篇文章中写道，一种学问或知识具有普遍性不等于一种关于普遍性知识的学问[②]。从普遍性的角度去看中国哲学时，看的人已经站在一种对表达方式（语言）作反思的状态，这种方式不是从事中国哲学的方式。所谓"以指指月"，要看的是"月"而不是"指"。况且，西方哲学对于普遍性知识的追求终将导致一个绝对普遍的领域，这是二元论的特征，没有这个特征不成为普遍主义。中国哲学不是这样的。宋代的理学家说他们的"理"是放之四海而皆准的，"四海"毕竟在寰宇之内，不是另有一个概念表述的世界。也正因为中国传统哲学没有普遍主义的心思，所以，从来没有人把"恻隐之心，人皆有之"这种话当作普遍知识的命题来看，这句话当作普遍知识来看是不能成立的，因为世上毕竟有凶残的人；把它作为对人们向善的鼓励，则是有积极作用的。

中国哲学没有普遍主义倾向，单凭这一点不能说是克服普遍主义的理由，这只是说明，超脱于普遍主义和相对主义对峙之外的哲

---

[①] 有的学者把庄子说成是相对主义者。须知相对主义者是主张一种普遍性却又反对绝对普遍性的，中国哲学既没有绝对普遍的领域，也谈不上反对普遍主义的相对主义。
[②] 俞宣孟：《论普遍性——中西传统哲学形态的一种比较研究》，《复旦学报（社会科学版）》2004年第5期。

学是存在的。中国哲学能走出这个怪圈的真正契机在于，它的目的是求为圣贤。圣贤并不神秘，换一种说法圣贤也是得道之士，而得道之士不过是能够审时度势、适时应变的人。这里只想指出，为了能够适时应变，中国哲学教导人们要保养自己的本性（明性）。中国哲学大量篇幅就是讨论如何进行身心修养的，包括从一切的执着中随时解脱出来（"喜怒哀乐之未发，谓之中"），这样才能敏锐地觉察周围世界发生的新变化，尤其关注对于生命的发展至关重要的变化，以便作出适当的应对（"发而皆中节，谓之和"）。这就是所谓"寂然不动，感而遂通"。以这种心态看待西方哲学，普遍知识有益于人生，则学之，普遍主义过于执着而妨碍人应对其他方面生存的挑战，则舍弃之。不过当我们这样从事哲学的时候，哲学就不只是限于纯粹意识的活动了。

原载：《学术月刊》2008年第11期

## 六、关于 Being 译名的讨论及其影响

在西方学术中，哲学和其他学问有一种统领和被统领的关系。也就是说，西方哲学是一门普遍的知识，相对哲学而言，其他学问都是特殊领域的知识。哲学不仅提供了学科分类的原则，甚至还给其他学科提供一般的方法。对我们而言尤其重要的是，西方哲学是马克思主义的学术背景之一，熟悉西方哲学才能理解马克思主义哲学对传统哲学实行的革命性变革的意义。西方哲学还影响着中国哲学史的建设，曾经有一种流行的意见认为，西方哲学是我们写作中国哲学史时不得不依傍的对象，事实上有人也是这样做的。无论如何，西方哲学在中国的问题是西学在中国的问题中的一个具有特殊重要意义的问题。

作为西方人精神生活中的精华，西方哲学的精深奥义并不亚于佛学，对此我们应当有思想准备。我们现在翻译出版的西方哲学的经典数量还很少，对已经翻译出来的经典也还是处于研读阶段。虽然如此，西方哲学影响中国人思想和生活的势头很盛，近来所谓国学的"兴起"，看上去倒像是它行将被淹没时的呼救。也正因为如此，只有准确、深入地理解西方哲学才不至于像能在自家江河里游泳的人竟淹死在他人的池塘里那样。准确理解西方哲学是一件艰苦仔细的工作，作为一个例子，我想重新提起改革开放以来我国西方

哲学界围绕 Being 的汉译问题展开的一场讨论，说明对西方哲学的深入理解是怎样从一些看似细节的问题入手的，而一旦获得新的理解，又将怎样产生广泛的影响。

## （一）关于 Being 译名的讨论

关于 Being 的翻译问题的讨论始于 20 世纪 80 年代中期，这场讨论延续了十几年，2002 年，清华大学宋继杰先生将有关文章汇编成上下两册，居然有一百万字之多①。围绕一个概念的翻译有这样一场讨论，这在我国的西方哲学界是从来没有过的。事实上，论集出版以后，还不断有讨论文章发表。讨论的焦点是，Being 这个哲学术语究竟译为"存在""有"，还是译成"是"为妥？在我国过去流行的译名是"存在"，间也有译成"有"的。只有陈康先生译注柏拉图的《巴曼尼德斯篇》，吴寿彭译亚里士多德的《形而上学》时，用了"是"。"是"这个译名很不好理解，写在句子中也不合文法。然而，改革开放以后，随着我国对西方哲学视野的拓展，先是在有关海德格尔哲学的解读中，后来又进一步扩大到理解巴门尼德和亚里士多德，一些学者试用了"是"这个译名。有的还把这个译名贯彻到一些重要的哲学命题的诠释中，例如，贝克莱所谓"存在就是被感知"，变成了"是（什么）就是被感知"；笛卡尔的"我思故我（存）在"变成了"我思故我是"，与原来翻译的意思产生了很大的距离。两位前辈汪子嵩和王太庆先生的加入尤其令人注目②，据我了解，汪子嵩先生曾经不主张"是"这个译名，2000 年他和

---

① 参见宋继杰主编：《Being 与西方哲学传统》，河北大学出版社，2002 年。
② 汪子嵩、王太庆：《关于"存在"和"是"》，《复旦学报（社会科学版）》2000 年第 1 期。

王太庆联名发表了三万字的长文《关于"存在"和"是"》，明确主张亚里士多德和巴门尼德哲学中的 Being 当译成"是"。当然，并不是所有的人都主张"是"这个译名，主张和因循习惯而使用着原译名"存在"的人恐怕还占多数。虽然不可能有谁对这场讨论提出结论性的意见，但是，通过论证和相互辩驳，这场讨论着实帮助中国西方哲学界对于西方哲学的了解有了深入的发展。

讨论中凸现出一系列问题。首先是西方哲学的表述与其语言中系词的运用有密切的关系。这里不是指西方哲学内部围绕系词与命题和形而上学的关系的讨论，而是从中西哲学比较的角度对这个问题的关注。除了前面提到的陈康先生，张东荪可能是其中最早的一个，他在 1940 年前后就从中西比较的角度指出系词 to be 及其相关的动名词 Being 在西方哲学中的作用。他认为，因为中国"文言"中没有系词，这影响了中国哲学在逻辑方面的发展，也难以形成相应的"本体"观念[1]。西方人虽然早就注意到语言形式对思想方式的影响[2]，但是引入中西哲学比较研究则相对稍晚。其中突出的是

---

[1] 张东荪：《知识与文化》，商务印书馆，1946 年。尤其是其中第二编"从文化而说到知识（关于知识的制限）"以及该书附录二"从中国语言构造上看中国哲学"、附录三"思想语言与文化"，对语言与哲学的关系以及中西哲学的差异有深入论述，其中特别强调了西方哲学中 being 的意义以及中国古代哲学没有系词而导致的哲学形态的相关特征。

[2] 霍布斯是较早意识到语言中系词"是"与哲学形态相关的西方哲学家，据胡适引他的一段话称："但是有些民族，或者肯定有些民族没有和我们的动词'is'相当的词。但他们只用一个名词放在另一个名词后面来构成命题，比如不说'人是一种有生命的动物'，而说'人，一种有生命的动物'；它们在哲学中是这样恰当、有用，就好像它们是用动词'is'联结了一样。"胡适引这段话是想说明，西方命题一定要用系词，也产生很多含混，中文里命题的系词是"被省略的"，因而"在西方逻辑中围绕系词发生出来的一切神秘的晕就这样被消除了"（胡适：《先秦名学史》，学林出版社，1983 年）。这里，霍布斯和胡适都只是从逻辑方面谈系词和命题形式的联系。

法国人谢和耐（Jacques Gemet）[①]和英国人葛瑞汉（A. C. Graham）[②]，他们都指出西方哲学中由系词做成的这个概念很难译成中文。他们的观点传入中国的时候已经是20世纪90年代了。而中国的西方哲学界的这次讨论在声势上和深度上都是前所未有的。仅收入《Being 与西方哲学传统》中的论文就有 52 篇，作者 30 余位。

这次讨论揭示了 Being 这个哲学概念的多种意义。它有"存在"的意思，但决不限于"存在"，还有"本质""真理""一""善""形成""生命"等意思；甚至，一方面它可以用来代表"上帝"，另一方面，也可以指称一切被称道的东西，即一切被认为"是的"东西，这时，一般写作小写字母开头的 being。有论者指出了这个词在西方哲学逻辑方法中的作用，也有论者从语法学的角度对西方语言中词形的变换与词性变化的对应性方面解说 Being 在不同上下文中的意义，还有的对这个词在印欧语系中的词源作了深入的追溯。这些讨论大大开阔了视野，使我们对西方哲学的特征有了深入的理解，其中最关键的一点，照我个人的理解，就是把 Being 作为 ontology 最高范畴的那种意义。

## （二）从 Being 到 ontology

Being 有一种意义尤其值得关注，即，它作为哲学原理体系中最高、最普遍的范畴。这个意义之所以值得特别关注，是因为西方哲学中有一个以它为最高范畴的学说 ontology 称为第一哲学或

---

[①] 谢和耐：《中国和基督教》，耿昇译，上海古籍出版社，1991年。
[②] 葛瑞汉：《论道者：中国古代哲学论辩》，张海晏译，中国社会科学出版社，2003年。

纯粹哲学。在西方哲学史上，虽然不是每一位哲学家都对这种形式的哲学持积极肯定的态度，但是从事实看，主张这种哲学的流派是西方哲学的主流。一部西方哲学史可以说就是在建设和质疑这种理论中展开的。当现代西方对传统哲学进行反思的时候，他们主要的任务也是批判和解构这种理论。这种理论最完善、最典型的表达就是黑格尔的《逻辑学》，我们讨论 Being 的译名时决不能忽略黑格尔对这个概念的用法。黑格尔是这样说的："Being、纯粹的 Being，——没有任何更进一步的规定。"[①] 用我们的话来说，"规定"（determination）就是"意义"，不过这种意义获取的途径比较特别。我们通常是从一个词或概念所指的对象来理解这个词或概念的意义，从这个方面说，我们是把词或概念当作"名"使用的，与"名"相对的是"实"即对象，名实相宜，义在其中。但是，黑格尔《逻辑学》中全部范畴的意义却不是从其所指的对象方面得到的，范畴根本就不指示任何经验的对象。范畴的意义是从它们的相互关系中得到规定的，所以范畴的意义叫作"规定性"。单独一个范畴不可能成立，或者说是没有意义的，就像孤立的字母 a、b、c 没有意义，但是当它们在一种关系中，如 $a^2 + b^2 = c^2$ 中，它们就获得了意义。黑格尔《逻辑学》中的全部范畴都是依照这种方式得到规定的，例如，"质"是在与"量"的关系中得到规定的，"本质"是在与"存在"的关系中得到规定的，等等。而作为全部逻辑体系开端的范畴 Being，其本身是不能作为任何特定的规定出现的。黑格尔说："哲学既然是哲学的开端，从那里，便可以说根本不能对开端采用任何更详密的规定或肯定的内容。因为哲学这里

---

① 黑格尔：《逻辑学》，杨一之译，商务印书馆，1974 年，第 69 页。杨译 Being 为"有"，本文出于讨论需要，保留 Being。凡引该书皆循此。

只是在开端中,在那里,事情本身还不存在,只是一句空话或是任何一个假定的、未经论证的观念。"① 我们知道,在黑格尔这里,逻辑与认识是一致的,从认识的角度说,Being 作为认识的开端是纯思,"只要纯粹的 Being 被当作是纯知的内容,那么,纯知便须从它的内容退出来,听凭内容自己保持自己,不去作进一步的规定"②。这是说,如果把 Being 也当作是思想的开端,那么在这里思想作为纯粹的思想,是没有内容的思想。有了以上的了解作为背景,再来谈译名问题。贺麟先生译黑格尔《小逻辑》中的 Being 为"存在",而把 existence 另译为"实存",以避免撞车;杨一之先生译黑格尔《逻辑学》,把 Being 译成"有"。我还是主张"是"这个译名。对这个译名,我听到最多的一种反映是说,不如"存在""有"在汉语里容易理解。那么,请考虑一下,当人们认为好理解的时候必定是有些什么被理解了,可是,任何的有所理解恰恰都不是黑格尔逻辑学开端的那个范畴 Being 所含有的意思。因为,凡被理解的东西都可以表达为一个"是什么",即"所是",那么,"是"本身恰恰不是任何"是什么",用陈康先生的话说,"是"是"尚未分化"为"所是"的。单举一个"是"字,却不涉及"什么",这接近黑格尔逻辑学开端那个范畴 Being 所要求的,即它没有任何更进一步的规定性。从概念的相互关系中思考它们的规定性,而不是从概念所指的对象方面思考它们的意义,这就是所谓纯粹概念的思想。

一个词在不同的上下文里根据不同的用法有不同的意义,这种情况在英语和汉语中是一样的。然而,把概念作为逻辑规定性的范

---

① 黑格尔:《逻辑学》,杨一之译,第58页。
② 同上。

## 第一编 本体论的意义

畴这种用法，我以为在汉文化的传统中是没有的。先秦时，出现过关于名实关系的讨论，主张名实相符、名当符实，后来的历史上好像也没有见到相反的主张，更没有发展出脱离实际、纯粹概念推论形式的理论。那种形式的理论对于中国传统文化来说，简直是不可想象的。然而，西方所谓的纯粹哲学却正是那种形式的哲学。这种理论有一个名称叫做 ontology，即关于"Being"（on，希腊文，相当于英文的 being）的理论。过去流行的译名是"本体论"，现在根据对 Being 的不同理解，还相继出现了"存在论"和"是论"的翻译方式。

不论取什么译名，关键在于了解这种理论究竟讲些什么，它的形式特征和作用是什么。Ontology 不是直接关于世界的知识，如果人们把"本体"理解为与作用相对的东西，或者把"存在"理解为世界上任何事物去除了各种各异的性质而留下的剩余物，那么，ontology 不是那样的理论。从肯定的方面说，它是第一哲学，是为一切知识提供原理的知识。Ontology 作为原理，能说明其他知识，但不能被其他知识所说明。这也意味着 ontology 不能从经验的概括中得到。18 世纪时德国人沃尔夫为之作的"定义"①，其实只是对它的形式特征的描述，他肯定了 ontology 是一个范畴体系，这个体系是从 Being 范畴中"产生"即逻辑地推论出来的。黑格尔的逻辑学是这个范畴体系的完整表达，并且黑格尔把这个范畴体系称为绝对理念体系。它是纯粹的哲学原理，自然哲学和精神哲学都是从中展开出来的。

---

① 这个已经被引用过多次的定义说，"ontology，论述各种抽象的、完全普遍的哲学范畴，如，being 以及 being 之成为一和善，在这个抽象的形而上学中进一步产生出偶性、实体、因果、现象等范畴"。转引自 Hegel, *Lecture on the History of Philosophy*, Vol. III, London, p.353。

不断听到反映，上述 ontology 界定太窄，有些学者并不是在上述意义上使用这个词的。的确，我们可以见到对 ontology 这个词的各种不同使用，例如"社会存在本体论""本体论的承诺"等等。表达各种学术观点是人们的自由，更不要说如何使用一个术语了。但是，当我们谈论西方哲学的历史，尤其是涉及理解西方传统哲学主流，理解现代西方对于传统哲学的批判时，我们是否应当按照历史上的 ontology 去理解它呢？况且，种种事实表明，即使在西方，对于一个没有受过专门训练的人来说，理解 ontology 也不是一件容易的事，更不要说中国文化背景原来并不提供那样一种形式的哲学和与之相关的思想方式。陈康先生在把 Being 翻译成"是"的时候就说，这还给读者一个机会去练习一种新的思想方式。以范畴体系形式出现的 ontology 对我们来说是需要通过思想训练才能把握的。Being 这个词在其他文本中尽可能有不同的译名，但是在作为 ontology 的最高范畴时，我主张将其译成"是"，并且将 ontology 译成"是论"。

由 Being 的翻译进而释读 ontology，促进了我们对于西方哲学的理解。例如，我们常说，西方哲学的逻辑性质和认识论比较发达，在 ontology 中我们看到，逻辑是为了演绎理念或纯粹概念结合而发展出来的方法。同样，认识论问题主要也是针对 ontology 的问题才产生的。例如，休谟质疑的是先天性质的因果观，而不是经验中的事实上的因果关系，如果以为休谟居然相信太阳晒在石头上不是石头变暖的原因，那么，世间的人们就可以对自己的一切行为不负责；休谟只是不相信从可经验的事实的因果关系中能够提升出普遍的因果观念，即那些只是从它们的相互关系中得到规定的概念或范畴。休谟对先天因果观提出质疑，他当然很清楚那种因果观的先天性质，如果读者不了解那种先天因果观的性质，读休谟就困难了，而对于先天因果观的把握，就是对于 ontology 范畴的把握。同样，如果以为康德讲的是一般的认知何以可能的问题，也难以进入康德哲学的殿堂，他要问的是普遍必然的知识（即数学知识和自然科学知识，以及形而上学）何以可能，这才使康德能够以具有普遍必然性的知识作为事实，分析得出人类具备以具有逻辑特征的范畴为标志的、不是来自经验的认知能力。对于这种范畴的理解，ontology 提供必要的思想训练的背景。此外，后现代主义对于传统哲学的批判，他们的表述对于我们来说往往显得有点奇怪，例如，反对逻各斯中心主义，恢复知识这个词的原来意义，反对普遍主义，这些也只有放在以 ontology 为核心的西方传统哲学那种思想方式的背景下才显出它的意义。我们可以超出范畴体系的意义使用 ontology 这个词，但是我们不能否认一部西方哲学史主要就是围绕着上述意义的 ontology 及其生发出来的问题而展开的。

## （三）马克思主义哲学与 ontology 问题

对 Being 和 ontology 理解的进步，也影响了我们对西方哲学之外的一些重要领域的理解。这里主要提到对于马克思主义哲学和对于中国哲学史的建设以及相关问题的理解。

首先是马克思主义哲学和本体论的关系问题。对 Being 和 ontology 的研究清楚地表明，占据西方传统哲学主流，或至少是作为争论中心的 ontology 是纯粹概念的思辨哲学。马克思主义哲学对于传统哲学的革命性变革最显著的特点就是对于这种思辨哲学的批判，并在批判的同时提出了唯物史观。理解了这个背景有助于我们更准确、深刻地理解马克思主义哲学。但是，令人不解的是，有些公开发表的文章不仅没有意识到 ontology 就是那种思辨哲学，反而杜撰出一个"马克思主义本体论"的概念。一些中国哲学的专家了解了 ontology 之为何物后,声明他们讲的中国哲学史上的"本体论"不是西方的 ontology, 而是关于"体用"的学说。如果"本体论"这个词最初是来自对 ontology 的翻译,那么在讨论马克思主义哲学的时候,"本体论"这个词还有不同于 ontology 的意义吗?在没有证据表明马克思、恩格斯本人正面使用过"本体论"这个词的情况下,人们对马克思主义哲学究竟是"唯物本体论"还是"实践本体论"展开了争论。这种情况的出现最初是对于把马克思主义哲学简单化的不满,试图从深处挖掘和理解马克思主义哲学,即要显示马克思主义哲学最深的根据,而"本体论"这个词想必就是当作最终理论依据来理解了。然而,诉诸"本体论"并不能帮助我们深入理解马克思主义,反而可能模糊马克思主义哲学与传统哲学的界限。事实上,马克思、恩格斯从来没有在肯定的意义上用过 ontology 这个词,更没有用这个词来标榜自己的学说。

人们知道马克思主义对黑格尔的批判,甚至也知道对黑格尔的批判不只是限于某些观点,也是对纯粹思辨哲学、对历史上从事哲学活动方式的批判,包括对本体论的批判。但是,一部分同志却没有把纯粹思辨哲学和本体论联系在一起,仍然在马克思主义哲学中寻找到一种可以称为本体论的东西。他们觉得一种伟大的理论怎么可以没有自己的本体论呢?缺少了本体论,它的基本出发点和依据是什么呢?这样的问题透露出人们还是把哲学看作是从某种前提出发而作的推论。用这种方法看问题,就把他们认为可以当作前提的马克思主义哲学的某个论点当作是本体论性质的,甚至唯物史观也被说成是"实践本体论"。

马克思主义的唯物史观告诉我们,人们的一切观念、思想、理论都是从生活实际中产生出来的,这一点比较容易理解。但还有复杂的一面：人们的生活尤其是作为实践活动的生活不是盲目的，而总是有目的的，因而总是伴随着一定的观念、思想和理论，换句话说，是有理论指导的，这该怎么看？对此，我的体会是，这些观念、思想和理论是前人对他们成功生活的总结，对我们来说无疑是有借鉴作用的，然而，生活的环境不可能是一成不变的，尤其当现实生活中出现了过去没有的新情况，就更要注意从实际过程中去发展和形成新的观念、思想和理论。而之所以要这样做，只是为了人类自身得到生存和繁衍。马克思主义唯物史观指出了一切理论的根据，这个根据不是任何一种理论，而是实际生活。两千多年来，西方哲学总是以理论的形式出现，从事哲学活动就是进行思想训练。但是，马克思对此提出了挑战："哲学家们只是用不同的方式解释世界，而问题在于改变世界。"改变世界还是解释世界，这是两种不同的从事哲学活动的方式，是马克思主义哲学和传统哲学的区别。马克思的一生实践了改造世界的哲学活动。无论从马克思的著作还是革命实践活动方面看，他都要求我们要看重生活实际。《德意志意识形态》中写道："思辨终止的地方，即在现实生活面前，正是描述人们实践活动和实际发展过程的真正实证的科学开始的地方。"① 又提出要"从思想世界降到现实世界"，哲学家们要"把自己的语言还原为它从中抽象出来的普通语言"②。然而，当人们用"本体论"，哪怕是"实践本体论"来称呼马克思的学说时，突出的是理论，就好比以指指月时，不是顺着指看月，而只顾看指了。围绕着"指"，种种争论遂纷至沓来，然而，关注"月"才是目的所在。所以，有时候制止围绕"指"的争论，目的在于回到实际。

---

① 马克思、恩格斯：《德意志意识形态》，人民出版社，1961年，第20页。
② 同上书，第515页。

正确理解马克思主义既反对种种盲目照搬西方的做法，也反对教条主义。马克思主义鼓励人们在自己的生活中积极创新。这已经为中国的实践所证明。改革开放以来，为了中华民族的振兴，我们奉行解放思想，以实事求是为思想路线，面对新情况、新问题适时应变，取得了伟大的成功，这是真正的，也是聪明的马克思主义路线。在学术上廓清马克思主义哲学与 ontology 的区别，则是正确理解马克思主义的一个重要方面。

## （四）Ontology 击碎了中国哲学对西方哲学的依傍

对于西方哲学的深入研究，对中国哲学史的研究也带来了重要的影响。自从 20 世纪初国人开始研究中国哲学史以来，西方哲学一直在其中起着重要的影响。早在胡适写作《中国哲学史大纲》时，蔡元培先生为之作序说，写中国哲学史不能不"依傍"西方哲学。对这个观点世人向来无疑义。的确，中国原来没有以哲学为名称的这门学术，连"哲学"这个词都是为翻译而创造的，开始时"依傍"西方哲学也在情理之中。然而，随着对西方哲学研究的深入，尤其是通过对 Being 范畴和 ontology 的深入了解，中国哲学能否依傍着西方哲学来写就成了问题。例如，有的中国哲学史教材在梳理中国哲学家的学说时，总是尽可能把本体论作为第一条，然后是其他分支的学说。还有的教材照黑格尔的观点把一部中国哲学史写成认识范畴逻辑发展的历史。这样写成的中国哲学史与我们读原著时的感受距离很远，让人有削足适履之感。中国古代有自己的学术，它们是生活所涉及的各方面经验的总结，提倡身心修养，"自天子以至庶人，壹是皆以修身为本"，其目的在于得道成圣（至少书上是这样说的）。当写成中国哲学史的时候，就把原来直白地告诉我们的各种道理纳入本体论、伦理学等框架作解释。这种归类改变了中国传统哲学原来重点突出的主题，另外，那些不能纳入框架而被删除的内容是没有意义的吗？为什么要把中国哲学史提炼成概念的逻辑发展过程，难道原来的叙述不够明白？做这样的提炼所关注的是思想的内容还是思想的形式？当然，传统学问从内容到形式都有一个现代化的问题，那么，就要考虑，为什么要将中国传统学问现代化，怎样做才能达到中国传统学问的现代化，依傍西方哲学写中国哲学史是中国传统学问现代化的途径吗？

事实上，在要不要依傍西方哲学之前，还有一个能不能依傍的问题。西方传统哲学以 ontology 为第一哲学、纯粹哲学，甚至当作是哲学的灵魂，即他们所谓哲学之为哲学的最高标志，它是古希腊以来长期发展的结果，其中有他们语言、文化的背景，也有他们独特的思想方式，归根结底，它是西方人的生存方式。从希腊人寻找事物的真正所是，西方哲学开始了对事物本质的追求，逐渐发展出一套只能以纯粹概念表达的"真理"，并且围绕着这个主题而展开出直至当代还在继续的种种争论。例如，如何克服形而上学、逻辑的实质、认识真理何以可能及其与语言表达的关系，等等。这些问题不仅在中国传统哲学中没有涉及，就是现在对我们也是生疏的。其根本原因是中国传统哲学中根本没有 ontology 这种形式的东西，中国传统文化中也没有形成 ontology 所需要的那种与实际隔离的概念，即所谓"'红'不红"（冯友兰先生语）的理论思维的概念。

现在，人们对中西哲学的差异看得更清楚了，归结起来说，在哲学的目标上，西方传统哲学追求普遍知识、普遍真理；中国传统哲学则是为了成为圣贤，用今天的话来说，就是要成为一个生命的自觉者。在从事哲学的活动方式方面，西方哲学工于概念的思想，中国哲学则归于身心修养，由此而形成中西哲学各自内部的种种议题,以及这两种哲学在形态上的明显差异。总之,中国传统哲学中本不存在 ontology 这种形态的学说。

## (五) 深入开展中西哲学的比较研究

上述结论要是能够成立,不仅中国哲学史不能依傍西方哲学去写,而且还提出了更严峻的问题:如果哲学只有西方的范本,那么不是西方哲学的中国传统哲学还是哲学吗?一种消极的回答就是否认中国哲学之为哲学,另一种积极的回答则是在比较中重新思考哲学究竟是什么?

虽然关于中国哲学是不是哲学一向有人怀疑,然而开始于世纪之交的这一次讨论却不仅有雷声,还来了雨点。有一批文章围绕所谓"中国哲学的合法性危机"展开了讨论,据一项调查,这个议题曾经登上 2005 年十大学术热点之一。2001 年德里达访问中国时曾经使用"中国思想"一词取代"中国哲学",这可能是造成这种声势的一个契机①。不过,国人开始从理论上承认中国哲学不是西方那种形态的哲学,这一点应当是决定性的。到了这种时候,我们当意识到,20 世纪 80 年代以来,我国西方哲学界关于 Being 的翻译以及相关问题的讨论开始发酵了。但是,认识到中国哲学不是西方

---

① 2001 年 9 月 14 日德里达访问上海社会科学院,以"解构与本体论"为题作了报告。报告中他认为,解构主义就是要破除 ontology,因而是普遍适用的方法。我在提问中指出,中国哲学中并不存在 ontology,则何以体现解构主义为普遍的方法?他始答,如果中国哲学现在没有 ontology,将来也会有 ontology。我表示不能同意这样的意见,因为 ontology 的产生与西方语言的特征以及柏拉图这样的哲学家开创的一种特别的思想方式有关。他表示,他同意 ontology 与西方语言特征的联系,但是他坚持,解构主义的普遍意义在于要打破一切思想上既定的框框[该报告的纪要最初发表在《社会科学报》,后来两次登载于《世界哲学》(2002 年第 4 期、2005 年第 2 期)]。

哲学那种形态的哲学，这并不必然引导到怀疑中国哲学的所谓合法性，只有那些坚持西方哲学为哲学唯一标准的人才可能产生这种担忧。

敢于在西方哲学面前问，哲学究竟是什么？这是要有一点气魄的。因为这个问题已经意味着承认有不同于西方哲学的哲学，意味着承认中国哲学的存在。如果说不同的哲学是各民族生存方式的表达和总结，那么这种气魄来自对自己民族历史上传承下来、历经变革而又生生不息的生存方式的信心。试想一下，并非历史上曾经辉煌过的民族都能存活至今，而中华民族则虽历经磨难而"其命维新"，包括在新的历史时期能适时应变，中华民族的哲学实在是值得总结和发扬的。从学术上总结和发扬中华民族的哲学并不意味着要回到国学（这并不排斥有一部分学者为了保存和传承传统文化而作的专门研究），这是因为生存环境在变化，我们面临着前人所没有遇到过的，其中一个重要的情况是，我们与世界各民族的相处几乎是没有空间距离的，大家都在对各自发生的事情相互发表评论。这就迫使我们不仅要自己讲、讲自己，也要讲给别人听，为的是取得相互的沟通和理解。也要超越所谓胡话汉说和汉话胡说，尽管这是初步接触时囿于语言等障碍而难免的情况。面对当前的情况、与世人开展交流，这就是中国传统文化需要现代化的理由之一。

鉴于以上理由，中国传统哲学的现代化必定是在中西哲学的比较研究中实现的。哲学究竟是什么应当是比较研究中的一个重要课题，研究的方法和途径可能是多种多样的。不过我想指出，这种比较研究应当是实事求是的比较，这指的是，比较研究也要避免对西方哲学的依傍。由于西方哲学传入中国已经有好几代人了，其基本的哲学观念和框架已经广为人知，它的许多哲学术语甚至已经渗透到了社会生活各方面的话语中，所以在比较中也很容易不知不觉就依傍了西方哲学。例如,针对中国哲学合法性的疑问,有意见认为,可以把西方哲学和中国哲学看成是两种特殊的哲学,他们都是属于普遍的哲学。初看之下,以这种方法比较中西哲学很公允,然而,区分特殊和普遍,这已经是西方哲学的方法了。西方传统哲学对于普遍和特殊的关系有两千多年的讨论,最普遍的知识应当是不受经验局限的知识,因而也是必然的知识,从形式上说,这种知识是受逻辑驱动的知识。他们的传统哲学就曾经被标榜为从内容和形式都达到了最普遍的知识,其典型就是黑格尔逻辑学表述的东西。在所谓普遍知识的框架内,难道还能超出黑格尔的逻辑学吗?这样的比较除了把中国哲学向西方哲学方面靠拢,还能有什么别的结果呢?再如,受西方哲学的影响,人们以为最深的追求就是对本质的追求,于是,也试图从中国传统哲学中寻找种种关于本质的说法来与西方哲学作比较,比如关于人的本质问题。可是,仔细想想,中国传统哲学何曾有本质这个观念呢?定义是所谓表达本质的,可是,连孔子的核心思想"仁"都没有一个确定的定义,两千余年的中国人并没有就这个原因而质疑他的主张。向来有一种说法,认为中国人的思想是不明晰的,这种说法没有根据。中国认为亲亲关系很重要,在亲属关系方面的词汇就分得很细,这一点,西方人倒是很模糊的。用西方哲学的观念和方法作中西哲学的比较,就会像黑格尔那样,把中国哲学看成是形态上落后的、意识还没有发展到一定高度的哲学,这样的比较不是实事求是的比较。就现状来看,在比较中要注意的是,当我们使用着哲学的词汇说话时,首先考察一下这个词汇是中国传统哲学固有的呢,还是从西方传入的?如果原本中国哲学并没有这个词汇,那么类似的现实问题在中国历史上是怎么解决的呢?这些地方往往是比较哲学最容易发现问题的地方。例如,中国传统哲学中没有本质观念,那么,中国古代的人们在谈论问题时如何取信于人？他们的依据是什么？从哲学上讲，讨论一切问题的开端、它们的总依据是什么？那么，中国哲学就不是以五行说为开端了，那是比照着希腊人追问万物始基的说法，而要追溯到太极、无极，这方面的观念的哲学意义就是大有讲究的，即使太极也不能作始基看，这二者的区别中蕴含着逻辑的方法和历史的方法的区别。

中国哲学不是西方那种形态的哲学，这才提供了比较的机缘。而西方目前对于传统哲学的反思，也反映了西方历史上延续两千多年的哲学观念正在发生变化，像黑格尔那样蛮横地评价中国哲学的情况应该不会再有了，这也有利于中西哲学比较研究的开展。无论是中国还是西方，今后的哲学将在比较中得到发展。但是这不可能导致一种统一的所谓世界哲学，因为人们总是生活在他们自己的传统中，传统中包含着他们成功生存的历史经验以及这种经验的表达方式，如果人们的生存毕竟离不开参照历史经验，那么，哲学的发展也总是在传统哲学基础上的发展。这方面，佛教的传入是一个很好的例子，玄奘的法相宗虽然很忠实于佛学原典，但是最终在中国有活力的却是禅宗，那是揉进了儒学的佛学。

原载：《社会科学》2010 年第 1 期

# 七、西方哲学底本中的 Being 问题

杨国荣先生对他自己近年的哲学思考作了一个总结，整理成《道论》《伦理与存在》《成己与成物》三本书，这是他自己的哲学。我很钦佩他的工作。我们从事哲学研究，不求停留于研究哲学史，而总是想表达一下我们这个时代自己的哲学思考，对哲学史的学习了解只是达到这个目标的过程——当然，哲学史上有的哲学很精深，哪怕只研究其中一个哲学家的思想和学说，花上一辈子工夫也可能不够。成为这样的专家，从文化传承和教学的角度说，是需要的；而从一个民族或文化共同体的实际情况去考虑，如果要获得切合自己生存状态的自觉意识，那么，真正需要的是拿出当代人自己的哲学。国荣先生的工作正是朝着这个方向的。

## （一）

我们这个时代创建自己哲学的困难较以往任何时候都大。其原因之一是：从学术上说，哲学在依傍着实际生活的变化而发展的时候，也要承继哲学史的资料，因为那是前人生存经验的总结，是不能轻易抛弃的。我们现在不仅具有中国哲学史的资源，更多了一种西方哲学的资源，而且西方哲学是如此的强势，以至于由于中、西

哲学形态上的差异竟使人对中国哲学是不是哲学产生疑虑。中国人有绵延不绝的辉煌历史和丰富的文化传统，当然也有自己的哲学，这是不容怀疑的。但是历史走到了今天，与西方人的交往也成了我们自己生活的重要内容，西方哲学同样是我们构建新时期哲学时不能置之不理的。这就是说，我们现在已经不能完全用中国一百年前的路子做学问了，今后中国哲学的发展一定是中西哲学比较的结果。一百年来，已经有不少前辈在这条路上做过尝试，国荣先生的工作也体现了这个路子。发展总是在原有基础上的发展，这原有的基础就是底本。从他这三部著作看，我感到国荣先生是以西方传统哲学为底本，试图用中国哲学的资源为西方哲学补罅堵漏。

国荣先生在《道论》"二版后记"中说，他的研究"归属于当代中国哲学"，而且是更广意义上的"中国哲学的延续"。这里有一个问题：既然是中国哲学，它的底本应当是中国哲学还是西方哲学？杨国荣先生取的是西方哲学的底本，我这样说的主要的依据是，他把哲学核心的部分看作是关于存在（即 Being）的学说。他认为存在问题具有"本源性"，"是认识论、伦理学、美学、逻辑学、方法论、价值论等哲学分支都要涉及和考察的"[①]，从存在问题入手可以把各自割裂的学科统一起来。他所谓的"本源性"在西方哲学中叫做"纯粹原理"或"第一原理"，就是 ontology。他同时也意识到，现代西方哲学已经揭示出传统哲学的 ontology 是有缺陷的，为此，他动用中国哲学的资源予以修补、改造，其结果就是他所谓的变抽象的形而上学为具体的形而上学。这个问题要慎重。它涉及当代和将来中国哲学的主体、基调和色彩，涉及中华民族的文化特色的保存；最重要的是，哲学与人类生存状态密切相关，它既

---

① 杨国荣：《道论》，北京大学出版社，2011 年，"具体的形而上学·引言"，第 2 页。

是生存状态的反映，又指导着生存状态的取向。面对现时代的处境，究竟怎样一种底本的哲学更适宜人类开启自觉的生存状态，这是一个根本的评判尺度。在这个问题上，中西哲学一开始就显示出明显的差异。《周易·系辞传下》说："作易者其有忧患乎！"《周易》表明，中国古代人是迫于吉凶悔吝，希望通"幽明之故""原始反终"，才"仰观天象""俯察地理"，开始了哲学活动；而西方的亚里士多德则说，哲学的探索"都应起于对自然万物的惊异"，他还说，有些"既不为生活所必需，也不以人世快乐为目的的知识，这些知识最先出现于人们开始有闲暇的地方"①。国荣先生的书中是提到这个差别的。初衷不同，其开展哲学活动的旨趣和方向也不同：西方人的哲学工于思想技艺，从中发展出了数学和逻辑，为近代科学的发展做了思想训练的准备，科学是开放在哲学繁枝上的一朵奇葩；中国人一开始就是在忧患意识中开展哲学活动的，甚至只是出于科学关系到民族生存的原因，才不得已学习科学，进而学习西方哲学。现在全世界的人也开始有了一点忧患，因为科学揭示，我们生活于其中的太阳系是有寿命的。虽然这还很遥远，但从近的方面说，人类运用由科学转化来的技术手段改造地球的活动在带来好处的同时，也制造出某些致命的威胁。在这种背景下，人们回过去看哲学，就会发现西方哲学从一开始就有与生活疏离的倾向。形而上学是不是应当终结？通过技术处理可以有肯定和否定的回答，然而，提出形而上学终结的主张则肯定是从人类生存这个根本要求出发的。如果中国哲学所忧患者正是人类生存这个根本问题，那么，中国哲学的底本是不可轻易抛弃的。

人类生存问题既然是根本问题，西方哲学终究也是不能忽略和

---

① 参见亚里士多德：《形而上学》，吴寿彭译，商务印书馆，1981年，第5、3页。

绕开它的。所以，在形而上学式微的同时，西方哲学也更强烈地要求在"世界观"或"普遍原理"之外建立人文科学（狄尔泰）和回到生活世界（胡塞尔），直至出现像海德格尔那样以人的生存状态为出发点对哲学作突破传统的重新阐述。但是，他们在表达这些思想的时候，仍然是以西方哲学为底本的。这显然是因为今天的人是从昨天活过来的，人离不开自己的文化传统。例如，有充分资料说明，海德格尔在批评传统而提出自己新思想的时候曾借用中国古代的哲学思想，这点也为论家所肯定①。但是，当他试图在自己的思想中表达与中国哲学的"道"相近的观念时，其所使用的仍然是 Sein（Being）这个词，同时也作 providence（天命）、es gibt das Sein（there is a Being，有"是"）、Er-eigen（发生）等多种角度的表述。海德格尔之所以把眼光转向中国哲学，是因为他觉得中国哲学有可能帮助西方人实现思想的转变，使西方人从受现代技术控制的生存状态中解脱出来。在1966年9月23日与《明镜》记者的谈话中，他表达了这样的期望："是不是有朝一日一种'思想'的一些古老传统将在俄国和中国醒来，帮助人能够对技术世界有一种自由的关系呢？我们之中竟有谁可对此作出断言吗？"② 但同时，他并没有照搬中国哲学，而是继续使用着西方哲学的术语，以致人们不容易从表面就看出他对中国和东方思想的接受。对于这种坚持，他说："我深信，现代技术世界是在世界上什么地方出现的，一种转变也只能从这个地方准备出来。我深信，这个转变不能通过接收禅宗佛教或其他东方世界观来发生。思想的转变需要求助于欧洲传

---

① 参见 Graham Parkes (ed.), *Heidegger and Asian Thought*, University of Hawaii Press, 1987; Reinhard May, *Heidegger's Hidden Sources: East-Asian Influences on His Work*, London and New York: Routledge, 1996.
② 孙周兴选编：《海德格尔选集》（下），上海三联书店，1996年，第1312页。

统及其革新。**思想只有通过具有同一渊源和使命的思想来转变。**"① 这里说的实际上正是哲学革新或转变的底本问题。

底本就是一个民族的哲学传统,它是历史上传承下来的,对于生长在传统中的人而言,是不能任意选择的。底本决定着哲学的形态,也是区别中西哲学的基本标志。纵观一百年之研究,我觉得,现在西方哲学的底本对我们来说变得更加清晰了,也就是说,西方哲学的特征更明显了。这里说到的西方哲学的特征不是哲学与其他学科相比较而言的特征,而是相对中国哲学而显示出来的西方哲学的特征——事实上,也只有在中西哲学的比较中才谈得上西方哲学的特征。从比较的角度看西方哲学的特征,我觉得有三个关注点,它们是环环相扣的:首先要关注的是,中西民族使用语言的习惯的差异;其次,与语言习惯密切相关的哲学问题的表述方式;最后,与那种表述方式联系着的问题所生发出来的哲学分支以及由此而形成的哲学流派。下面我先谈一下我对有关问题的学习心得,然后再就有关问题向国荣先生请教。

(二)

从中西哲学比较的角度看,与哲学相关的大大小小的语言问题可以梳理出许多方面,而现在这些问题渐渐聚焦——其症结在系词。最初的时候,研究者就觉得把那个系词做成的哲学概念 being 译成中文很麻烦;20 世纪 80 年代以来,我国学界围绕这个问题竟展开了一场热烈的讨论,其声势之大,在学术史上是罕见的,甚至时至今日意犹未尽。不管这个词究竟应当译成"是""存在"还是

---

① 孙周兴选编:《海德格尔选集》(下),第 1313 页(黑体为引者所加)。

"有",有一点可以确定:中国哲学中原本并没有与之相当的概念,而在西方哲学中,being 概念却是如此不可缺失,以至于发展出一门关于它的学问,即 ontology,甚至,这门学问曾经被看作是纯粹哲学、第一原理,或者哲学的哲学。中国哲学没有相当于 being 的概念,更谈不上关于 being 的学说,循此以往,中西哲学形态的差异是能够廓清的。事实上,照胡适先生《先秦名学史》的一个注脚看,早在 17 世纪时英国哲学家霍布斯就猜测:"但是有些民族,或者说肯定有些民族没有和我们的动词'is'相当的字,但他们只用一个名字放在另一个名字后面来构成命题,比如不说'人是一种有生命的动物',而说,'人,一种有生命的动物';因为这些名词的这种次序可以充分显示它们的关系;它们在哲学中是这样恰当、有用,就好像是用'is'联结了一样。"① 我们不知道霍布斯是否懂汉语和中国哲学,不过,三百年后有一位英国汉学家葛瑞汉,他是专门研究中国哲学的,在英国与另一位汉学家,即《中国科学技术史》的作者李约瑟齐名。葛瑞汉在《中国思想与语言的关系》一文中说:"西方本体论对于印欧语言中动词'to be'的诸特性的依赖,对于任何一个能站在印欧语系之外考察问题的人来说,这一点都是十分明显的。"② 这里提到所谓"站在印欧语系之外考察问题",强调了囿于自己哲学中的西方人不容易看出系词的使用是其哲学的特征。照此说法,中国学者应当天生就感觉得到这个问题。

确实,中国学者对 being 问题比西方学者更关注。早在 20 世纪

---

① 这段话是从胡适先生的《先秦名学史》(学林出版社,1983 年,第 41 页)的一个注脚转引来的。当时,胡适考虑的是逻辑问题,霍布斯则猜测到了系词与整个哲学形态有关。
② A. C. Graham, *Disputers of the Dao — Philosophical Argument in Ancient China*, La salle, Illinois: Open Court, 1989, p. 406. 参见葛瑞汉:《论道者:中国古代哲学论辩》,张海晏译,中国社会科学出版社,2003 年,第 464 页。

40年代初,陈康先生在译注柏拉图《巴曼尼德斯篇》的时候,就把柏拉图这篇重要著作中的 *estin*(is)和 *on*(being)分别译成"是""是的"或"是者",并指出希腊文中的这个系词表达的意思比"存在"要广。他虽承认,把"one is"这样的句子直译成"一是"显得很生硬,但他还是认为:"这样也许不但为中国哲学界创造一个新的术语,而且还给读者一个机会,练习一种新的思想方式。"① 可惜,他这段话很长时间没有引起大家重视。差不多在同一时期,张东荪先生也关注到系词"is"在西方哲学中的特殊作用,并认为"中国文字上没有正式与英文 is 相当的动词"②。但他的理由是:is 还可以作为动词,意为"存在",中文的"是"则没有"存在"的意思,照此,译成"存在"倒是意思上"相当"了。他也主张中国哲学没有"本体论"(ontology),但是,他所理解的 ontology 一会儿是关于 substance 的,一会儿是关于 being 的。尽管张东荪的研究欠精准,但是总的来说,他触及了 being 问题,看到了与语言差别相关的中西"心思"的差别。20世纪80年代以后,我国学者对西方哲学的研究在广度上和深度上都有了开拓和掘进,对西文原文的释读重新受到重视。即使"存在"已经"约定俗成""很好理解",学者们甚至根据自己的理解又有了意义重要的引申或发挥,但原文总是译名的根据,不断回到原文检验翻译是不可避免的,于是就出现了"是"和"存在"这两个译名之间的争论。这次争论的一个优点是,人们不是泛泛而谈,而是结合西方哲学家的具体著作做研究和分析,所涉及的有巴门尼德、柏拉图、亚里士多德、笛卡尔、贝克莱、康德、费希特、海德格尔等哲学家的著作。

---

① 柏拉图:《巴曼尼得斯篇》,陈康译注,商务印书馆,1982年,第107页。译者"序"写于1942年。
② 张东荪:《知识与文化》,商务印书馆,1946年,第169页。

到 2002 年，宋继杰先生汇集部分讨论文章成《Being 与西方传统哲学》①一书，全书逾百万字，仅入选的作者就有 30 多人。特别值得一提的是，我国研究西方哲学的前辈专家汪子嵩和王太庆先生，他们过去都曾经取"存在"为"Being"的译名，在这场论辩中，他们撰文论述了改取"是"这个译名的理由。汪子嵩先生从 20 世纪 80 年代起主编四卷本《希腊哲学史》，到 1993 年前两卷出版的时候还沿用"存在"；2003 年，他自己写第三卷时，开始改用"是"。虽然中国学者往往从 being 的翻译方面感受到了系词对于西方哲学的特殊作用，但忽略这个特点的人还不少，这恐怕是在学习接受西方哲学时放弃了中国哲学的底本，没有深入比较的结果吧。

回到葛瑞汉。这里要提一下与本文有关的他的一项学术贡献。他曾经揭示：在印欧语言中，由系词做成的哲学概念 being，既有存在（existence）又有本质（essence）的意思，但在古希腊语言中它们没有独立表达的词汇，是混淆不分的；于是，在亚里士多德那里，要把存在和本质区别开来，就显得很麻烦。然而，阿拉伯文中没有与 being 相应的词，只能根据意思分别译成"存在"和"本质"。当这些最初的希腊哲学文献从阿拉伯文被转译到拉丁文的时候，人们才造出了 *existere* 和 *quiddity* 这两个词，并发展为后来的 existence（存在）和 essence（本质）②。同样，在考察中国哲学和语言关系的时候，葛瑞汉也注意到这方面的问题，他说："西方对存在与本质的混淆，必然被译成中文的受阻的努力所暴露。"③ 显然，原因就在于，中文中找不到与 being 对应的词，这给中国人理

---

① 宋继杰主编：《Being 与西方传统哲学》，河北大学出版社，2002 年。
② A. C. Graham, *Unreason within Reason: Essays on the Outskirts of Rationality*, Open Court, 1992, pp. 85–95.
③ 葛瑞汉：《论道者：中国古代哲学论辩》，张海晏译，第 471 页。

解西方哲学造成了障碍，为此，葛瑞汉特地举出康德对上帝存在的本体论证明的批判为例。关于这个证明我们现在也很熟悉，那是从上帝是最完满的being，being涵盖存在（existence），推论出上帝存在。由于我国对being流行的译名是"存在"，这个三段论的前提在中文里就成为：上帝是最完满的存在，而整个推论就成了荒唐的同义反复。也因为把being译成"存在"，失去了系词的特征，因而与康德对它的批判就接不上。康德说，being是系词，它可以联系表语（predicate，亦译谓语、宾语），表示主语之"是什么"，但它本身不能作表语。葛瑞汉一方面借助于汉语来揭示包含在being这个概念中西方哲学的混淆，另一方面，也试图从中文中寻找接近being的词，他提到的是"然""是"和"有"（"有无"的"有"，不是"你有""我有"的"有"）三个词①。至于这个说法对不对，可以讨论，但它起码应该引起我们对being问题的足够重视。当西方哲学家使用being的时候，他们往往联系着我们所不熟悉的一种思想方式，不搞清这一点，就难窥西方哲学的堂奥。在葛瑞汉的这篇论文中还提及，中国（古代）思想家是不划分范畴的②，这个问题仔细说起来，又是与亚里士多德对系词的分析有关，这里暂且不提。

## （三）

上面只是点出：西方哲学之区别于中国哲学，乃是与系词有关。具体来说，系词究竟是怎样影响西方哲学的呢？因为语言的使用极灵活，这个问题也许不容易说清，但我觉得还是可以试从两个

---

① 葛瑞汉：《论道者：中国古代哲学论辩》，张海晏译，第466—468页。
② 同上书，第475页。

方面去考虑：一是印欧语系语言中对系词的广泛使用；二是词形的变化对词性的改变，尤其是系词"to be"可以变为动名词 being。这两点共同作用，使西方哲学产生出了既包容万物又大于万物，且具有最大普遍性的概念或范畴——being。

先说关于系词的广泛使用问题。叙述西方哲学的主要语言，包括希腊语、拉丁语、英语、德语等，都是从古老的印欧语系中生发出来的，它们虽然发音和拼写有别，但据说语法大体相同，并且都存在系词。系词，顾名思义，指的是联系主语和表语的词，通过系词，就有了对主语的判断、陈述或描述。对比汉语来说，古代汉语没有系词[①]，即使先秦有"是"这个词，也是当作指示代词"这"使用的。在现代汉语中，"是"作为系词出现在表达判断、陈述、描述等的句子中，它的功能似乎与西方语言的系词没什么两样，但是，对照一下就明白，即使现代汉语中有了"是"这个系词，它的使用范围也远远比不上印欧语系中系词的使用。这就是说，在印欧语系中必须用系词才成句子的地方，在汉语中却不必，甚至必不。例如：

英语："I am glad."　　汉语："我（很）高兴。"
　　　 "It's raining."　　　　　 "下雨了。"
　　　 "He is out."　　　　　　 "他出去了。"

---

[①] 语言学家王力先生认为："在语法上，系词是在判断句中把名词性谓语联系于主语的词。就汉语来说，真正的系词只有一个'是'字"；"上古时代还没有系词产生"；"汉语真正系词的产生，大约在公元第一世纪前后，即西汉末年或东汉初年。"参见《王力文集》第 11 卷，山东教育出版社，1990 年，第 251、255、266 页。

像上面这些句子，英语的表达必须用系词 to be，中文则不用，用了就不像话。从语法上说，英语系词可以连接各种词性的词，除了名词，还有动词、形容词、副词、代词、数词。凡是能说出来的东西，不论词性，都可以成为系词的表述语，例如："Peace is with you."（"祝你平安。"）句中跟在系词后的是介词；但是，汉语中可以跟在系词"是"后面的词从词性方面说主要是名词。像"天是蓝的"这个句子中，"蓝"是表示性质的形容词，它需要加一个"的"字，变成"蓝的"（即语法上形容词的名词化），才能成为系词"是"的表语。至于"今天的天是蓝"，这里的"是"不是系词，而是表示强调的意思。而且，英语中的系词 to be 还有时态的变化，可以作为辅助动词构成被动语态。这就导致一种汉语思维中没有的现象，即英语可以把凡是经系词"是"联系着的东西，都复指为"that it is"，即"是的东西"或"是者""所是"，而不论那个东西是实际存在的还是虚构的，是实体还是性质、状态、程度，是现在的还是过去或将来的，是主动的还是被动的。上述例句中的"我""天""他""高兴""下雨""出去（外面）"以及"蓝"就都可以用同一个词称呼，即"是者"。总之，英语中用一个词 being 就囊括了一切能够说出来的东西，它的内涵是最广的；对比汉语，我们则没有这样一个词。有人以为中国哲学最大（或最高）的概念是"天"，但它的内涵显然太狭窄了。我们也说"包罗万象""万事万物"，或者以否定的方式说"无所不包"，但是我们并不把它们理解为一个词，而且其内涵因个人理解而异，并不确定。甚至"有"也不及"是"，因为"是"还包含"有"之外的"无"，"无"作为概念或范畴，它仍是一个"是者"。

使用系词的语言习惯为哲学概念的形成提供了可能。我们在柏拉图哲学中看到了作为哲学概念的"是"和"是者"形成的证据。

在《巴门尼德篇》里，柏拉图讨论理念之间究竟相互分有还是不分有，他以"一是"（这在希腊文里是一个完整的句子，此处是直译）为例：如果"一"和"是"各自独立而不结合，即不分有，那么，"一"不能"是"，"是"也不能是"一"，"一是"这样的说法也不成立；如果它们是分有着的，那么，不仅"一是"作为整体成立了，其中的"一"分有"是"，"是"也分有"一"，分有"是"的"一"和分有"一"的"是"各自又分有"是"或"一"，这样可以无限地分下去，二者总是结合着的。于是，从"一是"就推论出了"一"是部分、整体，是无限、多、一切数。至此，柏拉图说："如果一切数皆分有'是'，数的每一部分亦将分有'是'。这样，'是'就分配于许多是者中的每一个，不论其为最大的还是最小的，都无缺漏。认为所是者（things that are）竟缺少'是'，简直是胡说了。这样，'是'就被分割到一切可能大的和可能小的是者之中，它被最大可能地分割，其部分为无限。"① 很明显，正是因为语言中系词"是"的广泛使用，西方哲学才可能形成这样一个泛指一切可以称道、可以言说的概念 being，即"是者"。

再谈谈词形的变化。一个词可以通过词形的变化改变词性，以便在句子中充当不同的成分。与本文的问题有关的是系词的变化。系词又称系动词，在上下文中它要根据主语的单、复数以及所表示的时态而采用不同的形式，例如在英文中，就分别用 am、is、are、was、were 来表示。但是，它们有一个不定式写作 to be，这是表示它还没有被用到具体的句子中而受到数和时态的限定；还有一个动名词，即 being。于是，一方面，系词在句子中有不同的形式，

---

① 参见 Plato，*Parmenides*，144A，trans. by Samuel Scolnicov, Cambridge, MA: University of California Press, 2003, p.106。这段话原文是对话，其中有问答，为简明起见改为叙述，不损观点。

表达着各种意思；另一方面，它又有一个统一的名称。这自然就产生一种情况：既然 being 是上下文中各种形式的系动词的统一的形式，那么 being 就带有其以各种变式出现在上下文中的意义，其中就包括"存在"——例如有这样的句子："The book is on the table."（"书在桌上。"）。汉语的"是"在一些句子中也有"存在""有"的意思，例如"苦海无边，回头是岸"，"浑身是汗"，但是，在讨论 being 译名的时候，主张译"是"的人说，汉语的"是"也包含"存在"，"存在"却不包含"是"。这总让人觉得不能接受，尽管字典里列得很清楚，但是说话的人不是背字典。这里已经透露出与不同语言习惯相关的思想方式，即从事哲学活动的方式的差异。

我初学哲学的时候就明白，哲学是关于世界的一般道理。再学下去反而糊涂了——哲学似乎并不是直接讲世界上的事情，而是首先需要研究人能不能认识世界的问题。后来又被告知，哲学就是语言的分析，通过分析，作为哲学精华的形而上学的毛病暴露无遗，以致自古以来的这门学问居然连定义都难以确定，甚至出现了"哲学终结了"的呼声。现在我慢慢体会到，西方哲学与实际的脱节和它产生之时提出问题的方式和方向有关，而这又是与它们的语言习惯分不开的。

前面提到西方哲学语言中系词的广泛使用，一切东西都可以统称为"是"或"是者"，于是，世界的问题就是关于"是者"或一般的"是"的问题。这看起来似乎没有什么毛病，然而，"是"和"是者"毕竟是人对世界的表述，没有语言的表述，世界的面目固然显示不出来。如果把眼光专注于表述的形式，那么就有与世界脱节的危险，即使仍在看世界，也是带着一副有色眼镜。这样的情况在西方哲学中真的发生了。

柏拉图和亚里士多德是西方哲学的开山祖,他们的想法对西方哲学的形态和方向具有决定性的影响,而他们提出的一些重要问题、开创的一些重要理论领域都是与"是"或"是者"分不开的。先说柏拉图,他对后世影响最深的是所谓"理念论",理念论区分出我们的世界和理念的世界:关于我们的世界的种种说法都只是些意见,是不真的;为了寻求真正的东西,则假定在我们的世界之外存在着另一个世界,即理念的世界。我们现在都认为,柏拉图的这个理论划分了感官世界与理性世界,这是不错的。然而,他之所以做这样的划分,有一个背景,那就是寻找真正的"所是"。在他之前,巴门尼德已经说过:"只有通过彻底的考究,才能判明那些似乎是'是'的东西","能够被表达、被思想的必须'是',因为仅仅对'是'而言这才有可能"[①]。巴门尼德还认为,在沿着"是"而不是"非是"的道路走下去时,又分别有真理之路和意见之路,真理当是实际情况对我的显示,道听途说的则属于意见。巴门尼德认为,在这两者里我们都有所知,因而并不激烈地排除意见。然而,柏拉图极力抬高真理,为此才假定理念。理念是感觉不到的,但在意识上是可以出现的,后来这种意识就被称作区别于感觉的思想。例如,尽管实际世界中没有两片树叶是完全相等的,然而我们可以有"等"的观念,并且是拿了这个观念去评判实际事物究竟等还是不等。柏拉图不只是提出有理念这样的东西,后来他还发现单独的理念不成为知识,于是在《巴门尼德篇》和《智者篇》中发展出一种关于理念间结合的理论,这就完全是在"思想"上进行的操作。而理念之所以能够结合,一个未被说出的理由就是语言中被广泛使

---

[①] 这两段话分别出自巴门尼德残篇二、六。转引自汪子嵩等:《希腊哲学史》(第一卷),陈村富撰,人民出版社,1988年,第597页。这里,我把句中的 *einai*(to be)译成了"是"。

用着的系词"是"。"是"不仅起着连接句子的作用,而且通过"是",一切可以言及的东西都成了同一平台上的"是者"。从形式上看,这套理论是围绕着"是"而展开的,所以后来就被称为 ontology,即关于"是"(*on*/being)的理论。

谈西方哲学的形态不能离开 ontology,ontology 不是西方哲学的一个分支,更不是众多哲学问题中的一个问题,而是哲学的核心。但是,如果我们想从中看到西方人对于世界的一般看法,那是很困难的。它号称"纯粹原理",但我觉得在 ontology 中哲学家们的眼光并没有直接注视世界,他们注视的是表述世界的语言(即概念),而对世界直接关注则被认为是感性的、浅薄的,因而是达不到真理的。ontology 不直接谈世界,那么它谈什么呢?它谈的是人们的思想运行的方式。进一步而言,既然是在思想中进行概念的结合,就需要有结合的规则,就像任何游戏都要有自己的规则一样,所谓逻辑就是出于这样的需要而产生的。关于这一点,伽达默尔已经说出来了,他在《哲学的开端》中评论柏拉图的《斐多篇》时说:"理念之间的相互结合是最令人感兴趣的地方。只有在这里,才存在着 logos。它不是单个词的简朴表现,而是词与词之间的联系。也只有这样,才可能有逻辑的证明,恰因如此,我们才能对包含在假设中的意义作出阐释。"[①] 原来,逻辑是出于结合理念的需要而产生的,可是长期以来,我们把逻辑看得如此神圣,把它当作是人类思维甚至自然界的普遍规律,还为中国哲学逻辑的"不发达"感到遗憾。其实,就像游戏要有自己的规则,玩国际象棋当然要学会国际象棋的规则,但是,除了国际象棋,还可以玩围棋,它也有

---

[①] Hans-Georg Gadamer, *The Beginning of Philosophy*, trans. by Rod Coltman, New York: Continuum, 1998, p.55.

自己的规则。至于人生这盘大棋，包含的方面几乎无限，也更复杂，我们只能根据自己遇到的情况采取适当的方式去应对，而这不免要超越逻辑的框子。

柏拉图把哲学导向理念论，亚里士多德不同意。对此，他有一段批评："那些把理念当作原因的人，当他们寻求把握周围事物的原因时，首先引入与这些事物数目相等的另一些事物，好像一个要计点事物的人，觉得数目太少而不好点，只有增加了数目才可以去计点事物，因为，这些思想家试图去解释事物时，从事物进到了理念，理念的数量事实上与事物正好相等，或不少于事物。因为，对应于每一件事物，都有一个与之同名并与本体相分离而存在的东西，同样，在其他各组中，也有一个多之上的一，不论这个多是在这个世界里的，还是在永恒的世界里的。"① 这段话指出了，柏拉图在解释世界的时候挤进了另一套语言，即理念；理念好像是解决了多中之一的问题，其实在理念世界里，理念之间还是存在多之上的一的问题。我们也可以说，如果哲学专务理念之间的结合，那么它就不是对世界的直接解释，而是思想活动的"原理"。

亚里士多德虽不同意用理念论解释世界，但他不能离开与柏拉图同样的语言传统，所以，他提出的哲学问题仍然有西方语言的印记，尤其是系词的深刻烙印。最突出的是，他把哲学界定为关于"being as being"，即关于"是者之为是者"的学问②。为什么亚里士多德不径直说哲学研究 being，而是 being as being 呢？前面已经谈过，being 指的是凡是能被人提到的东西，可这样的东西太多了，事物、存在都不足以穷尽，这就提出了一个任务，要把"是者"分

---

① 亚里士多德：《形而上学》，吴寿彭译，第23页。
② 吴寿彭译为"实是之为实是"，参见同上书，第56页。

类理清楚,《范畴篇》和《形而上学》主要就是做这项工作的。

关于范畴,亚里士多德说:"每一个不是复合的用语,或者表示实体,或者表示数量、性质、关系、地点、时间、姿态、状况、活动、遭受。"① 看起来,范畴的划分似乎只是就词义而言的,它们也是 being 的类别吗? 是的,在《形而上学》中有这样一句话:"The kinds of essential being are precisely those that indicated by the figures of predication."——罗斯的英文译本将这里的 predication(表语)注释为 categories(范畴),在中文译本里,吴寿彭译为"主要诸'是'的分类略同于云谓的分类(范畴)"②。由此可见,范畴的出现与分类有关,这不是对事物的分类,而是对语词意义的分类。虽然人对事物的分类总是用到语言,但是,对语词的分类毕竟与事物的分类隔了一层——比如,语法上对词类的划分就不存在于事物之中,而根据词义对范畴的划分则已经把它们都放到了"是者"的层面上了。

《形而上学》一书的重要课题是对所谓"本体"的研究,这更是与系词紧密联系着的。"本体",这个词希腊文写作 ousia,它是系词 einai(to be)的阴性分词,ousia 是对"是者之为是者"的回答,它还是一种"是者"。是者范围太广泛了,有些起主导作用或可以独立存在,有些则是次等的或只能依附于另一些是者而存在,ousia 指的是前一类 being。至于具体来说哪些是本体,要看从什么角度去说——例如,颜色、形状等不能独立而只能依附于某个个别事物才能存在,于是,个别事物是本体;而从定义的角度说,事物

---

① 亚里士多德:《范畴篇》,方书春译,商务印书馆,1986年,第11页。
② 亚里士多德:《形而上学》,吴寿彭译,第94页。这里的"是"当作"是者",虽然它们都写作 on(being)。西方哲学中"是"和"是者"的混淆,海德格尔予以区分,称之为 "ontological difference" ["是论(本体论)的差异"],此问题容后讨论。

总是从它所属的普遍的概念中得到说明，于是，普遍是本体；从质料和形式的关系看，形式使事物是其所是，因而形式是本体，等等。ousia 这个词后来在拉丁文中被翻译成 substantia（本体），意为起支撑作用的东西，这只是 ousia 的多种意义之一；还有一种意义是对个别事物和一般、普遍所表达的东西进行比较，这时，亚里士多德就说，个别事物是第一本体，一般、普遍是第二本体。亚里士多德对上述问题的哲学讨论，只有联系西方语言的习惯才可以理解，而且只有从"是"的角度去看，才是通顺的。离开了语言背景，以为亚里士多德所说的一切都是对于世界的解释，那样看不懂的地方就会很多，而把 being 译成"存在"，也离开了他们想问题的方式。有一种对亚里士多德的批评，说亚里士多德这个人就是搞不清一般和个别的关系，而这种批评正是来自西方传统之外的人。

## （四）

此外，还需要提一下真理问题。今天人们已经把真理看得很重，看成是哲学必须讨论的重大课题，其实，并不是每种哲学都关注这个问题，譬如，中国古代哲学中谈道说理，却没有"真理"这个词。真理观念的产生与系词"是"也有不解之缘，希腊人最早提出真理这个词的大约是巴门尼德，他说，沿着"是"这条道路可以通向真理。现在我们知道，这个词在希腊文中写作 aletheia，原意"解蔽"，并无"理"的意思。到了柏拉图的时候，与他的那套关于理念的理论相联系，才有了"真理"。在亚里士多德那里，这一关系说得很清楚，即它作为"是"或"是者"的多种意义之一，他说："'being'和'is'意为一个陈述为真，'非是'（not being）就是不真、假，这与肯定和否定的格式是相似的。例如，'苏格拉底是文明的',表明这是真实的,或曰'苏格拉底是非白的',也表明这是真实的。但是说'一个正方形的对角线不是可以用它的边来计量的',这里表明了谁若说'是'就成为假的了。"① 这说明西方哲学一开始提出真理问题时就有两个标准,一个是事实标准,另一个是与"是"和"不是"相关的标准,这后一种情况指的也就是概念之间的结合,而概念的结合需依赖逻辑,所以,后来西方哲学谈真理就分出事实的真理和逻辑的真理。

亚里士多德虽然反对柏拉图的理念论,但他只是反对把哲学要说的话置于另一个世界中。他认为,从我们的世界就能概括出那些具有普遍性质的概念,用这些最普遍的概念表述的道理就是哲学,所以就有关于"是者之为是者"的学问。他考察"是"的多种意义,从对不同意义的"是者"的划分得出了范畴学说以及出于范畴间的结合(演绎)而创立的形式逻辑的方法,巩固和发展了柏拉图创立的所谓"是"的理论。虽然亚里士多德自认为他的哲学回到了我们的世界,但是他像柏拉图一样高扬普遍性,认为从经验概括的普遍性总是相对的,停留在一般性(generality),达不到绝对的普遍(universality)。这是哲学后来的发展中占统治地位的还是柏拉图主义的学理上的重要原因,只不过他们放弃了理念世界的存在,而让这些现实世界中看不见摸不着的普遍的东西移居到自己的意识中。开始他们并不自觉,他们是在这种意识中与世界打交道的,看出的自然界是有普遍必然性的、有规律的,直至康德才揭示,原来具有普遍必然性的自然科学知识之所以可能,原因就在于人的头脑中先已有了普遍必然地演绎着的概念。

西方哲学的形态就是如此演绎着的、以"是"为核心的概念世

---

① 亚里士多德:《形而上学》,吴寿彭译,第94页。

界。从柏拉图、亚里士多德以来形成的这种形态的哲学决定着西方哲学的命运。举其大者而言之,有两个所谓转向:近代的认识论转向和现代的语言学转向。谈到认识问题,素朴的见解往往以为,人的脑子原来空白一片,随着阅历的增加,人所知道的渐渐多起来。但是,从笛卡尔开始的西方哲学的认识论不是这样开场的,笛卡尔一开始就肯定人有着天赋观念,如果没有柏拉图和亚里士多德创立的 ontology,根本就不可能有他所谓的天赋观念。笛卡尔追求的所谓思想的清楚明白,运行得更加符合逻辑,他帮助人们明白了,所谓普遍概念代表的东西,其实只存在于思想中。后来他的学说被归入理性主义传统,而与之对立的经验主义传统则是通过对笛卡尔主义的反弹产生出来的,他们显然较少受到 ontology 的熏染,就批评天赋观念之无根据而言,其想法比较素朴。康德综合了这两派,然而他的立场是理性主义的,他不问天赋观念如何产生的问题,而只是从已经获得的普遍必然的知识这个事实出发去证明:这些知识之所以可能,是因为人脑中必定有这种运作概念的能力。注意,当他提出人的认识何以可能的时候,指的是对具有普遍必然性知识的认识何以可能,否则,一般地问人的认识如何可能,简直是荒唐的。理性主义和经验主义共同构成了认识论的转向,中国哲学中则没有这种形式和问题。有人为中国哲学中逻辑学的不发达感到遗憾之后,又为中国认识论的不发达而遗憾,其实,中华民族绵延至今,在世界上称得上是一个历史悠久的民族,怎么可能没有对世界和人生的认知呢?只是其认知的方式不同于西方哲学,需要我们认真整理总结。

所谓语言学的转向发生在现代西方英语世界哲学中,这不奇怪,从近代以来它们一直站在 ontology 的对立面,其问题是针对 ontology 而发的,而现在终于在更深的根子处发现:以 ontology 为代表的主流哲学从一开始就存在着运用语言方面的毛病,而且,其中很大的一个问题在于系词中包含着的混淆。罗素说:"黑格尔在其《逻辑学》的这一部分中的论证完全是基于对表示谓词的'是'(如在'苏格拉底是有死的'这个句子中)和表示等同的'是'(如在'苏格拉底是饮了毒药的那位哲学家'这个句子中)的混淆上的。由于这种混淆,他认为'苏格拉底'和'有死的'必然是同一的。既然它们是不同的,于是他就不像别人那样推论说这里什么地方有错,而是认为它们显示了'差异中的同一'。此外'苏格拉底'是特殊的,'有死的'是普遍的,因此,他说,既然苏格拉底是有死的,由此可见特殊即是普遍,在这里他把'是'字全部表示等同了。但是说'特殊即是普遍'是自相矛盾的。黑格尔仍然不觉得这是一个错误,而是要进而把特殊和普遍在个别或具体普遍中综合起来。这是一个例证,表明那些庞大的、堂而皇之的哲学体系是如何由于一开始就不当心而被建立在愚蠢浅薄的混淆上面,除非这种混淆是由于无心的过失(这是几乎难以置信的事实),人们是会把它们看作玩弄双关语游戏的。"① 这里,罗素以黑格尔的《逻辑学》为靶子,而《逻辑学》正是 ontology 的典范。另外,可以举维也纳学派的卡尔纳普,他的《通过语言的逻辑分析清除形而上学》一文被认为是分析哲学阵营的经典文献。他说:"也许,形成假陈述时所犯的逻辑错误,大多是基于英语'to be'一词的用法有逻辑上的毛病(在其他语言中,至少在大多数欧洲语言中,与此相应的词也一样)……自古以来,多数形而上学家听任自己被这个词的动词形式以及谓语形式引诱,造成了假陈述,比如'我存在'(I am),上帝

---

① 罗素:《我们关于外间世界的知识》,陈启伟译,上海译文出版社,1990年,第29页注。

存在（God is）。"① 当然，语言哲学还涉及其他许多问题，但其对传统哲学的批判则始于指出 ontology 对语言的误用，尤其是对包含在系词"是"中的多义性的混淆。

经验主义、分析哲学家对传统形而上学、ontology 的批评是有积极意义的，他们使用着同一语族的语言，这方面的情况比我们熟。不过，既然在同一语族中，除了少数汉学家，也就难得跳出来做考察，因而他们的批评往往过于技术化，甚至在有些问题上也不能自拔。比如，分析哲学对形而上学的语言进行逻辑分析时所用的逻辑工具，其根源就在 ontology 中，而逻辑本来就是出于运作概念的需要而产生的，当他们抬高逻辑的地位走下去，最终不免进入完全用符号表示的纯粹形式的逻辑，这与一般认为哲学应当提供关于世界的总的看法，哲学要解决或至少谈论人生切要问题，甚至争取生命自觉的期望，相差太远了。他们也难以想象，一个不像他们那样使用系词的民族的哲学会是怎样的。

海德格尔的哲学从另一个角度体现了与语言传统的关系。他说，他的哲学一以贯之就是对"是"的意义问题的研究。在叙述他的思想的时候，比较恰当的入手处是先关注他对"是"和"是者"的区分，这个区别就是他所谓的"是论的差别"（ontological difference）。根据西方语言的语法，"是"用在句子中的时候是系动词，要随着主语的人称（性、数）和时态而变化形式，而哲学把它从句子中抽出来作为概念来谈论的时候，必须一律写作名词的形式 being。在句子中的时候，"是"在表述着，在哲学家谈论它的时候它是被表述者，这就是说，哲学家看似在谈论"是"，其实他们谈的只是"是者"。海德格尔说，从柏拉图以来两千多年的哲学史

---

① 参见洪谦主编：《逻辑经验主义》上卷，商务印书馆，1982年，第28—29页。

就是一部忘记了"是"的历史。他在自己的著作中讨论"是",迫于语法也写作 Sein,实际上取的是不定式 sein 的意思,而用 das Seiende(由 Sein 的现在分词变化而来的词)表示"是者"。英语常见以大写字母开头的 Being 译 Sein;das Seiende 译作以小写字母开头的 being,有的则译作 entity①,甚至为之造出一个新词 essent②。海德格尔区分了"是"与"是者",进一步说,"是"的问题有两重优越性:第一,"是"对于"是者"的优越性,这是说,"是者"总是在"是"的方式和过程中才"是其所是"的;第二,"是"在"是论"方面的优越性,即对"是"的研究能够揭示在"是者"层面上的传统"是论"产生的原因和它所保持的水平。撇开西方哲学术语笼罩在上面的雾,我们能够发现,海德格尔在这里实现了哲学主旨的大转换——如果说西方传统哲学通过 being as being 所要追问的是事物究竟是什么,那么提出"是者"之"是",则是要追问事物为什么是这样或那样的。在解读《存在与时间》主旨的《形而上学导论》一书中,海德格尔开头第一句话就说,"Why are there essents rather than nothing?"③("为什么有是者,而不是无?")事物本来就是多种多样的,前一个问题要问它们究竟是什么,这个问题就包含着一个方向:它把人导向了追问它们共同的、普遍的东西,最后得出的结果就是所谓只有思想才能够把握的观念性的本质。而"为什么有是者,而不是无"的问题不只是问纯粹的"有",

---

① 参见 Matin Heidegger, *Being and Time*, trans. by John Macquarrie and Edward Robinson, New York: Harper and Row, 1962。
② 参见 Matin Heidegger, *An Introduction to Metaphysics*, trans. by Ralph Manheim, Yale University Press, 1959。
③ Matin Heidegger, *An Introduction to Metaphysics*, p. 1. 译者 Ralph Manheim 注:essents = existents,这是不正确的,但他又说,也指 things that are,这是对的。这个问题不是问为什么有事物的存在,而是问为什么有这样那样的事物。

对应于"无"的"有"总是以"是这样""是那样",即以"是者"面貌出现的"有"。海德格尔认为这是最深、最广也是最基本的问题。什么叫最深、最广、最基本?中国人有所谓"知其然,且知其所以然"的说法,在西方哲学的感染下,现在人们渐渐把"透过现象看本质"当作是对"所以然"的回答。其实,中国哲学史上并没有"本质"这个概念,中国人所谓的"然"就是"这样子","所以然"问的是这样子的事情的来龙去脉,它的产生、形成的渊源,这与西方传统哲学的方向判然有别。海德格尔正是通过对"是"的意义问题的阐发,把哲学的方向引到与中国传统哲学一致的方向来了。

海德格尔能借助于"是"这个词实现这一转变吗?确实,照他的说法,像他这样提出的"是"的意义问题已经自柏拉图以来就被忘记了两千多年了,他必须唤醒大家的记忆,为此,他在语言方面也下了很多工夫。例如,在《形而上学导论》一书中,他追溯到古印欧语,认为现代西方语言的系词出于三个词根:*es*、*bheu*、*wes*,它们包含生命、从自身中站立出来、维系在自身中、出场等意思[①];他也考察古希腊语与 *einai*(to be)的意思相关的 *physis*、*aletheia*、*logos* 等词,认为它们具有自然而然地涌现、解蔽或通过结合而呈现等意思;他还认为,希腊文中后来被译成 substance 的那个词,原来的意思指"出场"。我无力判断他的依据是否可靠,但是,他自己想表达的意思是清楚的,即他认为"是"的基本意义就是呈现、出现。于是,"是"的意义问题讨论的就是各种"是者"是其所是的途径和过程。这里的是者不限于存在于时空中的事物,也包括人的各种观念,即一切被认为"是"的东西。

---

① Matin Heidegger, *An Introduction to Metaphysics*, trans. by Ralph Manheim, pp. 71 - 72.

简单地说,他的讨论分两步:第一步就是《存在与时间》(1927年)一书所说的,是者的显现需要一个场所,这个场所就是人,人也是一个在其"是"中的是者,人的这种"是"不同于其他是者的"是"之处在于,人的"是"称为"生存"(existence)。是者之向人的显现不是传统哲学所谓纯粹意识的认知过程,而是在人的生存活动中对手头各种事物的实际处置中是其所是的,这也是把它们当作认识对象来看之为可能的前提。处置事物的途径、方式不仅决定了事物那样的是者之为是者,也决定了协同处置中的人们之为"谁"。用中国哲学的话说,也就是杨国荣先生着重所论的"成己与成物",一点不差。第二步是《关于人道主义的书信》(1945年)发表后的工作,这时,"是"就不再局限于人的"是",而是扩大为整个宇宙世界的"是",即包括人在内的世界的展现。就在这时,海德格尔用中国哲学的"道"来表示"是",这不由让人耳边响起"道生一,一生二,二生三,三生万物","太极生两仪,两仪生四象,四象生八卦,八卦生吉凶,吉凶生大业"——这些想法是可以合辙接轨的。

虽然海德格尔表达的那些思想说穿了与中国哲学可以合辙,但是,他的那套语言是我们完全不熟悉的。他坚持用西方哲学的语言,接着西方哲学讲,这就是他所谓"思想只有通过具有同一渊源和使命的思想来转变"。那么,海德格尔实现了什么样的思想转变呢?我初步思考的结果认为,海德格尔把哲学从追问"事物是什么"转变到"事物何以会如此这般"的方向上去了。这两个问题看来都是追问事物的原因,前者要排除表象,揭示事物的本质;后者则探本寻源,及乎知天命。本质是思想才能把握的,具有多中之一、变中之不变的性质,因而是普遍性质的观念;与之相应,人产生了普遍性观念的思想能力。普遍性的观念说到底是超时空的、逻辑的,它提供的世界图像是结构性的。人站在观察者的立场上,把人纳入这幅世界图像,把观察对象世界的方法用于人、解释人,结果就产生本质主义、普遍主义。它可以让人在实际生活之余的闲暇里做思想的训练,但总是疏离于实际生活。试图通过引进时间使这个理论体系进入现实世界是不能成功的,因为这个理论体系的底本是逻辑的,它能容纳的只是概念的时间,而不是实际生活中能感受的时间。探本寻源的追问是最广的追问,一切事物不论有生无生都有其来历,在此,人自己也被追问到了;探本寻源的追问是最深的追问,探明了事物的来历也就说明了事物成为这样那样的原因;探本寻源的追问又是最根本的追问,它甚至能对西方哲学那种追问方式作出解释。海德格尔在实行哲学转变的时候抓住"是"的意义问题,这并不是偶然的。一种语言,不论是否使用系词"是",总是在显示着各种事情和事物,这应该就是海德格尔所谓"语言是'是'的家"[1]的意思。然而,显示有这样的特性:显示出来的是被显示者,显示本身却总是隐藏着的。但是在语言中,作为显示的"是"也有被显示的可能,而一旦被显示出来,"是"就变成了"是者"。"是论的差别"是广泛使用着系词"是"的语言中的情况。伽达默尔曾经和朋友一起造访海德格尔的家,问起"是论的差异"的意义以及人在什么时候必须提出这种区分,他对海德格尔的回答记得很清楚——海德格尔说:"提出?是论的差异是一种必须由人来提出的东西吗?这是误解了。并不是因为哲学家思想的引导才产生出'是'和'是者'的差异的。"[2] 也许事情不只是发生在使用着系词的语言中,事情本身就是这样的。所谓"大道废,有仁义",废

---

[1] 参见孙周兴选编:《海德格尔选集》(上),上海三联书店,1996年,第358页。
[2] Hans-Geoerg Gadamer, *The Beginning of Philosophy*, trans. by Rod Coltman, p. 123.

即隐失；难道仁义本身不是在大道中历史地展现出来的吗？只是大道推出了仁义，自己却隐退在后面，以至于一代一代的人把追寻大道当作自己的使命。

## （五）

说是评论杨国荣先生的大作，却讲了上面一大通。可是，没有上面这些想法，我就不知道如何评论国荣先生的书。

一开始我谈到，一种哲学要发展、要转变，需要有一个底本。海德格尔试图转变西方哲学，他的底本当然是西方哲学。中国哲学和西方哲学是两个不同的底本，中国学者想必至少近期内还无能力去发展西方哲学，那么，中国学者只能根据中国哲学的底本去发展中国哲学。"存在"学说在国荣先生全部理论体系中具有核心的地位，他把伦理学、认识论、价值论、美学，甚至方法论都建立在"存在"学说的基础上，或者认为它们可以在"存在"学说中得到解释。所谓"存在"，无疑就是西方哲学的 Being——我在前文中认为译作中文的"是"才比较恰当，并且根据这个译名表述了自己对西方哲学的理解。"是"这个译名对西方哲学说得通，还是"存在"这个译名才说通？不管怎么说，"存在"也好，"是"也好，中国哲学根本就没有出现过这样的术语，甚至中国哲学初步形成的时候，语言中连作为系词的"是"字也没有。现代汉语有了系词"是"，它的用法也与西方语言的系词的用法有很大的差距。而以"存在"学说为核心的，倒正是西方哲学的底本。

虽然"存在"观念和关于"存在"的学说"本体论"（ontology）源自西方哲学，但国荣先生认为，我们可以把新的理解和含义加进去。例如，关于"存在"，虽然原先是从系词发展出来的，但现在已经不能停留在系词的意义上，确切地说，不能停留在西方哲学原来的意义上。国荣先生为之增加的含义，我理解大致有三方面：赋予"存在"以人的生存的意义，赋予"存在"时间、过程和历史的含义，以中国哲学关于和同、本末、体用的观念来充实西方哲学本体论关于同一、本质和现象的观念。关于能否把时间充实到西方哲学的"存在"或本体论学说中去，我在前文中已经谈到一点。金岳霖先生在他的《论道》一书中是尝试过的，之所以要把时间加进去的原因，是因为他知道，要照着西方哲学观念讲的这套原理对现实发挥作用，必须从纯粹概念的圈子里走出来，而时间似乎就是这样的通道。不过，金先生同时也意识到，有所谓哲学上的"绝对时空"和科学上的"相对时空"，此两者在他的书里分别得到承认。其实这里的关键在于，所说的时间究竟是实际的时间还是观念的时间。一个逻辑性的观念系统怎么能把实际的时间放进去？放进了观念的时间，这个观念系统就不是观念系统了吗？就像黑格尔在《逻辑学》结束的时候设计了"外化"这个观念，但是，外化出来的不是自然界和人类社会，而是关于自然界和人类社会的原理，它们不是从自然和人类社会中得出的，而是《逻辑学》中所说的原理的展开。关于赋予"存在"以人的生存问题，解答这个问题的方法同时间问题是相似的。还可以说的是，整个西方哲学是假定人观察世界的结果，这个立场就已经把人自己排除在外了。所以，号称最普遍原理的 ontology 恰恰回答不了人生问题，这个问题到了黑格尔以后越来越突出；所以，才有要建立人文科学的呼声，价值论、美学也都是在这种形势下应运而生的。不错，海德格尔把人的"是"的方式说成"生存"，这一方面是继承着西方哲学的语言；同时，我也已经介绍了，他对"是"这个词作出重新解释，绝不是停留在原来的意思上，更不是"存在"这种意思。至于和同、体用、本末的观念的问题,如果把对这些观念的讨论称作中国哲学的本体论,那是作者个人的自由;如果把它们纳入西方哲学的 ontology,而 ontology 中的概念或范畴都是逻辑规定性的(这里再多说一句:逻辑规定性的概念仅仅从概念的相互逻辑关系中获得意义,它不指对象,不从对象获得意义,正如冯友兰先生指出过的,理论思维的概念"红"并不红,"动"也并不动),那么,中国哲学的这些观念也是和非和、同非同、本非本、末非末吗?要之,用中国哲学的观念去补充、发展西方哲学,有榫卯不接之嫌。

我与国荣先生相知不算浅,关于他这几本书的方向和本文的一些想法,我们在好几年前就已经交流过了。国荣先生想用中国哲学的资源去补充、发展西方哲学,他所提到的几个方面确实是西方哲学面对实际生活时暴露出来的弱点,而中国哲学则至少在这些提到的方面应付自如。于是,我们就问:为什么中国哲学在这些关节点上能够这样卓有成效?它们肯定不是从西方哲学的大树上生发出来的,而是从中国自己的哲学中生发出来的。那么,中国哲学这棵大树的基因究竟如何,以至于产生这样的成果,这难道不是我们今天应当去研究清楚的吗?中国哲学肯定有自己的底本,它们散见于两千多年的文献中,等待着我们用今天的眼光把它整理出来。这个底本也并不是没有一点整理过的踪迹,作为例子,我觉得宋代周敦颐的《通书》和朱熹的《近思录》就是这种阶段性的总结,那应当是对照着与佛学的比较所作出的;今天,中国哲学面对的是西方哲学,我们应该有新的总结,只有对照着西方哲学,才能把中国古代文献中富有哲学意义的内容整理出来。事实上,国荣先生在这方面已经给了大家很多启发,例如,他早就注意到《大学》中"格物致知"的"物"作"事"解,又把《中庸》的话"成己与成物"做成他的书名。他着意挖掘和发挥这些内容,显然是看到了西方哲学把人和物割裂的状况，而这样的敏锐性显然是出自中西哲学的比较。他受中国传统文化熏陶之深，已经化为儒雅的举止；又常与国外大家切磋，有世界的眼光，且正富春秋——我祝他取得更大的成就！本文管窥之见，仅作参考。

原载：《哲学分析》2013年第2期

第二编

# 两种不同形态的哲学

# 八、第一哲学

本文所要进行的是关于本体论（ontology）和道论之间的比较研究。本体论在西方哲学史上盛行了两千多年。而在中国哲学史上，却没有与之相同的这种哲学形态。中国哲学中的道论与西方哲学中的本体论，两者从形式到内容都有很大的差异。我们把它们作比较研究，只是由于二者在各自的哲学中分别占据第一哲学的地位。研究结果表明，二者之间的差异集中反映了中西哲学之间的根本差异，研究这种差异，将有助于我们深入了解中西哲学以至中西文化的特征和异同。

本文依次讨论的问题是：本体论与道论进行比较研究的依据；本体论与道论各自的基本内容和特征以及二者之间的主要差异；与本体论和道论的差异相关的中西语言特点方面的差异；本体论和道论各自的历史命运。

## （一）对本体论与道论作比较研究的根据

本体论是西方哲学史上独具的一种哲学形态，在中国传统哲学中没有与之相当的部分。既然如此，我们何以要提出这个研究题目？这一研究的可能性及其意义又是什么？这些是我们首先需要阐明的问题。

在西方哲学史上，本体论是研究关于种种 being 范畴为形式的哲学。自从亚里士多德提出有一门关于"being as being"的学问后，直到黑格尔，本体论一直被当作"第一哲学"，或哲学中的哲学。哲学中的其他分支如宇宙论（自然哲学）、认识论、伦理学、美学等等，可以从哲学中分立出来，甚至可以为实证科学所取代，但是本体论则是哲学的核心部分，或者说，本体论才是纯哲学。整个西方哲学史就是围绕着对于本体论采取的不同态度和看法，以及从中生发出来的各种问题而展开的。赞成本体论的人志在丰富和完善本体论的体系，或者以之为原理去解说其他各种问题；反对它的人则对之采取怀疑、批评的态度，直至要把它摧毁掉。在黑格尔的《逻辑学》中，本体论登上了它的光辉的顶点，但随之却迅速崩溃。这同认识论在哲学中的作用的增大有关。认识论在近代哲学中的发展，使哲学的基本问题，即物质和意识孰为第一性的问题，空前明确地突出出来了。本体论这种依靠概念、逻辑进行纯粹思辨的构造的哲学体系，由于经不起关于现实根据方面的追问，已经衰微。现代西方对于传统本体论的反叛，不仅来自经验哲学传统的分析哲学，而且也来自思辨哲学的故土，其中包括叔本华、尼采，直至胡塞尔、海德格尔。特别要提出的是马克思主义哲学，它是对传统本体论哲学的最彻底的批判。马克思主义哲学创始人不仅揭露了作为第一原理的本体论是纯粹思辨的，因而是唯心主义的，而且以哲学基本问题的明确表述和唯物史观的创立，改变了哲学的面貌。它取消了脱离现实生活的哲学，却发现现实生活中充满了哲学。如果说，人们一向以为本体论就是纯粹哲学，那么，正是在这一意义上，马克思主义哲学创始人宣告：哲学已经终结了。

## 第二编 两种不同形态的哲学

虽然本体论已经走完了它的历程,但它作为"第一哲学"或纯粹哲学的代名词,毕竟在西方历史上盛行了两千余年。它是西方人历史上运用普遍的概念或范畴所表达的对世界的一般的看法。西方人在构成这些看法时所包含的思想方法,影响到西方文化的各个方面,尤其是数学,并经此而影响到直至今天的各个门类的科学的发展。谈西方传统哲学,无论如何是离不开谈本体论的。要搞清现代西方哲学的来龙去脉,也离不开谈本体论,因为一些主要的哲学流派也是针对本体论而提出自己核心的哲学问题和思想方法的。

中国人应用哲学这个术语只是近代的事。在古代,我们有所谓经学、诸子百家学、玄学、道学或理学。这些都不是正好符合哲学这个概念的学问。六经是所谓记述"先王之陈迹",因此有"六经皆史"之说;至于诸子百家所论,遍及政治、军事、经济、伦理乃至医农百工,几乎包括了当时人们生活的全部领域;玄学是魏晋时偏重于阐发老庄一派学理的;道学或理学主要指宋明时的儒家学说。不过,上述这些学问中包含着人们关于宇宙人生的根本性看法的内容,而且在表达这些看法时,人们运用了中国文化背景中产生出来的普遍性概念。这一部分内容的学问,与今人区别于其分支的狭义的哲学是一致的。从这一观念出发,人们创立了中国哲学史这门学科,以取代传统的经学史或学案。中国传统学术的格局或路数至此也发生了变化。

中国传统哲学中讨论的问题,大部分是和社会人生问题紧密结合在一起的。当论及有关自然和人生普遍规律时,人们普遍使用了"道"的概念。道是一个最普遍的概念,它贯穿在万事万物运动的过程中;道又是一个最高的概念,它是万事万物赖以产生和展开的根源(过程)。关于道究竟是怎么一回事,它是怎样运行的,道与万物的关系如何，人怎样才能达到道的境界，等等，对这些问题的论述，从今人的观念看，当属于中国哲学中的第一哲学。我们姑名之为"道论"。中西哲学中的第一哲学的比较研究势必就是关于道论和本体论的比较研究了。

把本体论和道论放在一起进行比较研究，其主要的根据是二者在各自的哲学系统中占据着第一哲学的地位。但是从形式到内容，二者之间都有很大的差异。这种差异集中反映了中西哲学两种思想方法的差异。搞清了这一点，不仅有助于我们在中西哲学的其他分支和问题方面的比较研究，而且对于中西文化全面的比较研究，进而在深入进行文化交流的基础上，建设中国的现代文化，想必也是有启发的。

## （二）本体论

### 1. 本体论的定义

"本体论"不是中国哲学固有的术语，而是对西方哲学中的 ontology 的翻译。本体论这个译名很容易使人觉得，这似乎是一门研究本体或本原问题的学问。其实，以本体论译 ontology 是不确切的，因为仅从字面上看，ontology 就不是指关于本体的学问，而是一门关于 onto 的学问（logy）。而 onto 则是希腊文 ŏυ 的变形，ŏυ 相当于英文的 being。西方哲学史上第一次为本体论下定义的是德国理性主义哲学家 C. 沃尔夫，据黑格尔转述的这个定义如下：

> 本体论，论述各种关于"有"（ŏυ）的抽象的、完全普遍的哲学范畴，认为"有"是唯一的，善的；其中出现了唯一

者、偶性、实体、因果、现象等范畴；这是抽象的形而上学。①

这个定义至今仍被看作是具有学术权威性的。例如最新版即第15版的《不列颠百科全书》（英文版）关于 ontology 的条目写道：

> 研究 Being 本身，即一切实在性的基本特性的一种学说。这个术语尽管初创于17世纪，但它和公元前4世纪亚里士多德所规定的形而上学和"第一哲学"含义相同。由于形而上学还涉及其他的研究（如哲学的宇宙论和心理学），本体论就成了专指研究 Being 的术语。这个术语在近代哲学中的知名则是由于德国理性主义者沃尔夫，他把本体论视为导致有关 beings 的本质的必然真理的演绎法。②

这里不仅提到沃尔夫的名字，而且，这个重新表述的定义依然肯定 ontology 是一门关于 Being 的学问，只是在沃尔夫那个定义的基础上作了一些引申。

定义虽然找到了，但要理解这些文字的意思并不是一件容易的事。事实上，即使在西方，ontology 也一向被认为是与常识相去甚远的一门深奥的学问，人们只有通过专门的学院哲学的训练才能把握它。而对于我们中国人来说，则又多了一层语言隔阂，因此我们理解 ontology 就更困难一些。

解说 ontology 定义的含义的关键问题是：①Being 和 being（s）是什么意思；②为什么它们是最普遍的哲学范畴，或者说，为什么

---

① 黑格尔：《哲学史讲演录》第4卷，贺麟、王太庆译，商务印书馆，1978年，第189页。
② 《不列颠百科全书》第2卷，芝加哥不列颠大百科全书出版社，1989年，第958页。

用它们来表达"一切实在性的基本特性";③从 Being 中为什么可以"产生出"或"演绎"出其他种种范畴,以及整个 ontology 的范畴体系究竟表达了什么。这些是我们依次要讨论的。

(1) Being 和 being 的含义

Being 是系动词"to be"的动名词。系动词"to be"在不同的上下文中要根据主词的人称、数以及时态而变形,而 Being 则是用以称呼在句子中变化多端的"to be"的一个名称,同时,Being 这个名称也应该是囊括在各种上下文中"to be"所可能具有的意义。在大多数情况下,一般文句中的"to be"可以用现代汉语中唯一的系动词"是"来翻译,不过,"to be"的意义比"是"要广,因此,一般来说,作为哲学概念的 Being 也非"是"所能涵盖。不过,从中世纪经院哲学起,Being 逐渐被限定在三个主要的规定性上,或者说,有三个基本的规定性是哲学上讨论 Being 时经常使用的。它们是:真理、本质和存在。关于真理和本质的规定性是从系词"to be"在某些句式中所起的作用而抽象出来的。早在亚里士多德这里,他把凡是能用系词的肯定式所下的判断句称为真,反之则为假。例如,"苏格拉底是苍白的",真,因为通过系词"是"而表达了"苏格拉底"与"苍白的"之间有某种一致关系;而"正方形的对角线不是可以用它的边来度量的",为假,尽管这个句子的整个意思是正确的。系词的这种表达主语和述语一致的作用被抽象出来后,便成了 Being 本身所具有的真理的规定性。同样,运用系词的判断句也常用来表达主语之"是什么"(Whatness),或者在定义性的句子中揭示主语事物的本质,本质就被当作是 Being 本身所具有的规定性了。英文中的"本质"一词 essence,词源上可以追溯到拉丁文的系词 esste (相当于 to be)。至于"存在",倒是系词"to be"在一些句子中直接具有的实义,如在"There is..."或"The clock is on the wall."中，系词"is"都作存在解。

真理、本质和存在是 Being 的三种基本规定性，这可以从黑格尔的《逻辑学》中得到印证。他把运用辩证法从开端的范畴 Sein（即 Being）中展开出来的全部范畴（或规定性）划分为三大块，并以之名篇，曰存在论、本质论和概念论。而概念论中所达到的最高阶段的范畴中就包括真理和善。近人英国已故著名汉学家、原英国伦敦大学教授葛瑞汉于其晚年（1989年）发表的一部研究先秦哲学史的著作，也是其集毕生卓识的力作《辩道者——古代中国的哲学论战》[①] 中在讨论 Being 的汉译问题时，也明确提到 Being 有存在（existence）、本质（essence）和真理（truth）这三重主要的含义[②]。

明确了 Being 的基本规定性，为我们给它一个较为确切的汉译提供了依据。过去倾向性的意见是把 Being 译为"存在"或"有"，近来有人据此而将 ontology 改译为存在论[③]。然而我们还看到，陈康和吴寿彭在他们分别翻译的柏拉图的《巴曼尼得斯篇》和亚里士多德的《形而上学》中，直接把相当于 Being 的希腊文译作汉语的"是"[④]。我们以为这是最好的一种译法，我们可以进一步为之申述

---

[①] A. C. Graham, *Disputers of the Tao — Philosophical Argument in Ancient China*, La Salle, Illinois: Open Court, 1989. 该书中译本于 2003 年出版，书名译作"论道者：中国古代哲学论辩"（张海晏译，中国社会科学出版社，2003年）。

[②] A. C. Graham, *Disputers of the Tao — Philosophical Argument in Ancient China*, pp. 406–412. 葛瑞汉主要是研究中国古代哲学的，他根据的是古汉语，所以他得出的结论是，汉语中没有与 Being 相应的词，他的结论也是正确的。

[③] 见陈嘉映、王庆节译海德格尔的《存在与时间》，生活·读书·新知三联书店，1987年。

[④] 陈康说："所谓'是'，不指'存在'，它的范围比较'存在'广。"又说："……'是'不是后世所谓的'存在'，因为从'一'不存在（Dasein）如何推论它不是'一'（Sosein）？依据后世的'存在'概念我们讲善人、善事存在，善不存在，我们不能由'善'的'不存在'推论它不是'善'。"参见柏拉图：《巴曼尼得斯篇》，陈康译注，商务印书馆，1982年，第107页〔注149〕、第158页〔注226〕、第159—161页〔注228〕、第161页〔注229〕。

理由。首先，Being是由系词转化而来的，它的许多意义是同系词"to be"在句子中所起的作用分不开的，而现代汉语中唯一的系词就是"是"。其次，Being的三种基本规定性或含义，现代汉语的"是"恰好也都具有。汉语中的系词"是"也被用于表达主谓间一致关系的判断句，正是因为有这种用法，汉语中进一步而有"是非""实事求是"的说法，这是直接以"是"来表示正确、真理的意思。在定义性的判断句中，通过"是"把主词事物与它的本质属性联系在一起，照西方人来看，这时候的系词便有了本质的规定性，不过中国人不习惯这种思维方法。但是如果我们设一句"究天地之所是"，这却是一句可以理解的话，其中的"是"不就是指本质的意思吗？至于汉语中以"是"来表示存在的意思，在口语中更是常见的，如："遍地是牛羊"，"浑身是汗"。显然，根据现代汉语中"是"在句子中的用法，我们得出它与Being的三个主要规定性是相符合的。但中国人可以承认"是"在句子中的各种意义，却并不习惯脱离句子把"是"当作是它所可能具有的各种意义的独立的统一体来把握。中西语言习惯的这一差异的背后，伴随着中西思想方法的差异。但是当我们治西方哲学史时，却不能置西方人的思想方法于不顾。所以，以一个拗口的词"是"去译Being乃是治西方哲学史时的需要。

定义中还出现了以小写字母开头的being（s），并以之作为各种范畴的统称。being应当理解为是一个分词，因为它是对希腊文 ὄν 的翻译，而 ὄν 则是 εἶναι（相当于to be）的分词。语法上的术语分词同柏拉图的哲学概念分有有关。至今我们仍然可以看到participle（分词）与participate（分有）出于同一词根particip。在柏拉图这里，现实世界被看成是由于分有了理念而成立的。推而广之，分有即指一种东西分享他种东西的特点、性质的意思。引申为语法上的意思，乃是分享该分词之原动词本身意义之谓①。ὄν 就是指分有动词 εἶναι 的意义的词，为此，陈康先生译成"是的""是者"。分词在句子中有形容词的功效，故曰 being 为"是的"，当人们再将它名化以后，它就成了"所是的东西"，即"是者"或所是了。这几个词在德文中分得很清楚，即：不定式 sein，动名词 Sein，分词 seiend，分词之名化 das Seiende。所以海德格尔曾说，德语是最能表达希腊哲学的一种语言。在英文中，动名词与分词并无词形上的区别，更容易导致"是"与"是者"或所是之间的混淆。自海德格尔把"是"与"是者"之间的差异称为 ontological difference 而加以明确区分后，人们才以大小写字母区分 Being（"是"）与 being（"是者"）。

鉴于 ontology 是一门关于"是"以及统称为"是者"的各种范畴之间的关系的学问，以本体论作为它的译名显然是不确切的，因为本体只是诸是者之一。同样，存在论的译名也把 ontology 的范围缩小了。鉴于本体论的译名已经约定俗成，我们不妨姑且照旧，但切忌作望文生义的理解。如果有机会为之重新正名的话，不妨径直译为"是论"②。

---

① 理查逊（W. J. Richardson）在分析 ὄν 是一个分词时说："在古代语法学家看来，这意味着同时'分有'其名词和动词两种意义，然而'分有'的概念不是一个语法学上的概念，而是哲学概念。古罗马语法学家援引于希腊语法学家，而后者，依海德格尔的说法，又援引于柏拉图。对柏拉图来说，这个词表达了诸是者和'是'，即理念之间的关系。"见 W. J. Richardson, *Heidegger: Through Phenomenology to Thought*, Den Hagg, 1963, p. 11。
② 陈康在他译注的《巴曼尼德斯篇》中，曾试以万有论纠正本体论的译名，并述说了这门学问的主旨："万有论（Ontologia 旧译'本体论'，但不精确）成为一学科始自亚里士多德（《物理学以后诸篇》Γ1—2, cf. K3）；但本篇已为这个学科奠定基础。它指出来，'是'（οὐσία）分为一切的'有'（ὄντα），'割裂为最可能小的和最可能大的以及各式各样的有'，那么万有有一共通点，即分有'是'；因此'有某某知识，它观察是的，像这个是是的，以及那些由己的属于它的'（Arist. ibid 1003 a 21—22）。"见《巴曼尼德斯篇》，陈康译注，第 181 页 [注 252]。

(2)"是"作为本体论哲学中最高、最普遍的概念

这也是同西方语言有密切关系的。在西方语言的语法中，只要有一个主语和一个谓语，就被认为是构成了一个完整的句子。因此，例如"甲是"（A is.）就被认为是一个句子，它指有一个甲存在，或有一个是甲的东西。在柏拉图哲学中，这样的甲便被看作是与"是"结合在一起的东西，或者说，甲分有了"是"，于是甲也可以称为一个是者。如果这个句子扩大为"甲是乙"，那么乙和甲一样也是一个是者。由于在西方语言中，例如在英文中，可以充当系词后面的表语的词范围很广，除了名词，还可以是数词、代词、形容词、动词（不定式和动名词）以及副词等。举凡人们可以用言词述说的一切几乎都可以成为表语，因此便都可以成为是者。是者所指可以是个别事物及其属类、本体和属性、实际存在的事物以及并不存在的东西，等等。正是基于西方的语言特点，把表语形式地抽象出来作成的是者概念，成了西方本体论哲学中泛指一切的一个概念。它的普遍性比万物、存在更广。

如前所述，是者是因为分有了"是"才成为是者的，换言之，因为有了"是"，是者才是其之所是的，所以"是"本身被当作一个最高的概念。又因为西方哲学中从本体论初创时起，"是"与是者就有了混淆，所以，人们大多也就笼统地称"是"或"是者"为最高、最普遍的概念。这种混淆也与语言的习惯有关。因为"是"本来是一个系动词，一旦人们将之从上下文中割裂出来作成一个名词性的哲学概念时，"是"本身便又成了"是者"。这种情况被海德格尔称为"是"的遗忘。

至于把"是"与实在性联系起来，这也是与柏拉图哲学有关。柏拉图是西方哲学史上第一个把"是"当作一个理念来看的人。在我们看来，理念都是些带有普遍性的概念，或者说是共相。但是柏

拉图则进一步认为，个别事物、现象界是变动不居的，而理念、共相则是变中的不变，因此只有它们才是本质，才是实在的。正是在这一意义上，"是"也被认为是实在性的。这同常识中把实际存在的实物当作实在的见解是根本不同的。

(3) 以逻辑方法构造的第一原理

当西方人作成了"是"和"是者"概念以后，随之也就发展出了一种独特形态的哲学。首先是所有哲学的概念或范畴成了一个内在联系的体系。因为每一个概念或范畴都被当成是"是者"，它们都是分有"是"的，因而也是从属于"是"的。同时，不同的范畴、概念被当成各种是者，就好像是经过了通分以后的分数能进行代数和的运算一样，它们之间有了逻辑推论的可能。从"是"推演出各种"是者"，就是从大概念中析出各种小概念。这种逻辑推论的特点造成了一种观念：既然概念和范畴可以在既定的系统中推论地得出，它们是概念和范畴自身运动的结果，而不是对经验世界的描摹；又因为哲学的概念或范畴都是普遍性的共相，是经验世界个别事物的本质，那么通过逻辑推论得出的范畴体系也应当是第一原理，它可以统驭经验世界的各个方面。因此，本体论不是一种直接"关于世界"的理论，而是纯粹概念组成的原理。所以我们看到，当沃尔夫阐述本体论的定义的时候，没有说明它的对象，而只是从形式上把它说成是关于"是"及其推论的理论。这也是本体论与宇宙论或自然哲学明显区别的地方。

当然，历史上的本体论在各位哲学家手中的面目也不尽相同。主要的不同是，各位本体论哲学家所采用的范畴不尽一致，他们所使用的逻辑方法也不完全一样。这主要是由当时的哲学家想用本体论去解说什么问题而决定的。但无论如何，本体论就是运用逻辑的方法构造的、以"是"为核心的范畴体系，这一点则是不变的。

## 2. 本体论的历程

以上还只是从概念上对本体论定义所作的解说。要对本体论有一个深入的把握，还应浏览一下本体论大体的历史形态。

虽然本体论是亚里士多德把关于讨论"是者之为是者"的问题作为"第一哲学"提出来而得到确立的，但它真正的奠基则是在柏拉图的哲学中。有一种误解，以为本体论的历史应当追溯到前苏格拉底哲学关于探究世界本原、始基的学说。应当承认，前苏格拉底哲学家们对始基问题的探讨，对于亚里士多德构造本体论理论是有影响的，它影响到亚里士多德对范畴的取舍以及突出哪些重点范畴。但是，前苏格拉底哲学家们大多还没有提出"是"的概念，更没有形成运用逻辑方法构造出来的范畴体系。他们的学说以自然界为对象，许多著作都标有"论自然"的题目。确切地说，关于探讨始基问题的学说应当归入自然哲学或宇宙论（超经验的领域）。或有人提出，巴门尼德已经提出了"是"的概念（即人们误译为存在的那个概念），这当如何看？其实巴门尼德的"是"与柏拉图的"是"和"是者"的概念有根本的区别，甚至还算不上是一个"概念"。因为巴门尼德这里的原文是 εἶναι（to be）的第三人称单数直陈式 ἐστιν（相当于英文的 is），他借这个词是直指人的实际判断过程，他的目的在于说明，当人们把始基归结为"是这""是那"的时候，无非是出于人的判断的活动，即无非是一种"是"的过程。因此，巴门尼德的学说似乎更应归入后世所谓的认识论。他的主题正是讨论事物的显现（alëtheia），即后世所谓的真理问题[①]。

---

[①] 参阅俞宣孟：《关于巴门尼德的"是"的意义说》，《探索与争鸣》1990 年第 3 期。

柏拉图哲学在这里首次把"是"和"是者"作为理念提了出来，并且提出了对各种是者进行逻辑推论以构造第一原理的任务。他的两部奠基性著作是《巴门尼德篇》和《智者篇》。

柏拉图是为了解决"拯救现象"的任务而创立被后世归于本体论的理论的。所谓"拯救现象"是柏拉图前期理念论中生发出来的一个问题。根据那种理论，存在着一个理念王国，理念或普遍的概念是本质，现实世界的事物只是因为分有了理念才成其所是的。或者说，理念世界是原型，现实世界只是对理念世界的摹仿。理念有自己的性质，它是唯一的。这是说，理念代表多中之一，万变中的不变。例如，世间美物有千姿百态，然而美物之为美物，皆因分有了美的理念，即都具有或符合那唯一的、普遍的美的概念。理念又是单一的，这是说，理念之间是互不分有的。理念既是唯一的，又是单一的，这就给现有世界是分有理念世界的说法造成了种种困难。其中一个主要的困难是，现实世界中的事物无不是集多种性状于一体的，但既然理念是单一的而互不分有的，分有理念的现实世界的事物又怎么可以集不同的性状于一身呢？譬如一个美物是分有美的理念的，如果这个美物同时又是大的，则也当分有大的理念，可是已知美和大作为理念都是单一的，即互不分有或结合的，那么怎么说明这个既大又美的事物是分有理念的呢？在柏拉图看来，理念是实在的，因此，这里的问题不是要拯救理念，而是要拯救现象。但实际上，柏拉图只能在理念论方面作出修正。为此，他在《巴门尼德篇》中提出了理念之间也应当是相互分有或结合的新观点，以取代理念的单一性说法。

讨论是分正反两方面进行的，即任取一个理念"一"，看分别假设它与其他理念结合或不结合时所导致的结果。先假设"一"不与其他理念结合，那么我们关于"一"说不出任何其他的性质或规定性，因为它是纯粹的"一"，不能用任何不同于"一"的规定性去说它。要么我们只能说"一"就是"一"，而这只是同义反复，没有说出什么新内容。可是，甚至当我们说它是一的时候，它已经不是一个纯粹的"一"，而是一个与"是"结合的"是的""一"了。所以，一个不与其他理念结合的、纯粹的理念"一"，不仅不能推导出其他的理念来，而且连它自身也是不能成立的。也就是说，在不结合的情况下，"一"将非一了①。反之，如若"一是一"，那么，"一"不仅与"是"相结合，而且因为它是分有着"是"的"一"，这样的"一"本身便蕴含着"多"的规定性；又由于它是"多"，便必有"部分"和"整个"，依次类推，可以得到"一"之中相互结合着的13组理念，它们是：①"一"—"多"，②"部分"—"整个"，③"首端"—"末端"—"中间"，④"形"："圆"—"直"，⑤"在其他的里"—"在它自身里"，⑥"变动"—"静止"，其中又分出："变异"—"运动"、"旋转"—"变换地点运动"，⑦"异"—"同"，⑧"类似"—"不类似"，⑨"等"—"不等"，又："大于"—"小于"，⑩"年老些"—"年少些"—"同年龄"，⑪"时间"："过去"—"现在"—"未来"，⑫"是"："已是"—"正是"—"将是"，⑬"名字"—"言论"—"知识"—"感觉"—"意见"②。这正是：一立俱立。只要有一个理念成立于结合之中，其他理念也便都牵连着推论出来了。这样，柏拉图以为，现象界的事物之对于理念的分有的理论就不成问题了。

从奠定本体论哲学基础的角度说，柏拉图上述对话篇的贡献主要有两点：①他是西方哲学史上首次把 $ὄν$ 当作理念提出来的人。

---

① 柏拉图：《巴门尼德篇》，137C—142A。
② 柏拉图：《巴门尼德篇》，143B—155D；陈康译注本《巴曼尼德斯篇》，第165—363页，范畴表参见第165页。

在希腊文中，ὄν 作为分词，兼具动词和名词的意义，那么，ὄν 既指"是"，也可指"是者"。由于理念必是相互分有或结合的，其中也分有"是"，因此柏拉图把所有的理念通称为"是者"，由此可见"是"这个理念的重要作用。②理念必须在理念的体系，或依陈康的说法，在"相的集合"里才能成立，并且这个体系是通过概念凭借逻辑的方法构成的。这也是西方哲学史上第一次出现的通过概念的逻辑构造寻找第一原理的做法。不过，在柏拉图这里，范畴的逻辑的结合与词构成句子时根据语法规则的组合还混淆不清。例如，当他说明"一"必须与"是"相结合时，理由之一就是因为在语法上，"一是"（One is.）是一个包括主语和谓语的完整的句子。

从后人的观点看，柏拉图在《巴门尼德篇》中所罗列的那些理念中，有一些还缺乏普遍性，因而算不上是范畴。既然理念是本质，那么应当寻求最普遍的理念之间的结合，由它们所构成的理念体系才是最高本质或最终原理。柏拉图是考虑到这一点的。他并且考虑到，尽管理念必须结合在一起才能成立，但也并非什么理念都可以任意结合起来的，就好比字母和单词的关系，只有依一定的要求把元音和辅音字母组合起来才能构成单词。在《智者篇》中，柏拉图就致力于寻求关于普遍性的理念、通种或类概念之间的结合关系，并把这方面的探讨看成是"最大的学问"①。这篇对话的起因是为了揭穿当时所谓智者辩士的一种伪说，他们根据"不是者"或"假"是不可被言说的，以反证他们所说皆"是"，皆"真"。柏拉图则证明，"是"必是为所是，但所是（是者）又不等于"是"本身，即"所是不是"。因此，"是"本身一般地说是与"不是"相结合的。同样一般地结合在一起的还有"动""静""同""异"。虽然

---

① 柏拉图：《泰阿泰德　智术之师》，严复译，商务印书馆，1983年，第189页。

这篇对话中只涉及六个通种之间的结合，但由此而往，寻找更多的通种（范畴）之间的逻辑关系就确立为哲学研究的一个方向了。

亚里士多德对范畴的划分就是循着柏拉图开辟的方向，去努力寻找更多通种的结果。他初步提出的十个范畴是在对语词的意义进行区分划类的基础上作成的。他说："那些并非繁复的语词意指实体、数量、性质、关系、地点、时间、姿势、状态、主动或被动。"① 其中的实体亦译本体，这是西方哲学史上第一次出现本体范畴。稍后，他的《形而上学》一书又从其他各种角度去寻找范畴，包括从哲学史去寻找，并且花了很多精力去为这些范畴作规定、下界说。有一点当是明确的，即，所有的范畴都被称作"是者"，亚里士多德说："范畴有多少类，'是者'也就该有多少类。"② 所以，当他提出追问"是者之为是者"的问题时，乃是在追问所有范畴得以成立的根据，或范畴之间的相互关系。他对这一问题的结论是众所周知的，即"是者之为是者"的根据在于本体。这样，在所有关于是者的范畴中，本体的地位就被他突出出来了。在关于这个理论的论证中，他把语法学、逻辑和经验的方法混杂在一起。如，本体是标志那些可以充当主语的语词的范畴，本体不表述其他的范畴，而其他的范畴则都是表述本体的，这是语法学的证明；说本体与其他范畴有因果关系，正如灵魂使动物成为动物，本体也是其他范畴得以成立的原因，这是逻辑的证明；经验的证明是把本体看作单纯物体，如土、火、水三类，或独立存在的个别事物，而种种性状只能依附于个别事物才能成立。这些混淆，尤其是

---

① 亚里士多德：《范畴篇》，1b25；参见李匡武译本《工具篇》，广东人民出版社，1984年，第12页。
② 亚里士多德：《形而上学》，1017a24；参见吴寿彭译本，商务印书馆，1981年，第84页。

其中对经验方法的运用，反而给哲学的发展提供了多种可能的方向。

虽然亚里士多德的方法不全是概念逻辑推论的方法，但总的来说，本体论所依靠的概念逻辑的方法已经起步，它在中世纪经院哲学中得到了加强。经院哲学与神学结合在一起，成为论证神学的工具，这决定了这一时期本体论哲学的范畴的取舍。"是"成了上帝的代名词，而本质和存在因为创世说的需要而被突出为"是"的两个最主要的规定性。本体论为神学服务的一个典型例子就是由安瑟伦首先表达的关于上帝存在的本体论证明。全部论证是一个简洁的三段论：

大前提：上帝是一个最完满的"是"，

小前提：存在（existence）属于这个"是"，

结　论：所以上帝存在。

这个论证直到笛卡尔写作《第一哲学的沉思》（又译作《第一哲学沉思集》）时，几乎仍然原封不动地出现。它之所以能在数百年间被包括大学问家在内的人们奉为有效的论证，不全是由于宗教的狂热迷住了人们的慧眼，在很大程度上，是由于西方人已经把概念逻辑的思想方法当成了习惯，以至于越是学问家，越是乐此不疲、深信不疑。从这种观念出发，既然在上述论证中，"是"是最普遍而又无所不包的概念，存在只是分有了"是"的一种是者，那么，得出上帝本身包含着存在的规定性便不成问题了[①]。只是到了康德手中，关于上帝存在的本体论证明才遭到了致命的打击。他指出，"是"本是一个系动词，它怎么能用来充当大前提中的宾语呢？大前提不真，则全部推论不成文。再者，本体论的证明纯是从概念

---

[①] 国内一般有关的教科书都把当译作"是"的译成"存在"，这样，去解说和揭露这个证明时便产生一笔糊涂账。

到概念的证明,即使从"是"中推出了存在,这个存在也是概念的规定性,它与我口袋里有一百元钱的实际存在完全是两码事。本体论的证明只是得出了上帝具有存在的概念,这显然不是人们指望的实际存在。

上帝存在的本体论证明,就是沃尔夫关于本体论的定义中所指出的那种典型的运用演绎逻辑方法的本体论。随着逻辑方法的加强和完善,范畴便只是从与其他范畴的逻辑关系中得到规定。于是人们也经常疑问,纯从概念的逻辑关系得出的范畴规定性,究竟有什么实际的根据,就好比人们常要问纯粹根据运算规律得出的虚数 i 即 $\sqrt{-1}$ 究竟有什么实在的意义一样。中世纪唯名论和唯实论之争,就是在这种思想中生发出来的。近代认识论的兴起也与此有关。因此,本体论的发展也总是伴随着一种与之相反对的倾向,这种倾向在康德哲学中聚集起一股强大的力量,使本体论遭到了有史以来第一次沉重的打击。

康德很明白,所谓本体论就是指纯粹理性概念的体系。这些纯粹理性概念即普遍性的范畴,本体论以这些范畴本身的逻辑关系为对象,却并不施之于实际的对象。用他的话来说就是:"形而上学就其狭义而言,由先验哲学及纯粹理性之自然学而成。前者只论究悟性与理性本身,并且是通过一个不考虑可能给予的对象而只指示一般对象的、全部概念和原理的体系(本体论)来进行的。"[1] 他有一句名言,思维无内容是空的,直观无概念是盲的。这是说,本体论纯从概念到概念,是空洞的,他本人则把纯粹理性概念(范畴)看成是人们整理、认识感性材料的方式或格局。这是康德对于本体论所作的提纲挈领式的批判。此外,他对本体论的批判主要还有:

---

[1] Kant, *Critique of Pure Reason*, trans. by Max Müller, Penguin, 1966, p.337.

①由于当时的本体论的逻辑方法占主导地位的是演绎逻辑,所以康德认为,本体论只是从大概念到小概念的推论,其中并没有产生新的知识,他称这种形式为先天分析判断。②纯粹概念的推论还会导致一系列二律背反,即得出一系列互相矛盾的结论。这一揭露对于推崇逻辑必然性的本体论来说,不能不是一个沉重的打击①。康德本人则从判断形式中寻找范畴的出处,并把范畴看作是人的先天认识能力,使哲学在认识论方面的研究大大加强起来,不过康德不可能指出,本体论的前提是承认有一个独立存在的精神王国,而这才是本体论的致命点。

康德揭露的本体论中的矛盾以及他仍然为本体论保留着的地盘,是刺激黑格尔重建一个更完善的本体论体系的动因。黑格尔确实也是在他的《逻辑学》,并通过他的全部哲学体系,使本体论最后一次登上了光辉的顶点。

黑格尔的《逻辑学》是一本典型的本体论著作,关于这一点应该是毫无疑问的②。黑格尔对本体论的贡献主要是三点:①他采用和发扬了辩证逻辑的方法。这种方法不仅改进了单纯演绎法的简单化,而且,可以克服演绎法导致的二律背反。辩证的方法承认对立的范畴在绝对理念发展一定阶段上并存的合理性,并可以通过否定之否定方法的确立,使矛盾被扬弃而达到新的发展阶段。②把历史的方法和逻辑的方法结合在一起。黑格尔显然是接受了当时自然科学和社会科学的最新成果,把自然和社会看成是一个进化发展的过

---

① 陈康说:"我们相信,总会有人赞同我们的话,即在《纯粹理性批判》产生以后,建设一种万有论至少不是一件容易的事。"(见陈康译注本《巴曼尼德斯篇》,"序"第3—4页。)
② 陈康说:"黑格尔的《逻辑学》在内容方面至今仍是后无来者,如若它前有古人,那就是柏拉图的《巴曼尼德斯篇》。"(同上书,"序"第14页。)

程。反映在他的本体论体系中,全部逻辑学以最普遍抽象、外延无限广阔、内涵极其空疏的"是"为开端,逐渐演进为越来越具体、丰富的范畴。从中人们似乎领略到从一团不可名状的星云物质逐渐演化出星体,直至有机物和具有精神规定性的人;也似乎体会到人的认识从简单、抽象到具体、丰富的发展过程。不过黑格尔并不认为他的《逻辑学》是对自然和社会的概括和描述,而是绝对理念按逻辑规则自身运动的结果。这是一片独立存在的精神王国,唯其如此,本体论才被称为第一哲学、最终原理。③黑格尔力图沟通这片独立的作为原理的精神王国同现实世界的关系。这又分两个问题,首先人必须认识和把握这个精神王国,然后才能像他在《逻辑学》中所做的那样把它表述出来。为了解决这个问题,黑格尔对人的意识发展现象作了一番实证性的描述,说明意识有一个从低级到高级的发展过程,它从最初的感性确定性发展为自我意识,经过异化发展到普遍意识,然后再进入理性、精神、宗教,最后达到绝对知识。在绝对知识的领域,人达到了概念式理解的精神,这是人能发现绝对理念体系的前提。这些内容构成了黑格尔哲学体系中的序言性的著作《精神现象学》。马克思因而把这部著作看成是黑格尔哲学体系的"真正诞生地和秘密"①。其次,理念体系既然在独立的精神王国中,这样的最终原理又如何能跨入现实世界,成为对现实世界的统摄力量呢?为此,黑格尔运用了外化这个概念当作桥梁。他把自然哲学、历史哲学和精神哲学看作是绝对理念发展到最高阶段后,突破自身而外化为自然、社会和人的精神生活中的规律。这显然是一座难以引渡的虚构的桥梁。不过,就黑格尔的哲学体系而言,他的考虑算是很周全了。

---

① 《马克思恩格斯全集》第42卷,人民出版社,1979年,第159页。

通过对本体论的定义的考察以及对本体论的历史形态的简略回顾，我们把本体论哲学的特征概括为三点：①本体论是西方哲学中的第一哲学，它以普遍的概念或范畴为对象，是纯粹概念自身运动构成的第一原理。②概念的逻辑关系是本体论哲学的概念自身运动的动力，这种逻辑的必然性也是本体论概念体系声称自己具有的普遍必然性的唯一根据。因为本体论不是建立在对经验事实的描述和概括的基础上的。③本体论与西方语言的特点有关。西方哲学把一切概念、范畴当作是分有由系动词而作成的哲学范畴"是"的各种"是者"，并且把"是"和"是者"当作最高、最普遍的范畴，这样，"是"和其余的哲学范畴之间就建立起了最高的、各种层次上的属类之间的关系，这为本体论哲学运用逻辑推论的方法提供了形式上的可能性。

## (三) 道论

### 1. 道论是中国传统哲学中的第一哲学

中国人向来强调治学当经世致用，而学问的首要论题又集中于人生社会问题方面，这是众所周知的。但是，中国人同时也不乏对学问作深层次的形而上的探讨的浓厚兴趣。《周易·系辞传上》说："形而上者谓之道，形而下者谓之器。"形而上是指超乎形象的意思，它同西方哲学中超越相对的现象界的事物的、绝对的本质领域的那种形而上学（metaphysics）的意义大致相同。中国传统哲学家认有这样一片形而上的领域，把这个领域称为道，而且把对这个领域的研究看作是最深、最根本的学问。譬如宋张载说："运于无形之谓道，形而下者不足以言之。"（《正蒙·天道》）因此，我们有理由认为，所谓形而上的道的领域，是一个比现象界深入的、普遍性的领域，对道的研究是纯哲学的问题。相对于政治哲学、道德哲学、医学哲学等，道论是中国传统哲学中的第一哲学。

中国传统哲学以儒、道、佛三家为主。把道论当作中国传统哲学中的第一哲学，是否对儒、道、佛三家都适用呢？我们认为，上述看法大体上应当是可以成立的。

对于道家来说，上述看法不言而喻是成立的。这一家以"道"为名，就是直接的说明。需要指出的是，从道家中后来演变出了道教，它虽然仍然承袭了道这个名称，但是，道在道教中主要具有宗教生活的含义。后来的道教在哲学思想上没有明显的贡献，我们可以不去论它。道家的哲学思想主要保存在《老子》《庄子》《淮南子》以及魏晋玄学中。

儒家思想对社会人生问题的论述最突出，它具有很大的实用性。但是儒家同样关怀着深层次的理论领域，并且把这个领域称为道。这一点在宋明新儒家中是十分明显的，他们把对道的论述看作是论述人生问题的形而上的理论基础。即使在儒家的源头上，有关道的论述也被看成是深层次的、基本的理论领域。前引"形而上者谓之道，形而下者谓之器"，语出《周易》，这被看成是一部儒家的经典。孔子同样有许多关于道的论说。《论语》一书中把道看成是各种各样事物中所蕴含的根本道理、固有规律或规范。于是就有各种各样关于道的名称："天下之道""邦之道""先王之道""古之道""君子之道""文武之道"等。哪怕细民小事亦各有其道：

君子学道则爱人，小人学道则易使也。（《阳货》）
虽小道，必有可观者焉；致远恐泥，是以君子不为也。（《子张》）

道既有各种各样，从大的方面看，又可以划分为关于自然过程的天道和社会生活方面的人道。只不过当时的人们难得听孔子谈天道，即所谓"夫子之言性与天道，不可得而闻也"（《公冶长》）。对于道的追求，儒家是不遗余力、虔诚笃信的，《论语》说：

> 执德不弘，信道不笃，焉能为有，焉能为亡。（《子张》）

一切行为必合于道方可为君子：

> 有君子之道四焉：其行己也恭，其事上也敬，其养民也惠，其使民也义。（《公冶长》）
> 君子道者三，我无能焉。仁者不忧，智者不惑，勇者不惧。（《宪问》）
> 子曰：邦有道，危言危行；邦无道，危行言孙。（同上）

看重道甚于物质利益：

> 君子谋道不谋食，君子忧道不忧贫。（《卫灵公》）
> 富与贵，是人之所欲也，不以其道得之，不处也；贫与贱，是人之所恶也，不以其道得之，不去也。（《里仁》）
> 士志于道，而耻恶衣恶食者，未足与议也。（同上）

甚至不惜以身殉道，即所谓"朝闻道，夕死可矣！"（《里仁》）这样的儒学，很自然地可以被荀子称作"儒道"。"若夫志以礼安，言以类使，则儒道毕矣。"（《荀子·子道》）后世的儒家则干脆把儒家代代相承的学统称作"道统"。宋、元以后,人们亦称儒学为道学、儒学家为道学家。这些更是大家熟知的。

佛学对于中国来说本是外来文化,它在中国立足必受到儒、道二家的熏染。其中一个显著的特点便是对道这个概念的广泛使用。我们看到,中国僧众的名号中带有道字的比比皆是。这显然是因为受到中国本土文化的影响以后,中国的佛学也借用了道这个概念来标志最高的境界或原则。梵文中本来有一个与道相当的词 mārga,它与佛教中最高的境界涅槃或佛似乎并没有什么关系,但在中国的佛学中,道却是一个与涅槃同义的概念。如《涅槃无名论》说:"夫涅槃之名道也,寂寥虚旷,不可以形名得;微妙无相,不可以有心知。"① 或者,道也指称通向涅槃的道路,即主要原则。如《三论玄义》曰:"至妙虚通,目之为道。"② 又《俱舍论·二十五章》曰:"道义云何?谓涅槃路。乘此能往涅槃城故。"③《华严大疏·十八章》也说:"道至佛果,故名道。"④ 正是因为在中国佛学中把得道与成佛看成是大致相当的意思,佛学也称自己为佛道、圣道。而佛教徒中卓有成果者称为得道之人、道人。颇为有趣的是,现在专为道教所有的道士这个称号,原本是对和尚的称呼。据《法苑珠林·六十九》:"姚书云:始乎汉魏,终暨苻姚,皆号众僧以为道士。至魏太武二年,有寇谦之,始穷道士之名,易祭酒之称。"⑤《盂兰盆经疏·下》曰:"佛教传此方,呼僧为道士。"⑥ 又据《行事钞资持记·下三》:"道士本释氏之美称。后为黄巾盗窃,

---

① 转引自丁福保编纂:《佛学大辞典》,文物出版社,1984年,"道"条。
② 同上。
③ 同上。
④ 同上。
⑤ 转引自同上书,"道士"条。
⑥ 同上。

遂不称之。"①

总之，儒、道、佛三家都有关于道的论述，并且把道看作是一片形而上的领域，或者是最高的境界和原则，这使我们有理由把道论看作是中国传统哲学中的第一哲学。不过也应当指出，和道教一样，佛教作为宗教，它有自己的一套与佛学教义相应的宗教生活。佛学虽然也在中国本土文化影响下借用了道的概念，但它在表述其最高境界和理论原则时，仍保留或沿袭着佛教中本来就具有的那些概念。真正代表中国文化主流的当推儒家。儒家在汉至唐的时代虽然不同程度地遭挫，但经宋儒的提倡，又得到发扬光大，并一直作为统治思想，延续到中国进入现代社会之前。而宋、明两代的儒家由于受到佛学中精深的思辨方法的影响和刺激，对于形而上的道的问题的论述更加关注，使得中国传统哲学中关于道的论述的内容大大丰富起来。

道论既是中国传统的第一哲学，它当包括对自然和人事方面的最普遍、一般的论述。然而在各个历史时期，人们论道时有不同的侧重。例如在先秦道家中，侧重的是关于自然方面的道。在宋儒以后，更频频地提出了一个与道相当的概念理。如程颐说："盖上天之载，无声无臭，其体则谓之易，其理则谓之道。"（《二程集》，卷一）又，朱熹也说："阴阳迭运者气也，其理则所谓道"，"卦爻阴阳皆形而下者，其理则道也。"（《周易本义·系辞上》）这主要说明宋明儒学的着眼点在社会人事方面，理则是一个更适宜于用于直接说明人性特征的概念。如朱熹说：

> 天地之间，有理有气。理也者，形而上之道也，生物之多

---

① 转引自丁福保编纂：《佛学大辞典》，"道士"条。

也；气也者，形而下之器也，生物之具也。是以人物之生，必禀此理，然后有性；必禀此气，然后有影。"（《朱文公文集·答黄道夫》）

由此观之，宋、明理学也就是关于道的论述，理学就是道学。不过这是偏重于从人道方面来论述的道论。

总之，道论这个名称可以用来概括中国传统学术中关于形而上方面的纯哲学的内容。中外学者中有不少人是赞成这个看法的。如新近作故的著名汉学家、原伦敦大学教授 A. C. 葛瑞汉在其《辩道者——古代中国的哲学论战》中，即持这种主张。中国学者持这种看法的人就更多了。我们这里引金岳霖在其《论道》一书"绪论"中所说的一段话以为代表：

> 每一文化区有它底中坚思想，每一中坚思想有它底最崇高的概念，最基本的原动力。……中国底中坚思想似乎儒道墨兼而有之。中国思想我也没有究研过，但生于中国，长于中国，于不知不觉之中，也许得到了一点子中国思想底意味与顺于此意味的情感。中国思想中最崇高的概念似乎是道。所谓行道、修道、得道，都是以道为最终的目标。思想与情感两方面的最基本的原动力似乎也是道。成仁赴义都是行道；凡非迫于势而又求心之所安而为之，或不得已而为之，或知其不可而为之的事，无论其直接的目的是仁是义，或是孝是忠，而间接的目标总是行道。我在这里当然不谈定义，谈定义则儒道墨彼此之间就难免那"道其所道非吾所谓道"的情形发生，而其结果就是此道非彼道。不道之道，各家所欲言而不能尽的道，国人对之油然而生景仰之心的道，万事万物之所不得不由，不得不依，

不得不归的道才是中国思想中最崇高的概念，最基本的原动力。对于这样的道，我在哲学底立场上，用我这多少年所用的方法去研究它，我不见得能懂，也不见得能说得清楚，但在人事底立场上，我不能独立于我自己，情感难免以役于这样的道为安，我底思想也难免以达于这样的道为得。①

## 2. 道的基本特征

既然道论是中国传统的第一哲学，对道的基本特征的研究也就是对中国传统哲学的一般特征的研究。对道的特征的研究可以有各种不同的角度，并因此而得出各种不同的结果。我们这里是采取与西方的第一哲学即本体论相比较的角度去研究。

(1) 道作为中国传统哲学中最高、最普遍的哲学概念。

中国哲学中所谓最高的概念，当指这个概念所指的东西具有统摄一切的作用；最普遍的概念当是那个泛指一切事物的概念。分别言之，中哲史上有两个概念分别可代表最高和最普遍的概念。这就是天和万物。古人大约是从视觉中得到空阔的广袤无垠的印象，才把天当成了一个表达最大的、统摄的概念，即所谓"天大无外"（张载：《正蒙·太和》）。孔子取譬于大时，就自然地提出天："大哉尧之为君也，巍巍乎！唯天为大，唯尧则之。"（《论语·泰伯》）当天被视为有意志时，就成了统摄一切的力量。董仲舒说："天者，百神之大君也。"（《春秋繁露·郊语》）于是，人间最高的统治者也就相应地被称为天子。因此，天可以看作是一个具有统摄一切的作用的最高的概念。至于万物之"万"，不是一个确定的数，而是

---

① 金岳霖：《论道》，商务印书馆，1987年，第16页。

泛指一切，万物是一个泛指一切的最普遍的概念也是很明显的。

道则是一个既最高又最普遍的概念。说它是最高的哲学概念，因为道派生和统摄万物，是万物的根源；说它是最普遍的概念，因为道贯串在天地大化、阴阳感应、五行生克、道体物用的一切过程中。

道统摄派生万物，是万物的根源。老子说："道生一，一生二，二生三，三生万物。万物负阴而抱阳，冲气以为和。"（四十二章）又说："道冲而用之或不盈，渊兮似万物之宗"（四章）。庄子说，道是"自本自根，未有天地，自古以固存；神鬼神帝，生天生地。"（《大宗师》）或者，道也像天一样的广大，如《管子·心术上》说："道在天地之间也，其大无外，其小无内。"老子书还说道是天下万物之母，是先天地生的。

道也是表示最普遍性的概念。但道的普遍性与万物有所不同。依老子所说的一段话，道似乎是构成万物的精微、恍惚的物、象。

> 道之为物，惟恍惟惚；惚兮恍兮，其中有象；恍兮惚兮，其中有物。窈兮冥兮，其中有精；其精甚真，其中有信。（二十一章）

道的普遍性主要还是在于它是贯串在一切运动变化过程中的规律那样的东西。《韩非子·解老篇》说：

> 道者万物之所以然也，万理之所稽也。理者成物之文也，道者万物之所以成也，故曰道理之者也。物有理不可以相薄；物有理不可以相薄，故理之为物之制。万物各异理。万物各异理，而道尽稽万物之理。"

《庄子》书中也说："行于万物者道也"（《天地篇》）。中国哲学史上一个被普遍接受的观念是说，万物的运动变化是由于阴、阳两种因素的矛盾斗争而构成的，这一矛盾斗争的过程也被称为道："一阴一阳之谓道"（《系辞传上》）。宋朝的程颢更说："生生之谓易，是天之所以为道也，天只是以生为道。"（《二程全书·语录》）可以说明道是中国哲学中最高、最普遍性的哲学概念或范畴的材料多得不胜枚举，这里再引《淮南子》中的一段话作为小结：

> 夫道者，覆天载地，廓四方，柝八极，高不可际，深不可测，包裹天地，禀授无形；原流泉浡，冲而徐盈，混混滑滑，浊而徐清。故植之而塞于天地，横之而弥于四海，施之无穷而无所朝夕，舒之幎于六合，卷之不盈于一握。约而能张，幽而能明，弱而能强，柔而能刚。横四维而含阴阳，纮宇宙而章三光。甚淖而滒，甚纤而微，山以之高，渊以之深，兽以之走，鸟以之飞，日月以之明，星历以之行。（《原道》）

但是，作为中国第一哲学中的最高、最普遍的范畴的道，与西方本体论哲学中的"是"有很大的差别。这两个概念各自形成的途径是不同的。西方本体论哲学中的"是"是通过对语言形式的抽象得出的。西文中因系词"是"有广泛的使用，各词类几乎都可以作为系词的宾语而成为分有"是"的是者，于是"是"便成了最高、最普遍的哲学范畴。"是"作为最高、最普遍的范畴，首先是指它与其他的范畴（是者）有最高的种概念与属类概念之间的逻辑关系。其次，"是"既然是从语言的形式的抽象中得出的，它就不是一个直接用来指示世间事物的概念，而是一切语词的最高的种，它既包括着指实际事物的语词，也包括那些并非指实际事物的语词。

道则是一个直接从实际事物中提炼、超越而得出的哲学概念。《说文解字》说："道，所行道也，一达谓之道。"可见道的本义是道路，引申而为人的行为或万物运动的过程所必须遵循的轨道、规律。中国哲学中的道的概念从一开始就不是从纯粹形式的逻辑方面去规定的。

上述这一差别又导致了这两个概念的含义方面的重大差别。从表面上看，"是"与道都与无这个概念有关。在黑格尔的《逻辑学》中说，纯粹的"是"因没有任何特定的规定性，它便是无。纯粹的"是"就是无，这是从概念的逻辑方面得出的规定性。因为"是"既然作为最高、最普遍的概念，它的外延最广，内涵最空疏。道也常被说成无，例如，《老子》中说"道常无名"（三十二章）。又说："天下万物生于有，有生于无。"（三十四章）这里的无也就是道。但是，以无称道，决不是从概念的逻辑中得出的规定性，而是因为道属于形而上的领域，是需要用思想去把握的概念，而不能用任何代表具体事物的名称去述说它。例如，《老子》描述道为：

> 视之不见，名曰夷；听之不闻，名曰希；搏之不得，名曰微。此三者不可致诘，故混而为一。其上不皦，其下不昧。绳绳兮不可名，复归于无物。是谓无状之状，无物之象，是谓惚恍。迎之不见其首，随之不见其后。执古之道，以御今之有。能知古始，是谓道纪。（第十四章）

《管子·内业篇》也说：

> 不见其形，不闻其声，而序其成，谓之道。

> 道也者，口之所不能言也，目之所不能视也，耳之所不能听也。

道作为上述非逻辑规定性的最高、最普遍的概念的特征，又联系到关于道的下面一个特征。

(2) 实际事物的关系是道与其他概念之间的关系的基础。

这一点看似不足以成为道的一个明显特征，但与本体论的范畴之间的关系相比较，这一特征就明显地突出出来了。本体论中的"是"既是从逻辑方面得到的最高、最普遍的概念，那么这样的最高、最普遍的概念当是唯一的，其他概念或范畴都从属于它。这些概念间的逻辑包含关系是它们进行逻辑演绎的前提。

道虽然可以被当作是中国哲学史上带"最"字的那个范畴，但它似乎不是唯一的。例如，在同一部《老子》书中，一方面说道是"先天地生"，"万物之母"，"人法地，地法天，天法道，道法自然"（二十五章），但同时也说："故道大、天大、地大、王亦大。域中有四大，而王居其一焉。"（二十五章）依前一种说法，道既生天生地，当是最大，或从概念逻辑方面说是最高的，因而不当与天、地、王并列而称"四大"。但依后一种说法，恰恰又是并列的。或者有人说，这里的"大"本来不是指逻辑方面的最高的概括，而是指"伟大"或"贵"。即便这种理解也恰恰证明，道这个概念不是从逻辑方面规定的。问题还在于，中国历史上注释《老子》的学问家不知有几百、几千家，但没有一个人从概念逻辑方面去考察一下道的概念。这也说明，西方人惯用的那套形式逻辑的方法，并没有成为中国学问家们研究问题时所必须遵从的一种规则。

由于本体论严格遵循概念的逻辑规定性，这就为它从最高、最普遍，也是最抽象的概念"是"演绎出较低、特殊和具体的概念，以构成纯由概念组成的第一原理提供了可能。但道论却不是这样。例如《老子·四十二章》中有一段话说:"道生一,一生二,二生三,三生万物。万物负阴而抱阳,冲气以为和。"这是关于从最抽象的道到具体的东西的过程的描述。对于这段话,历来的注家众说纷纭。关于一,有的说就是道本身(如苏辙、吕吉甫、晨阳等),有的说是天地未分的总体(张岱年),有的说是冲气(冯友兰);关于二,多数人认为是阴、阳,也有说是天地(张岱年);关于三,或者说是阴、阳相合而生成的和气或调和状态,或者说是阴、阳与冲气三者(张岱年),也有的说是指多数的意思。我以为各种说法都有它们成立的理由,因为道与其他的概念从一开始起就没有被认为有什么逻辑上的必然关系,因而并不存在唯一的理解。任继愈说得好,他认为上述这段话"并没有更多的意义,只是说,事物因混沌的气(或朴,或一)分化成为万物,由简单到复杂的过程罢了"①。这样,我们就看到,同样作为第一哲学,本体论和道论之间存在显著差别。即本体论是经由概念的逻辑推论而构造出来的第一原理,概念之间的必然性的逻辑关系是这种原理有效性的基本的或至少是必要的标志。而道论作为第一哲学,并不是建立在概念的逻辑关系上的,而是运用一般、普遍的概念对于实际事物的直接描述或说明,它的有效性在于实际事物的例证。正因为如此,注家们可以用不同的例证来理解同一条普遍性的原理。这也就是说,道和其他概念之间并没有一种脱离事物的独立的逻辑包含关系。每个概念即"名"都是直接指示一些事物或实际的过程,"名"被组合成句子或命题,纯是为了描绘和说明实际事物,而不是从道这个概念逻

---

① 任继愈:《老子研究》,载《哲学研究》编辑部编:《老子哲学讨论集》,中华书局,1959年。

辑地推论出其他概念。

道论的上述特征又引出了一个它与本体论有根本性区别的特征。

(3) 道不离器。

我们在前文已经说明,西方的本体论是一片独立存在的概念王国,或曰理念王国。作为原理的概念王国不是从经验事实中概括出来的,因为经验事实只是偶然性的,而原理作为真理,则必须是必然的。相反,经验事实只是虚幻的,因为它变易不居,而理念王国则是实在的,它代表了稳固的本质。与此相比,道论则不是一个独立于经验事实的独立的精神王国。道遍在于万物中,万物不离于道;或者说,道就是万物自身运动的规律。这基本上可以说是中国哲学史上达到共识的观念。《庄子·知北游》中说:

> 东郭子问于庄子曰:"所谓道,恶乎在?"庄子曰:"无所不在。"东郭子曰:"期而后可。"庄子曰:"在蝼蚁。"曰:"何其下邪?"曰:"在稊稗。"曰:"何其愈下邪?"曰:"在瓦甓。"曰:"何其愈甚邪?"曰:"在屎溺。"东郭子不应。庄子曰:"夫子之问也,固不及质,正获之问于监市履狶也,每下愈况。女唯莫必,无乎逃物。至道若是,大言亦然。周遍咸三者,异名同实,其指一也。……"

或者有人说,《老子》中也说过道是"先天地生"的,并以此推断道是独立的精神实体。这样的推断是不可靠的,因为它只是孤证,而关于道不离器的论述则可以举出很多。况且,道"先天地生"这句话也可以理解为天地是从混沌未分的精微物质中化生出来的,因为老子说过,道是"精""物""象","无状之状","无象之象"。而这后一种理解与初民的神话观念大致也可相符。

道当然是属于形而上的领域。但这并不是说,在中国传统的哲学思想中,形而上是与形而下的器隔绝而独立存在的。关于《系辞传》中"形而上者谓之道,形而下者谓之器"这句话,张岱年解说道:"上下指爻位而言","在《易大传》中,所谓上并无根本之意。所以'形而上''形而下',并无形而上为本、形而下为末之意"①。既然"形而上"与"形而下"最初连本、末的意思也没有,更何况把形而上当作一片独立的精神领域呢。

到了宋、明时,儒学中大量以理作为道的同义词。这时的理也不是指独立于万物的精神王国。唯一值得讨论的是朱熹。因为他说过,"未有天地之先,毕竟是先有此理","万一山河天地都陷了,毕竟理却在这里"。有人因之把朱熹当成是中国哲学史上最大的本体论者。不过,这个结论是很可怀疑的。因为他也说过那样的话:"天下未有无理之气,亦未有无气之理。气以成形,而理亦赋焉。""或问:'必有是理,然后有是气,如何?'曰:'此本无先后之可言。然必欲推其所以来,则须说先有是理。然理非别为一物,即存于是气之中。无是气,则理亦无挂搭处。'""或问先有理后有气之说。曰:'不消如此说。而今知得他合下是先有理后有气邪?后有理先有气邪?皆不可得而推究。'"从这些引文看出,朱熹本人并不想回答理和气孰先孰后的问题,而是被人逼问出来的。如果我们把逼问之下偶而露出的话当作朱熹的正面的思想,那就势必与他的其他的说法相矛盾。我以为,朱熹的本意是强调理的重要性,这样理解似乎才可以解决矛盾。不过,由于他对理的过分强调,别人就

---

① 张岱年:《中国古典哲学概念范畴要论》,中国社会科学出版社,1989年,第20、23页。

产生了理气先后之问，朱熹本人恐怕并没有想说理是气之外的独立存在。退一步说，即使承认理是独立存在的，也不可能成为纯粹概念推论的原理，因为朱熹说："若理，则只是个净洁空洞底世界，无形迹，他却不会造作。"（以上引文皆见《朱子语类》卷一）既然在朱熹这里，"理"也只是一个"净洁空洞底世界"，"不会造作"，那么，中国传统哲学从来没有把这种"理"（概念）自身的"造作"（逻辑推论）当作自己的任务这一点就可以确定了。

结论：中国传统哲学中不存在西方哲学意义上的本体论。中国传统的第一哲学是道论。或者说，中西各自的第一哲学是两种不同形态的哲学。

### (四) 中西哲学交往中的种种误解

既然中、西传统哲学中各有一部分内容或一个分支称为第一哲学或纯哲学，那么，中西哲学的交流首先应当是在第一哲学层次上的互相理解和交流。但由于道论和本体论代表了两种不同的思路，是基于各自文化背景的两种不同形态的哲学，相互理解方面显得困难重重，交流对话更是步履艰难。中西哲学交往史从一个侧面说明了中西各自的第一哲学是两种不同思路、不同形态的哲学，下面简述一下中西哲学交往中的种种误解。

#### 1. 西方人看中国哲学

西方人从本体论的立场看问题，即只承认本体论是纯粹哲学，那么就会得出中国传统学问中没有哲学的结论。本体论哲学之集大成者黑格尔就是持这种观点的典型。他在19世纪20年代讲授哲学史时说："真正的哲学是自西方开始。"① 谈到包括印度和中国在内的东方时，他说："我们在这里尚找不到哲学知识。"② "所以这种东方的思想必须排除在哲学史以外。"③ 他的这种观点影响很大，直到1914年在美国出版的一本有广泛影响的教科书上仍然写道："不是所有的民族都已产生真正的思想体系，只有少数几个民族的思辨可以说具有历史。许多民族没有超过神话阶段。甚至东方民族如印度人、埃及人以及中国人的理论，主要是神话和伦理学说。"④

黑格尔得出上述错误观点的主要原因，似乎不是由于他对中国传统文化缺乏必要的知识，而是由于他的本体论的立场。据载，早自1593年底，就有人陆续将中国的四书五经译成拉丁文、法文。到黑格尔的时代，这些书已经出全，并有了不同的版本。但是，黑格尔却从这些典籍中看不到哲学思想，尽管他甚至也读过《老子》，因为他是以本体论作为衡量哲学的标准的。根据这一标准，哲学必须是由概念或范畴构成的普遍的原理体系，其方法则是逻辑的。我们可以从黑格尔对中国古代思想的批评中清楚地看出他的这种立场。

黑格尔在他的《哲学史讲演录》中提到过的、有关中国古代的思想家和典籍有：孔子、《易经》、道家（老子）、《尚书》及孟子。关于孔子，黑格尔说，中国人把孔子的教训当作权威来尊重，但孔子的理论只是一种道德哲学，甚至不过是一种在哪一个民族里都找

---

① 黑格尔：《哲学史讲演录》第1卷，贺麟、王太庆译，生活·读书·新知三联书店，1957年，第98页。
② 同上。
③ 同上书，第97、98页。
④ 梯利：《西方哲学史》上册，葛力译，商务印书馆，1975年，第11页。

得到的"常识道德",其中毫无出色之点。"孔子只是一个实际的世间智者,在他那里思辨的哲学是一点也没有的——只有一些善良的、老练的、道德的教训,从里面我们不能获得什么特殊的东西。"① 黑格尔甚至还说:"我们根据他的原著可以断言:为了保持孔子的名声,假设他的书从来不曾有过翻译,那倒是更好的事。"② 语意尖刻,极尽嘲讽。至于孟子,黑格尔认为,他的著作也是道德性的,而且比孔子次要,就更不值多提了。

　　黑格尔对《易经》的评价比《论语》要高。他把《易经》了解为"论原则的书"。他认为这部著作"包含着中国人的智慧",它反映出"中国人也曾注意到抽象的思想和纯粹的范畴。"③ 他还认为:"那些图形(指卦象——引者注)的意义是极抽象的范畴,是最纯粹的理智规定。中国人不仅停留在感性的或象征的阶段,我们必须注意——他们也达到了对于纯粹思想的意识,但并不深入,只停留在最浅薄的思想里面。这些规定诚然也是具体的,但是这种具体没有概念化,没有被思辨地思考,而只是从通常的观念中取来,按照直观的形式和通常感觉的形式表现出来的。因此在这一套具体原则中,找不到对于自然力量或精神力量有意义的认识。"④ 可见,在黑格尔看来,《易经》高于《论语》的地方是由于在《易经》中达到了"抽象的思想"和"纯粹的范畴"。但《易经》的不足则在于,这些思想或范畴还是"浅薄的",因为它们还没有脱离直观和感性的形式,因而还没有"概念化"。这一评论我们中国人很难理解和接受,因为我们认为《易经》中的阴、阳、道、乾、坤等都已经是

---

① 黑格尔:《哲学史讲演录》第1卷,贺麟、王太庆译,第119页。
② 同上书,第120页。
③ 同上。
④ 同上。

一般的概念了。但是我们必须明白，从本体论的观点看，哲学概念或范畴不是对事物的直接描摹或概括，它们是从概念的相互关系中获得自己的规定性的。反之，也只有这样得出的概念，才可以称得上是真正的哲学的概念。用这样的概念通过逻辑的方法构造出来的体系，是纯粹的原理，它并不是对经验事实的直接的说明。而《易经》显然不包含用纯粹概念构成的原理体系，而是就着经验事实和现象，用心思去领会的包含在其中的一般的道理，离开了经验事实，这种道理是不可能独立存在的。如果以本体论为标准，那么《易经》也要被排除在哲学之外了。

前面说过，本体论中，概念的作成就已经包含了对概念的逻辑分类，这为本体论哲学中的概念的逻辑演绎提供了形式的前提。黑格尔自然也很重视从概念的逻辑划分方面去观察、评论中国哲学，并且把不符合从本体论立场看的中国哲学的概念的性质，当作是否认中国哲学存在的又一理由。例如，他从概念逻辑的角度去看《易经》，认为"从对八卦的解释里表示出一种对自然事物加以分类的努力，但这种分类的方式是不适合于我们的。……在这里不同等的东西彼此混杂在一起"①。由于中国哲学的概念主要不是从概念的逻辑方面获得自己的规定性，而是作为指示事实的"名"，因此，哲学本身也不是采取概念的逻辑演绎的方式来表达的，而是作为说明经验事实的普遍性的道理，这在黑格尔看来又不像是哲学。他说："这是从最抽象的范畴一下子就过渡到最感性的范畴。"② 他以同样的眼光看《尚书·洪范篇》，认为把什么东西都纳入五行的原则，这反映了"在中国人普遍的抽象于是继续变成为具体的东西，虽然

---

① 黑格尔：《哲学史讲演录》第1卷，贺麟、王太庆译，第123页。
② 同上。

这只是符合一种外在的秩序,并没有包含任何有意义的东西。这就是中国人的智慧的原则,也是一切中国学问的基础"[1];"在这些概念的罗列里我们找不到经过思想的必然性证明了的原则"[2]。很显然,在黑格尔看来,与"外在的秩序"相对的概念的内在逻辑才是有意义的东西,才是思想的必然性的证明。因为他根本就认为,哲学只有沿着概念自身构成自身的道路,即通过概念的逻辑运动,才能达到真理。

黑格尔也读到过《老子》,他认为老子的书是关于理性和道德的话,但比起孔子来却更不切实际。老子的那些充满哲理和辩证思想的话,被他说成是"说得很笨拙"[3]。他注意到了老子提出的"无"的概念。但是他认为,当道家及中国的佛教徒把"无"当作绝对的原则、一切事物的起源、最后者、最高者时,说明了"他们否认世界的存在"[4]。我们在黑格尔自己的《逻辑学》也读到:作为逻辑学开端的纯粹的"是"(有)就是无,因为纯粹的"是"还没有任何确定的规定性。但他并没有认为自己在否认世界的存在,因为,他有理由说,在逻辑学中的是具有逻辑规定性的纯粹概念,这些概念并不是直接标志现实事物和世界的;况且他的无只是作为绝对概念运动的一个阶段,是要被扬弃而进入确定的"是"(Dasein)的。而老子的无,在黑格尔看来,"在纯粹抽象的本质中,除了只在一个肯定的形式下表示那同一的否定外,即毫无表示。假若哲学不能超出上面那样的表现,哲学仍是停在初级的阶段"[5]。所以,

---

[1] 黑格尔:《哲学史讲演录》第1卷,贺麟、王太庆译,第123页。
[2] 同上书,第124页。
[3] 同上书,第129页。
[4] 同上书,第131页。
[5] 同上书,第129页。

"'无'如果不扬弃一切规定,它就没有意义"[1]。

总之,黑格尔是站在西方的纯哲学或第一哲学,即本体论的立场,来评价中国哲学思想的。这个标准主张,"只有沿着这条自己构成自己的道路(按:即概念的内在逻辑发展的道路),哲学才能够成为客观的论证的科学"[2]。"揭示出理念发展的一种方式,亦即揭示出理念各种形态的推演和各种范畴在思想中的、被认识了的必然性,这就是哲学自身的课题和任务"[3]。以这个标准看,中国传统哲学不是概念自身的逻辑运动,于是便被认为缺乏思想的必然性。它甚至还没有达到逻辑规定性的概念的阶段,在其中,概念是从对事物的直接抽象和括概中得出的,是对具体事物的直接比附,缺少逻辑的生命力,被说成是些抽象的概念。黑格尔说:"中国是停留在抽象里面的,当他们过渡到具体者时,他们所谓具体者在理论方面的是感性对象的外在联结;那是没有〔逻辑的、必然的〕秩序的,也没有根本的直观在内的。再进一步的具体者就是道德。"[4]"那内容没有能力给思想创造一个范畴〔规定〕的王国"[5]。

## 2. 中国人看本体论

中国人顺着本体论的译名看问题,把本体论误当作是关于研究本体、本原的学问。

中国传统学问重社会人生问题。不过,在谈论社会人生时,中国人也没有忘记探索包括自然和社会在内的统一的、一般的道理,

---

[1] 黑格尔:《哲学史讲演录》第1卷,贺麟、王太庆译,第131页。
[2] 同上书,第134页。
[3] 同上书,第132页。
[4] 同上。
[5] 黑格尔:《逻辑学》上卷,杨一之译,商务印书馆,1974年,第5页。

中国人称为"究天人之际"。这种一般的道理既是对自然和社会的概括总结,也是为了用来直接论证有关社会人生问题的。这部分内容就是所谓关于"形而上"的道的方面的学问。接触了西方哲学以后,人们从中国学术中把关于形而上方面的学问抽绎出来,于是才有了中国哲学史这门学问。从此,中国传统的学术——经学便趋于消亡,这意味着中国传统的学术在改变自己的形态和寻求新的方向,这是中国学术走向世界、走向现代化的一个标志。

中国哲学史毕竟是从原有的经学史中分离出来的,它在形态上与西方哲学存在着差别,其中一个最主要的差别是,中国哲学史上并不存在本体论。由于人们一般总是习惯于根据已知的东西去理解未知的东西,尤其是当人们先期在两种不同的东西之间形成了一种对应的结构或格局时,就容易产生误解。

误解的一个方面是顺着把 ontology 译成本体论这个不确切的译名,把本体论当作是关于研究本体、本原的学问。近年出版的大部分哲学辞典①乃至《辞海》,都把本体论定义为"关于世界本原或本性问题的理论"。一个更为详尽的表述见之于方克立的论文《论中国哲学中的体用范畴》,文中写道:"世界上纷繁复杂的事物现象,有没有一个统一的本体或本原,作为它们共同的根据?这个本体是物质性的东西还是精神性的东西?本体和事物现象的关系是怎样的?这是历来哲学家们所要回答的问题,回答这些问题的哲学理论就叫做本体论。"② 这显然是对西方本体论哲学的一种误解。这样的定义,与我们前引的沃尔夫的,乃至最新版的《不列颠百科全书》

---

① 如:《哲学大辞典·马克思主义哲学篇》,上海辞书出版社,1990年;黄鸣主编:《常用哲学名词辞典》,广西人民出版社,1985年;刘延勃、张弓长、马乾乐主编:《哲学辞典》,吉林人民出版社,1983年,等等。
② 见《中国哲学范畴集》,人民出版社,1985年,第130页。

上的定义是毫不相干的。虽然在亚里士多德的本体论哲学中，本体这个范畴具有突出重要的地位，他也没有放弃从范畴间相互的逻辑关系中来考察本体和其他范畴的规定性的方法。从整个西方哲学史来看，则更是说明了本体论在本质上就是通过逻辑的方法，运用概念和范畴构造的第一原理。根据本体论这个译名，望文生义地把它理解成是关于本体、本原的学说，这不仅妨碍我们去理解一种与中国人具有不同思想方法的特殊形态的哲学，而且还导致我们对西方哲学产生其他的误解。误解之一是混淆本体论与宇宙论。在西方哲学中，宇宙论与本体论虽然同属形而上学，但却是有区别的，本体论作为纯粹原理，不是以经验事实和世界为其直接的对象。宇宙论则是以整个自然界尤其是以超验的自然界为其对象。经验的自然界是自然哲学的对象。把本体论当作关于本体、本原问题的理论，往往就把古希腊前苏格拉底哲学家们关于世界的始基的讨论纳入本体论，而那一部分理论在西方哲学中则属于自然哲学或宇宙论。误解之二是混淆本体论与哲学的基本问题。哲学的基本问题是在马克思主义哲学创始人这里第一次得到明确表述的。本体论作为由概念范畴逻辑地构造出来的第一原理，本质上是先验的，因而是唯心主义的。马克思主义的哲学基本问题的表述，深刻地揭示了一切意识和理论的来源以及本体论哲学的唯心主义实质。马克思主义哲学的这一揭示，宣告了以本体论为核心的旧哲学的终结。但是如果依上述那种关于本体论的误解，那么本体论可以照旧存在下去，马克思主义哲学也就失去了它在西方哲学史上的革命性变革的意义。而这却是不符合西方哲学史的实际情况的。事实上是，在黑格尔哲学以后，本体论哲学基本上已属过时，现代西方哲学的各种流派，可以说都是在一定程度上同本体论哲学的分离和斗争中产生出来的。像海德格尔的哲学虽然还称作基本本体论，但就实际内容上看，却是一种大挖传统本体论墙脚的哲学。

误解的另一方面是，有人想依照西方哲学的分类结构，企图在中国传统哲学中也辟出一门本体论。一种观点见之于杜维明。他认为虽然新儒学（按即宋、明儒学）是以社会伦理学为其真正主题的，但这种理论也是"建立在一种高度整体化的形而上学层面上的"，这个形而上学的层面就是新儒家伦理学的"本体论的基础"。"如果没有一种本体论的观点，新儒家的道德哲学将缺乏自足性，它的社会观也将是没有根据的。"① 我们同意杜维明，认为中国新儒学中有一部属于形而上的学问，这部分内容作为社会伦理学说的基础，属于纯哲学或第一哲学。这也是我们把本体论和道论放在一起作比较研究的根据。但这仅仅是分类上的依据。在这个方向上走过头一步，把本体论等同于道论，或依杜先生所说的"形而上学的层面"，那么就抹杀了中西哲学中两种第一哲学的根本性的区别。中国的第一哲学、道论或形上学，与西方的本体论在形态上截然不同，这不仅表现在中国传统哲学向来主张"道不离器"，因而没有一门独立的讲形上道理的学问，而且，根本不存在纯据逻辑方法用概念、范畴构造的原理体系。如果把这种形态的第一哲学混同于本体论，势必抹杀中、西两种哲学思想方法的差别，不利于中、西哲学的相互理解和交流。另一种观点见之于张岱年。他在其三十年代写作《中国哲学大纲》时，把中国哲学分为宇宙论、人生论、致知论三部分。又把宇宙论分为本根论和大化论两篇，以为本根论讲万物存在的根据，相当于西方的本体论；大化论讲天地起源、宇宙变化的过程，相当于西方的宇宙论。虽然该书在1948年正式出版时他曾在补遗中指出，这种分法是否适当，尚有讨论余地。但上述观

---

① 杜维明：《儒家思想新论》，江苏人民出版社，1991年，第153页。

点在他的近作中没有改变。他知道西方的本体论、宇宙论同属形而上学，但又以宇宙哲学、宇宙论称呼形而上学①。把形而上学等同于宇宙论、宇宙哲学显然是不符合任何一家关于西方哲学的分类的。在西方哲学中，本体论作为第一哲学，它既统摄认识论和伦理学，也统摄宇宙论，是一套先验的原理体系。它决不是从属于宇宙论的专门讨论世界的存在的根据的理论。因此把本体论比之于中国传统哲学中的本根论也是没有根据的。依我的看法，张岱年把本根论比之于本体论的误解，除了出于对西方哲学分类的不确切，主要是因为根据本体论这个译名，把它当成了关于本体、本原的理论。我们看到他在《中国哲学中的本体观念》②一文中，专门整理出中国哲学史上关于"本""本根""无""体用""质用""本体""实体"等范畴的说法，把这些论述当作是关于本体论的理论。前文引述过的方克立的文章《论中国哲学中的体用范畴》，基本上也是在这个方向上发展的。这种误解流传很广，一直影响到人们对马克思主义哲学的理解，即上面所说的把本体论混同于哲学的基本问题。

如果必欲在中国哲学中找出一部类似于本体论的著作，那么这就是当代著名哲学家金岳霖的《论道》。这本书要探寻的是超出于经验世界的"纯理"，这种纯理不需要经验事实的依据，只需依据概念进行遵守逻辑的思议便可构造。他以为，概念天生就有逻辑的功能，因为"就概念之代表共相，而共相又不能无彼此底关联着想，概念总是有图案的或有结构的或有系统的"③。只要遵循逻辑规律用概念去"思议"，就可以得到纯理系统。"任何可以思议的世界

---

① 张岱年说："关于宇宙哲学，西方分为'本体论'和'宇宙论'两个部分。"见张岱年：《玄儒评林》，湖南人民出版社，1985年，第2页。
② 同上书，第1—9页。
③ 金岳霖：《论道》，商务印书馆，1985年，第7页。

既都是遵守逻辑的世界，我们当然可以思议到一没有归纳法所需要的秩序的世界也遵守逻辑。"① 这个逻辑系统既然是世界所需遵守的，当是第一原理了。这些思想显然是受到西方逻辑思想熏陶的结果。不过他运用中国传统的哲学概念来构造这一纯理体系时，也感觉到有以旧瓶装新酒、思想混乱的毛病。我认为其原因在于，中国传统哲学中的概念虽然可以根据现代人的观点将之视为共相、一般，但是真正说来，共相、一般是相对于殊相、个别而成立的，而中国哲学概念形成之初走的是"以实取名"的方向，没有顾及概念之间去划分它们的范围和联系。因此，中国哲学中作为"共相""一般"的概念所指的是这个概念所标志的"实"，而不是通过与"殊相""个别"的概念的关系而成立的。这样，中国哲学中最高、最普遍的概念"道"与西方哲学中最高、最普遍的概念"是"有不同的含义，前者是指派生万物、无所不在的意义，后者则纯是逻辑上的最高的种概念。所以，西方人从"是"中推论出其他种种逻辑上从属于它的概念，是符合西方哲学的思想方法的。而当金岳霖从"道"这个概念中推论"道是式—能"，"道有'有'，曰式曰能"时，这套思想方法却是中国人完全不熟悉的。苟能推论，这个"道"的概念也要作一番改造，而经过改造之后的"道"想必也不再是中国原有的"道"了。

## (五) 第一哲学与语言

一个民族的哲学思想与其语言有密切关系。语言是思想的外壳，或表达思想的工具；语言作为外壳或工具对于所表达的思想也

---

① 金岳霖：《论道》，第3页。

有制约或规范的作用。关于前一点是人们熟知的，关于后一点，则是哲学研究中尤其需注意的。关于一种实际存在的东西，两种不同的语言之间可以找到对应的译名，这个实际的事物是翻译的准绳。但不同民族形成的抽象观念往往有很大差异，关于这一部分内容，两种语言之间失去了翻译的准绳，相互理解就变得困难了。尤其我们这里讨论的是第一哲学，它是哲学中的哲学，具有最抽象的形式，更需要借助语言的比较来看清中西两种第一哲学各自的特点。

许多西方学者已经注意到了中国人的哲学思维形态与其语言结构之间的联系。英国人葛瑞汉说："就我们所知，在印度佛教传入之前，中国人的思想是完全独立于各种印欧语传统的哲学传统的唯一的典范。它给霍夫（Whorf）的假说提供了一个明证：一种文化的思想是受制于它的语言的结构的。"[1] 法国人谢和耐也认为："语言的结构和辞法似乎把中国和西方的思想导向了不同的方向，作为形成一个独立的广阔背景的文化和宗教传统发展之基础。"[2] 在中国，也有人注意到联系语言特征进行中西哲学的比较研究。张东荪即是较早开展过这方面研究的学者之一。他的研究见于《知识与文化》一书，由商务印书馆出版于1946年。

我觉得，就与西方的第一哲学即本体论有关的方面而言，最需重视的是西文中对于系动词的广泛使用。在梵文和西方主要语种中都有一个相应的系动词"是"，它们是从共同的古老的印欧语词根演化来的。举出这一点不等于说有了系动词就必有与之相应的本体论。接着要考虑的是，何以在汉语中，离了上下文人们便不会去考

---

[1] A. C. Graham, *Disputers of the Tao — Philosophical Argument in Ancient China*, p. 349.
[2] 谢和耐：《中国和基督教》，耿昇译，上海古籍出版社，1991年，第356页。

虑它的意义的这个"是",在西方哲学中却可以成为一个独立的概念,并且成为最高、最普遍的哲学范畴。这必须联系西方语法的特点去讲。

西方各语种的语法基本上都分为词法与句法两部分。词法是以每个词都有其确定的词性为前提的。每一类词又是以一定的规则变形,以表达主语的性、数、人称、语态(主动、被动)以及时态、语气等。一般来说,动词的变化最复杂。其中有一种变化是动词可以变成动名词,以英文为例,是在动词原型后加词尾-ing。这意味着一个直接表达动作、行为的词变成了标志这个动作或行为的名称的词。例如这样两个句子:"他学习很努力","学习是要花工夫的",前一句子的学习就是动词,后一句中的学习则成了标志学习这一活动的名称,即动名词了。由于这种语法的构造纯是形式化的,也是一刀切的,遂使本来并不标志任何实际意义的动词也有一个关于这个动词的名称。这样,系动词 to be 也有了自己的动名词 being,这使它有可能成为一个哲学概念,因为哲学的概念或范畴都是由名词担当的。但是光有以上的变化还不能使系词做成的动名词成为一个最高、最普遍的范畴,为此,我们还必须联系西方语法上的另外两个特点去讲,这就是分词的出现和系词的广泛运用。如前曾说,分词这个语法上的术语最初与柏拉图的哲学概念"分有"有关。柏拉图也把能够组织成一个句子的各个词看作是词之间的相互分有。在西方语言中,系词 to be 也许要算是一个使用最广泛的词了。以英文为例,当人们称说任何一个东西时,都可以用"It is A."(这是某)这个句式,这个 A(某)就被当成是分有了系词"是"的一个"是者",用一个分词 being(英文中与动名词同形)来表示。而在现代汉语中,只有名词可以加在系动词"是"后面成为它的表语,形容词则不行,如,我们不能说"菊花是黄",而只能说"菊花是黄的",这后一句中形容词已被名化①。或者我们可以说"菊花黄"。这不是一个判断句,而是描述句。但英文中则不然,几乎没有什么词类(除了冠词)不可以成为系词后的表语,甚至动名词、分词、不定式,当然也包括形容词、副词等。而且"东方红"这样的描述句在英文中非得写成一个判断句的形式"The east is red(直译:东方是红)"。联系语法中分词的现象,那么这些充作表语的形容词、副词所表示的性质、状态、程度、地点、时间等等也都成了"是者"。是者既被认为是分有了"是"的,那么"是"就成了一个无所不包的最高的哲学范畴。

由此可见,西方哲学中出现"是"这个最高、最普遍的哲学范畴,同其语言形式有密切的关系。这种联系又使我们看清了西方哲学中最高、最普遍的范畴首先是一个逻辑方面的规定性。它不是对事物的直接概括,而是对词语的概括。词语可以表达实际存在的事物,也可以表达并非实际存在的抽象概念。这种途径作成的最高、最普遍的概念,同其他概念处在一种逻辑的关系中,为概念间的逻辑推论提供了条件。

中国语言与西方的语言分属两个不同的语系,两者之间有显著的区别。就与哲学形态有关的方面,我们应该注意的中国语言的特征是什么呢?张东荪曾经特别提出过两点:一是汉语中主谓语没有明显区分,二是汉语没有词尾变化。由于主谓不分明,主语在句中常常被省略,不注重主体。而不注重主体又导致不能发展出本体的范畴。张东荪说:"因为在言语构造上显不出对于'主体'的重视来,所以同时在思想上也不把'主体'发展为'本体'。"② 主语的

---

① 参阅王力:《汉语史稿》中册,中华书局,1980年,第351页。
② 张东荪:《知识与文化》,商务印书馆,1946年,第160页。

不明显伴随谓语的不明显，而谓语的不明显"其影响于思想上则必致不但没有本体论，并且还是偏于现象论的"①。张东荪一方面知道亚里士多德的本体论是研究 being as being 的，同时却又把本体论了解为关于本体的学问。因此，当他主张中国哲学中没有本体论时，其理由是中国哲学中没有本体的观念。张东荪对西方本体论的理解是不正确的。他的关于中国哲学中不存在本体论的论断，由于他对本体论的错误理解反而显得是站不住脚的。因为人们可以从中国哲学史中找到许多关于"本""根""本体""体用"等等的概念和有关论述。我以为由于张东荪对西方传统哲学的基本形态——本体论还没有正确地把握，因此当他寻找不同于西方哲学的中国哲学的语言上的特点时，并没有抓到要点。我怀疑张东荪分析中国语言的特点时，受到黑格尔的观点的影响。因为黑格尔曾经抱怨中国文字的句子往往分不出主动式和被动式。这是个相当于主谓语区分的问题。不过黑格尔还没有据此便联系到中国哲学的特殊形态，他只是认为这样会使概念不能得到确定的规定性，从而导致句子意义的模糊②。

从与中国第一哲学道论的有关方面考察相关的语言方面的特点，首须提出的是中国文字的象征性特征。许慎《说文解字·序》说："仓颉之初作书，盖依类象形，故谓之文，其后形声相益，即谓之字"，可见最初中国的"文"是事物形状的描摹，它只能是那些标志具体事物的文字。后来，在象形的基础上遵循指事、会意、形声、转注、假借的方法构造出其他文字，以表示复杂的事物和抽象的观念。与语言上的这一特点相符的是中国人一向奉行的名必符

---

① 张东荪：《知识与文化》，商务印书馆，1946年，第163页。
② 参见黑格尔：《哲学史讲演录》第1卷，贺麟、王太庆译，第129页。

合于实的观念。如《庄子》书中有"名者实之宾"(《逍遥游》),"名止于实"(《至乐》),《管子·心术上》云:"名不得过实,实不得延名。"《墨子·经说上》也说:"所以谓,名也;所谓,实也。"还有许多,不能一一枚举。这些说的都是,名或语词所表达的概念,都是实际事物和过程的标志。对于名实相符关系的强调也是对于相反的情况即名实相离的反对。我们知道,在本体论哲学的源头柏拉图哲学中,理念,即一般的、共相的概念,是与现实事物分离的,这使西方哲学有可能去割裂现实而单独考察概念之间的关系。然而在中国人的观念中,既然名不离实,当然也就难于或至少不注重去发展名之间的相互关系。一个说明问题的事实是,在西方语法学传入中国之前,中国人一直没有感到有建立中文语法学的需要。不注重形式上的概念之间的关系,反映在语法方面,当然就没有词法、句法的研究乃至主谓之分;反映在哲学方面,哲学的概念都不是从概念逻辑的关系方面获得其意义或规定性的,而是直接指示实际事物,或从实际事物中引申出来、推衍开去。我们已经指出过中国哲学中最高、最普遍的概念道的出处,并且这个"最高、最普遍"也不是从概念的逻辑方面的规定。这样,中国哲学自然不可能采取西方哲学的那种形态,即从最高、最普遍的"是"的范畴去作纯概念的推论。顺便应当指出的是,汉语中的"是"字在先秦时根本还不是一个系动词,而是指示代词。上古汉语的判断句常用"某者,某也"的句式。王力先生说:"汉语系词的真正产生,大约在公元第一世纪前后,即西汉末年或东汉初年。"[①] 可见在中国哲学传统形成之初,就不存在一个由系词作成的最高、最普遍的范畴的可能。即使在系词"是"被大量使用的今天,人们也不习惯把它从上

---

① 王力:《汉语史稿》中册,第353页。

下文中抽出来作成一个单独的概念，因为它是一个纯粹起连系作用的形式的，因而是无实之名的"概念"。同时，由于没有语法上的分词这类名堂（即词尾变化），虽然我们也可以创造出"所是""是者"这类概念，但却不容易建立起"所是""是者"是在逻辑上分有了"是"的概念的理解。

"是"这个词在西方哲学中曾经起过很大的作用，它助成了本体论这种以逻辑为其主要特征的形态的哲学的产生。不过，"是"的广泛运用也导致西方逻辑方面的一些混乱。西方在很长一段时期内讲的一直是从亚里士多德以来的主谓逻辑，即关于运用系词的判断命题。由于从语法上看，可以充作系词后表语的词类很多，于是，就出现了如"东方是红"这样的句子。我们可以说东方是一种方位，但绝不是红。这样，西方人就需要从概念逻辑方面对表语作分析、归类。到了近代以后，有许多西方人已经逐渐看到了围绕着系词的使用而产生的逻辑思想方面的混乱。如霍布斯就较早地指出过："但是有些民族，或者说肯定有些民族没有和我们的动词 is 相当的字。但他们只用一个名字放在另一个名字后面来构成命题，比如不说'人是一种有生命的动物'，而说'人，一种有生命的动物'；因为这些名字的这种秩序可以充分显示它们的关系；它们在哲学中是这样恰当、有用，就好像它们是用动词'is'联结了一样。"[①] 后来的穆勒、罗素以及卡尔纳普等人都揭示过这个问题，卡尔纳普还提出要通过语言的逻辑分析清除形而上学，他的语言分析主要是围绕系词"是"展开的，他所谓的形而上学，也就是指本体论。

---

① 霍布斯《哲学原理》第一篇第三章第二节。转引自胡适《先秦名学史》，学林出版社，1983年，第41页。

## （六）两种第一哲学的不同历史命运

两种第一哲学，有两种不同的历史命运。

本体论在黑格尔的《逻辑学》中得到了最完满的表现，黑格尔由此而宣称，天地间一切事物，从宇宙的诞生到人类的社会生活、精神活动，都是本体论哲学中所描述出来的那个绝对理念体系的展现。人们不免要问，既然都是绝对理念的安排，人类生活中还有什么创造的愉悦呢？人在天地间竟会处于这样一种不起眼的地位吗？绝对概念据以展开的逻辑方法本身是从哪里来的呢？世界怎么倒是在概念统治之下的？种种疑问，加之黑格尔哲学许诺的理性王国迟迟未见实现，于是就出现了叔本华、尼采、戈尔凯廓尔这样的把目光投向人的情感、意志和实际生存状态的哲学家。黑格尔哲学开始解体。对黑格尔哲学解体起决定性作用的是马克思主义哲学。马克思主义哲学创始人揭露了以本体论为核心的黑格尔哲学的唯心主义实质。恩格斯说：

> 在黑格尔那里，辩证法是概念的自我发展。……在自然界中和历史上所显露出来的辩证的发展，即经过一切迂回曲折和暂时退步而由低级到高级的前进运动的因果联系，在黑格尔那里，只是概念的自己运动的翻版，而这种概念的自己运动是从来就有的，不知道在什么地方发生的，但无论如何是同任何能思维的人脑无关的，这种意识形态的颠倒是应该消除的。①

---

① 恩格斯：《路德维希·费尔巴哈和德国古典哲学的终结》，《马克思恩格斯选集》第4卷，人民出版社，1972年，第233—239页。

对黑格尔哲学中的逻辑方法,马克思主义哲学创始人采取了一分为二的态度,即摈弃其神秘的外壳,保留其辩证的合理内核。这就是,把辩证法从纯粹概念的逻辑运动中解放出来,当作是现实世界自身运动的普遍规律。恩格斯说:"我们头脑中的辩证法只是自然界和人类社会中进行的、并服从于辩证形式的现实发展的反映。"[①] 因此,马克思主义的逻辑方法与黑格尔的有本质的区别,"即使把马克思的从商品到资本的发展同黑格尔的从存在到本质的发展作一比较,您也会看到一种绝妙的对照:一方面是具体的发展,正如现实中所发生的那样;而另一方面是抽象的结构,在其中非常天才的思想以及有些地方是极其重要的转化,如质和量的互相转化被说成一种概念向另一种概念的表面上的自我发展。这类例子,还可以举出一打来……"[②] 马克思主义哲学的创始人还提到了语言与哲学思维的关系:

……语言是思想的直接现实。正像哲学家们把思维变成一种独立的力量那样,他们也一定要把语言变成某种独立的特殊的王国。这就是哲学语言的秘密,在哲学语言里,思想通过词的形式具有自己本身的内容。从思想世界降到现实世界的问题,变成了从语言降到生活中的问题。

……哲学家们只要把自己的语言还原为它从中抽象出来的普通语言,就可以认清他们的语言是被歪曲了的现实世界的语言,就可以懂得,无论思想或语言都不能独自组成特殊的王

---

① 恩格斯:《路德维希·费尔巴哈和德国古典哲学的终结》,《马克思恩格斯选集》第4卷,人民出版社,1972年,第494页。
② 同上。

国，它们只是现实生活的表现。①

这段话出于《德意志意识形态》，虽然这是直接针对青年黑格尔派的施蒂纳的批判，但因为马克思主义哲学的创始人指出施蒂纳的哲学是照搬黑格尔的《逻辑学》，我们有理由认为它可以用来批判黑格尔的《逻辑学》。马克思主义哲学对黑格尔哲学，尤其对《逻辑学》的批判，就是对一般本体论哲学的批判。马克思主义在批判黑格尔哲学的同时，提出了唯物史观和关于哲学基本问题的表述，指出一切意识、理论的起源只能是实际生活，是存在决定意识，而不是相反。马克思主义哲学的问世，宣告了旧哲学的终结，改变了哲学的面貌，而旧哲学的核心正是本体论。

现代西方哲学的各个流派可以说都是在批判或摈弃传统本体论哲学的基础上，寻求新的哲学表述方法和形式的结果。

不过，我们应当承认本体论哲学在人类文明发展的历史中也作出过贡献。且只说它的思辨的逻辑方法，与数学的运算方法很接近。本体论对于西方数学的发展应当说是起了相当大的促进作用的。在柏拉图的哲学著作中就常出现数学问题，甚至有时概念的推论和数学的运算融为一体。近代的莱布尼茨、笛卡尔在哲学上和数学上都是有所建树的。现代的胡塞尔更是由于思考数学的基础而追到了范畴、逻辑方面的研究，创立了现象学，这都说明数学与本体论哲学之间有某种共通的东西，以至于有人也以数学上的虚数 i 是纯粹思想的创造物为由，要为思辨哲学的本体论辩护。本体论与数学有缘，至于数学在近代以来的科学中的作用和地位则是不言而自明的。

---

① 马克思、恩格斯：《德意志意识形态》，人民出版社，1961年，第515页。

但是，西方人曾经把这片概念的领域看得太神秘、太高妙，认为非此不能把握现象世界的本质，以至于使这片领域与现象世界绝对地割裂开来，最终却使之失去了立足的基地而归于崩溃。

中国的道论却不是如此，道是形而上的，但它并不离器。由于中国人向来不把道看成是一片独立存在的领域，因此就没有一个去论证它的存在的任务。关键的问题倒是看每个人自己能否从实际生活中去体会道。因此，中国人的哲学着眼于人达到道的境界的途径或体察道的境界的方式，注重社会伦理而不注重认识论。

既然道是无所不在的，从现象世界体察道的途径也就不拘一格。但大体说来，其中总包含一种"超越"的功夫。王弼所说的"得象忘言，得意忘象"的方法可以看作是实现这种超越以进入形上领域的方法的总结。这句话是王弼用来解说如何读《易》的，他指出《周易》中包含一种形上的道理，为了领略这种道理，人们必须从语言所示的具体事物中超脱出来，即所谓要有所"忘"，以上升到形上的领域，其中"象"指卦象，它比语言所示的现象要抽象，但依然是一种形象，它是现象界和形上领域之间的中介。"忘"必须有"所忘"，即有言、有象是前提；但又必须不能拘于言、象而不能自拔。例如，《周易》中首卦的名称为乾，这是一个表示刚健、主动的概念，但是这种意义又不是通过其他的概念去规定的，而是列举了许多具体例证，并且往往让人们通过与代表柔顺方面的坤卦的比较去体会。《说卦》云："乾健也，坤顺也。""乾为马，坤为牛。""乾为首，坤为腹。""乾天也，故称乎天；坤地也，故称乎母。"又云："乾为天、为圜、为君、为父、为玉、为金、为寒、为冰、为大赤、为良马、为老马、为瘠马、为驳马、为木果、为龙、为直、为衣、为言。"《序卦》中说："乾刚坤柔"。古人教导我们，把握乾这个一般概念的时候，要联系这些具体事物，但又不能死守住这些事物不放。当人们从对这些例证的反复玩味中体会到了刚健、主动的意义，这就可以进入形上领域了。同样，当庄子引导人们体察道的境界时，大量的是通过讲寓言故事的方法。例如，《养生主》中讲一个技术高超的厨师解牛，他不仅动作优美，干净利落，而且他的解牛刀用了十九年，一点也没有损坏，竟像新磨的一样。他之所以能如此，是因为他已经对牛体的纹理摸得一清二楚，以至于他视牛能够进入不以目接而以神遇的出神入化的境界。牛有纹理，万物也有它的道理。从一桩具体的事例上升为一般的道理，这就是得道的境界。道贯穿在一切过程中，所以观看解牛的人中便有人悟出："吾知养生之道矣。"这大概就是人们所说的中国人的智的直觉。其中实际上是有一个理智的超越过程。如果没有实际的生活，是不可能凭空超越的；有了实际的生活而不下工夫去超越，也是永不得开悟的。这便是中国人的智慧，中国的哲学也就是这样引导人们对于智慧的追寻。它需要人们全身心地投入。这是一种更符合希腊源头处意义的哲学。

于是我们看到了这样的情况，在西方，有的人宣称哲学已经终结，另一方面，中国古典哲学则唤起了他们极大的兴趣。海德格尔就是这样一位代表人物。他深谙传统本体论的实质是以范畴的逻辑推论构造出来的第一原理，他则以其人之道治其人之身，即以逻辑的方法批判本体论。他的批判要点如下：既然全部本体论以"是"这个范畴为开端，并且把其他范畴看作是分有"是"的是者，那么，这个将本体论成毁系于一身的范畴"是"究竟有什么意义呢？结论：如果我们将"是"视为逻辑的范畴，则"是"根本谈不上有什么意义。因为，既然人们把"是"规定为最普遍的范畴，它就是不可定义的。因为被定义的概念需要通过它所隶属的种概念得到定义，而"是"既然是最普遍的概念，不可能有比它更普遍的"种"

概念。又：最普遍的概念内涵最稀薄，以致我们实在不能说出"是"的任何确定的内涵。人们或者说，"是"作为最普遍的概念是自明的。可是，究竟在什么情况下以及"是"究竟是如何自明的，这一点恰恰没有被说明过。就这样，海德格尔揭示了全部本体论的范畴体系竟被建筑在一个子虚乌有的基地上，即以一个我们根本不知其意义的"是"的范畴上，这样构造出来的第一原理是应该被摧毁而加以抛弃的。海德格尔承认，对我们人来说，"是"确实是自明的。当我们作出各种判断、首肯的时候，当我们说着这是、那是的时候，甚至当我们并不形诸语言而肯定自己当下存在着的时候，都运用着"是"，明白、领会着"是"。但这样的对"是"的领会完全不是范畴、概念式的，而是人自身的各种生存状态。人对自身的生存状态的领悟是对范畴、概念把握的基础，因此，只有通过生存状态的分析，才能澄清"是"的意义，也才能进一步搞清本体论中的那些范畴的出处。在这个意义上，他把自己通过生存状态的分析以搞清"是"的意义的理论称为基本本体论。基本本体论对生存状态分析的方法是描述的、现象学的，或者称为释义学的，但决不是逻辑的。实际上，海德格尔取消了传统本体论继续作为第一哲学的资格。他之所以把自己的理论称为基本本体论，完全是因为从字面上看，讨论的核心问题是"是"（Being）的意义问题，但我们决不能把海德格尔的理论混同于传统本体论。因为"是"在海德格尔这里根本就不是一个有逻辑规定性的范畴，而必须理解为生存状态或现象。甚至海德格尔哲学中的"是"根本就不是一个名词词性的词，而是要从不定式 to be 来理解的动词。对这样的"是"的理解需要运用直觉领悟的方法。

当海德格尔冲出传统本体论逻辑思维方式的藩篱以后，他对于中国古典哲学的重视就不会使人奇怪了。起初，当他认为万物（是者）之所以是其所是乃是由于"是"，并把各种"是"看成就是人自身的各种生存方式。这近似于"万物皆备于我"和"吾心便是宇宙"的观点。但是他不久便认识到，人并不能随心所欲地是其所是，人与万物必服从于一普遍的"是"的过程，在这一过程中，人和万物才得其所是。这样的"是"类似于中国哲学中的"道"，并且，海德格尔正是通过研读《老子》明确地说出，他说的"是"就是"道"，同时他还使用天命、天道来表达"是"。这样的"是"是不能用概念去把握的，甚至很难用语言表达，但它被认为确实贯穿在一切过程中，贯穿在人的各种活动中。海德格尔后期的思想就是通过对人的语言、诗歌、艺术、技术以及思想的活动的分析启示人们去追寻道、体认道。并且他把自己的这些理论不再称为哲学，而是称为对于天道的直接的"思"。这简直就是一种中国哲学了。但是他同时又认为，西方哲学虽然走向了终结，但西方人有自己的传统，不能轻易通过借用中国哲学或者禅宗哲学求得出路，所以他仍然使用着西方哲学的术语，仍然从批判西方传统哲学尤其是传统本体论着手，去揭示本体论哲学为核心的西方哲学的困境，并以西方的语言表达出一种新的思想方法。

海德格尔的探索，使我们看到了中国传统哲学及其思想方式在现代的价值。中华民族在哲学领域大可不必妄自菲薄，更不必东施效颦，用西方哲学的形态去改建中国哲学史。中国以道论为核心的哲学伴随我们这个民族经历了两千多年的文明史，它是一种独特有效的追寻智慧的道路。它在中西哲学的交流融合中必将续继发挥作用。当然，中国哲学也要发展。首先是它必须面对现代生活提出的新问题，同时也要借鉴西方哲学正反两方面的经验。但是，其根子则始终应当是在中国自己传统的哲学形式中。

哲学使用的概念、方法可以变化，它的目标则永远应当是追寻智慧。

原载：王淼洋、范明生主编:《东西方哲学比较研究》，上海教育出版社，1994年，第二章

# 九、两种不同形态的形而上学

## （一）形而上学的定义

形而上学（metaphysics）这个术语出自西方哲学。现在人们一般把形而上学理解为与辩证法相对立的一种方法，即辩证法是以运动发展、对立统一和普遍联系的观点看待事物的方法，与之相反，形而上学是以静止、片面和孤立的观点看待事物的方法。这种与辩证法对举、当作方法论意义上的形而上学，在西方哲学史上是较为后起的，这不是本文所要讨论的形而上学。

"形而上学"最初是亚里士多德的一部著作的名称。亚里士多德的弟子在编次老师著作时，将一部讨论哲学的专著取名《形而上学》，这是因为这部书的编定是在《物理学》一书之后，而"形而上学"（ta meta ta physica）一词的原意即"物理学之后"。《形而上学》一书讨论的内容很多，但其中心是哲学。亚里士多德把哲学看成是透过经验研究一般原因与原理的知识①，后来人们渐渐淡漠了形而上学一词编次的意义，专以这个词指哲学。又后来，形而上

---

① 亚里士多德说："智慧就是有关某些原理与原因的知识"，见《形而上学》982a1；参吴寿彭译本《形而上学》，商务印书馆，1981年，第3页。

学逐渐发展为以普遍概念或范畴的逻辑推论为形式的纯粹思辨的哲学。康德曾经对这种纯粹思辨的哲学作过有力的批判，从而给了形而上学以沉重的打击。在他的诸多的批判论述中，有一条是针对思辨哲学所运用的形式逻辑方法的，即是说，形式逻辑从大概念推出小概念，这是先天分析判断，其结论已经包含在前提中，从中并没有产生新知识；运用范畴（纯粹理性概念）进行推论，在正确使用逻辑规则时也可能导致各种相反的结论。为了克服康德批判的形而上学的缺陷，尤其是逻辑方法的缺陷，黑格尔提出了辩证法以取代形式逻辑。黑格尔说，知性是停留在形式逻辑阶段，"理性是否定的和辩证的"，知性和理性又统一于精神[1]。这样，矛盾并不是可怕的东西，对立的东西会消融在更高的发展阶段上。这大概是后来被当作与辩证法对立的方法论意义上的形而上学的根据。

不过黑格尔似乎并没有直接把形而上学当作是与辩证法相对立的一种方法。在他的《逻辑学》中谈到"形而上学"这个词的时候，他还是把它当作纯粹思辨哲学的代名词。例如针对当时形而上学因遭到康德的打击而岌岌可危的状况，黑格尔坚持说："假如一个民族觉得它的国家法学、它的情思、它的风习和道德已变为无用时，是一件很可怪的事；那么，当一个民族失去了它的形而上学，当从事于探讨自己的纯粹本质的精神，已经在民族中不再真实存在时，这至少也同样是很可怪的"[2]。又说："一个有文化的民族竟没有形而上学——就像一座庙，其他各方面都装饰得富丽堂皇，却没有至圣的神那样"，这是一种"很奇特的景象"[3]。这说明黑格尔至少也在传统意义上使用过形而上学这个词。

---

[1] 黑格尔：《逻辑学》上卷，杨一之译，商务印书馆，1974年，第4页。
[2] 同上学，第1页。
[3] 同上书，第2页。

康德说:"形而上学知识这一概念本身就说明它不能是经验的"①。可见在西方哲学传统中,形而上学是指超越于经验的、在抽象思辨中运用纯粹概念来表达的哲学的一般原理。

中国传统哲学里本没有形而上学这个词,以形而上学译metaphysics,大抵是借用了《易·系辞》里一句话的意思:"形而上者谓之道,形而下者谓之器。""道"是中国哲学中所追求的最高目的和境界,"形"指卦象,"器"指具体事物。上述的引文指明了"道""形""器"三者的关系,即"形"是对"器"的抽象,"道"又是对"形"的进一步抽象。王弼《周易略例》说:"故言者所以明象,得象而忘言;象者所以存意,得意而忘象"。"得意"就是"得道"。从器、经由形到道,是一条从经验到终究道理的途径,这条途径称为形而上的途径。因此,依中国哲学,形而上学这个词大抵可以理解为关于道以及为了达到道的目标或境界而进行超越经验的追求的体验或学问。由于道被认为是幽深玄妙的,探究道的学问在魏晋时以玄学著称,故也有以玄学译metaphysics的。

从以上的讨论我们认为,依照中国哲学的习惯,形而上学也可以理解为哲学中最高深、最一般的道理的那部分学问,它作为纯哲学,必须是对经验有所超越的,就这点而言,中西两种形而上学是一致的。但是,怎样超越经验?它达到什么结果?在这些方面,中西哲学是不同的,从而形成了两种不同形态的形而上学。

## (二) 西方形而上学的核心——本体论及其特征

西方形而上学的核心形式表达为一个纯粹思辨的概念体系,称

---

① 康德:《未来形而上学导论》,庞景仁译,商务印书馆,1982年,第17页。

为本体论。本体论滥觞于柏拉图哲学。起初，柏拉图把超越现象世界的真知识寄托于理念论。所谓理念，大体相当于同类事物的共相，柏拉图把它看作是个别事物的本质。既然每个理念反映了一类事物的本质，那么由那些最一般的理念即通种所组成的道理，岂不就是普天下最基本的原理了吗？基于这个要求，柏拉图后期致力于发展关于理念或通种之间结合的理论①。在《智者篇》中，柏拉图把关于通种间相互结合的理论称为"最大的学问"；把研究它的人称为哲学家，以区别于辩士说客②。这种通种论就是本体论最初的来头。

本体论这一理论形态的形成，与西方语言的形式有密不可分的关系。这主要是指西方几种主要语言中普遍存在的系词"是"被广泛使用的现象。在柏拉图这里，一个主语和一个表语通过系词联成的句子，从哲学上说，意味着主语和表语都分有"是"。这样，主语和表语都因分有"是"而成了"所是"或"是者"，而"是"本身则成了最具渗透力的通种，或者说，成了最高、最普遍的类概念。当各种各样通种分别用"是"或"是者"来表示的时候，通种论就表现为"是"和各种"是者"之间的关系的学问。到了亚里士多德，哲学被规定为研究第一原理的学问，亦即关于"是者之为是者"的学问③。这一门学问直到17世纪时，才由沃尔夫第一次为它作了一个被认为是经典性的定义："本体论，论述各种关于'是'（ὄν）的抽象的、完全普遍的哲学范畴，认为'是'是唯一的、善的；其中出现了唯一者、偶性、实体、因果、现象等范畴；这是抽

---

① 参阅柏拉图《巴门尼德篇》及《智者篇》。
② 柏拉图：《智者篇》，253C。
③ 亚里士多德：《形而上学》，1003a。

象的形而上学。"①

本体论作为西方形而上学的核心,不仅表现在它占据西方第一哲学的地位,而且还表现在西方形而上学的历史演变中,只有本体论依然固守着形而上学的名称。曾经同属于形而上学的自然神学依仗信仰独立为宗教哲学,理性灵魂学演变为心理学,宇宙论则为宏观物理学和微观物理学所取代。本体论具有三个基本特点,其一是前面提到过的它的形式方面的特点,即它是利用西方语言中的系词作成普遍的范畴"是"和"是者"来表达的第一原理。ontology(本体论)这个词的本意就是关于"是"的学问。西方人自己在很长的时期里并不意识到本体论的这个特点,也许这是由于缺乏或没有认真与非西方语言的哲学的比较。霍布斯只是在讨论主谓逻辑的形式时,猜测到不用系词"是"的语言的哲学会是另一种样子,他说:"但是有些民族,或者说肯定有些民族没有和我们的动词'is'相当的字。但是他们只用一个名字放在另一个名字后面来构成命题,比如不说'人是一种有生命的动物',而说'人,一种有生命的动物';因为这些名字的这种次序可以充分显示它们的关系;它们在哲学中是这样恰当、有用,就好像它们是用动词'is'联结了一样。"② 直到最近,我们才看到,英国哲学家 A. C. 葛瑞汉通过对阿拉伯和中国哲学的研究,发现这两者都没有用系词"是"作成哲学范畴,才向世人透露出"是"和"是者"是西方哲学特有的范畴③。那么围绕"是"这个范畴做文章的本体论无疑是西方哲学独

---

① 转引自黑格尔:《哲学史讲演录》第 4 卷,贺麟、王太庆译,商务印书馆,1978 年,第 189 页。
② 转引自胡适:《先秦名学史》,学林出版社,1983 年,第 41 页。
③ A. C. Graham, *Disputers of the Tao — Philosophical Argument in Ancient China*, La salle, Illinois: Open Court, 1989, p. 406.

具的一种形态了。

本体论的第二个特点是对逻辑的运用。本体论最初讨论的是理念或通种之间的结合，结合就是逻各斯，逻辑是逻各斯词义的演变。一般人们倾向于把 logos 译为理性、谈话、理解、判断等，海德格尔则指出，logos 在早期希腊文献中的意思是结合，其他皆是后起义，如缀词为句才成谈话①。柏拉图本人的说法也可证实这个看法，他说过："语言的符号亦如别的东西一样，有的结合有的不结合，结合的便成话。"② 又说："名字的结合就是 λὸγος 的本质。"③

逻辑的方法也不是一成不变的。柏拉图的那种理念或通种间结合的逻辑不久就被亚里士多德创立的形式逻辑所取代。形式逻辑可以严密地演示范畴之间必然的推论关系，是西方本体论哲学运用时间最长的逻辑方法。这种逻辑的方法直到康德的《纯粹理性批判》中才遭到致命的批判。但这一批判刺激了黑格尔，当他在其《逻辑学》中重构本体论哲学体系的时候，发展出了辩证逻辑的方法。根据这种方法，矛盾在一定发展阶段上被认为是合理的，它们经过一个正、反、合的过程可以消解于新的统一。

本体论哲学的第三个特点是，本体论所展示的是一片与经验世界相脱离的、纯粹概念的领域。如前所述，本体论最初是出于对事物最终原理或原因的追求，但从一开始，柏拉图就把这种原理看成是由理念或通种的结合演示出来的。而理念本身则存在于一个与现象界割裂的理念世界中，因此，这样构成的原理当然也只能存在于理念世界中。直至黑格尔还是这样说："揭示出理念发展的一种方

---

① Matin Heidegger, *An Introduction to Metaphysics*, trans. by Ralph Manheim, Yale University Press, 1959, pp. 125 – 130.
② 柏拉图:《智者篇》，262D。
③ 柏拉图:《泰阿泰德篇》，202B。

式，亦即揭示出理念各种形态的推演和各种范畴在思想中的、被认识了的必然性，这就是哲学自身的课题和任务。"①

本体论的这一特点往往不容易被人们所理解。因为人们日常的思维总是倾向于从每个概念所代表的实际事物方面去理解这个概念的意义，而看不到在本体论哲学中，范畴的意义只是从范畴相互关系中得出的逻辑规定性。例如，说到部分这个概念，人们便会想到许多部分的事物，以为这样才理解了部分的意义。然而，本体论哲学所说的部分，只是指组成整体的成分，这样的部分是从与整体的关系方面得到其规定性的。由于本体论是完全在经验领域之外的，对于常识来说很难理解。但是据柏拉图说，这种困难是由于"众人心灵的眼睛经不起注视神圣的光辉"。然而，毕竟有些哲学家能够把本体论的这个特点揭示得明明白白。例如，针对自中世纪直到笛卡尔的关于上帝存在的本体论证明，即从上帝是最完满的"是"逻辑地推出上帝存在的结论，康德明确地指出，这样得出的"存在"只是一个逻辑的规定性，它与我口袋里实际有一百元钱的"存在"不是一回事②。

本体论的上述三个特点是相互为用、密不可分的。它是从经验超越出去的独立存在的原理体系，这种原理只能依靠逻辑的方法构造，它的客观有效性，或者说真理性，首先依赖的是逻辑上的必然性。反过来说，本体论的原理体系是运用纯粹的概念或范畴逻辑构造出来的，它必然独立于经验世界。至于本体论的那个形式上的特点，即把它的所有概念、范畴统统当作"是"或"是者"，则是将概念形式化而获得了逻辑的规定性，这是说，如果把"本质""现

---

① 黑格尔：《哲学史讲演录》第1卷，贺麟、王太庆译，商务印书馆，1957年，第33页。
② 康德：《纯粹理性批判》，蓝公武译，商务印书馆，1960年，第431页。

象""存在"等概念都看成"是者"或"所是",那么,它们便都归属到了"是"的下面,成了属类,而"是"本身则是最高的类。综上所述,我以为逻辑是本体论哲学的灵魂,是西方哲学形而上学最根本的特点。

## (三) 非本体论的中国形而上学及其特点

中国哲学中没有运用逻辑方法构造出来的纯粹概念的原理体系,这是说,中国哲学是非本体论的。

中国哲学初具形态的先秦时代,汉语中的"是"还不是系词,它只作指示代词用;并且,先秦汉语中根本就没有一个词是系词[①]。这样,中国古代哲学就不可能像西方哲学那样,通过系词将概念形式化。即使在今天,当我们用"是"和"是者"("所是")来分别译 Being(Sein)、being(das Seiende)时,总是不容易被人们所接受。这种情况的出现,有语言方面的原因,即汉语不像西方语言那样,每个动词有动名词、分词的变化,因而不习惯把系词"是"从其上下文中抽出来作成一个独立的概念使用。更主要的是因为,中西哲学思想方法的不同,即中国哲学没有从逻辑规定性方面看概念或范畴的意义的习惯。例如,人们更愿意沿袭把 Being 译作"存在",因为"存在"有一种实际可理解的意义,但这就混淆了 Being 与 existence,后者也译作"存在";更不能看出,existence 作为"是者"之一,与"是"所具有的逻辑的关系。

上面的讨论已经涉及逻辑问题。中国的形而上学是非逻辑的。这不是说,中国哲学中没有一种关于逻辑的学说,而是说,中国的

---

[①] 参阅《王力文集》第 11 卷,山东教育出版社,1990 年,第 255 页。

形而上学没有把逻辑用为自己的方法。它使用的概念不是逻辑地规定的概念，它的证明过程也不是靠概念的演绎推论。例如，我们在《老子》中读到"天下万物生于有，有生于无"（四十章），"道生一，一生二，二生三，三生万物"（四十二章），这些表述都不是基于概念的逻辑分析，而是直接对于万物生化过程的描述。

为了使这一点明白起见，我们可以略举黑格尔的本体论之作《逻辑学》开头的论说作一对比。黑格尔说，哲学以"纯是"为开端。"纯是"没有任何进一步的规定，因此，它实际上就是无。无是与它自身单纯的同一，是完全的空，没有内容，在它自身中并没有区别。这样，"纯是"和"无"既同一又有区别，每一方都直接消失于它的对方之中，这个消失的运动即变。在这个变的过程的每一阶段，都有一个有其确定规定性的所是，即此是（Dasein）[①]。这是黑格尔从"纯是"推论出某一有确定规定性的"所是"的大致过程，即所谓概念或理念自身的运动。它不是对现象世界的直接描述，而是纯粹概念的逻辑运动，但这却被当作是真理本身。上述黑格尔的《逻辑学》与《老子》的一点简单对比，可以说是对西方本体论的逻辑特征和中国形而上学的非逻辑特征有了初步的展示。

中国的形而上学也不是存在于经验之外的一片独立的领域。一个显著的证据是，中国哲学把"道"当作最高目标和境界的同时，又流行"道不离器"的主张。一个唯一可能的例外是朱熹。他把"理"等同于"道"，说过："未有天地之先，毕竟是先有此理。""万一山河天地都陷了，毕竟理却在这里。"有人因之而把朱熹当成中国哲学史上最大的本体论者。然而，这个结论并不可靠。有一段关于他和他的学生的谈话的记载："或问：'必有是理，然后有是

---

[①] 黑格尔：《小逻辑》，贺麟译，商务印书馆，1980年，第190—200页。

气,如何?'曰:'此本无先后之可言。然必欲推其所从来,则须说先有是理。然理非别为一物,即存乎是气之中。无是气,则理亦无挂搭处。'"可见,朱熹对于"理在气先"的观点并不是坚决的。有时,他认为理和气孰先孰后的问题是不可知的:"或问先有理后有气之说。曰:'不消如此说。如今知得他合下是先有理后有气邪?后有理先有气邪?皆不可得而推究。'"他更明确说过:"天下未有无理之气,亦未有无气之理。"退一步说,即使理在气先,朱熹也认为这样的理"只是个净洁空洞底世界,无形迹,他却不会造作"(以上引文俱出自《朱子语类》卷一)。假如离开了现象世界(气)的理能"造作"的话,除了以概念的逻辑演绎之外,我们还未见过有什么别的方法。正因为中国哲学向来不是以概念的逻辑演绎为传统的,在此传统中朱熹也不能让他的"理"有所"造作"。总之,朱熹"理在气先"的观点既不明确且不坚决,这样的"理"也不能作逻辑的推论,朱熹哲学不是本体论的。既然连被认为是中国最大的本体论者的朱熹实际上也不是本体论者,其余的想来就不必多谈了。

本体论所具有的三个特点,在中国的形而上学里恰恰是找不到的,因此,它们倒成了中国形而上学的三个否定方面的特征。那么,中国形而上学肯定方面的特征是什么呢?

我以为,中国形而上学的首先的特征是,作为形而上的目标的道是不可言说的。《老子》第一章开宗明义就说:"道可道,非常道;名可名,非常名。"《管子·内业》也说,"道"是"口之所不能言,目之所不能视,耳之所不能闻"的,这更明确指出了,道既不是感觉器官可直接把握的,又不是语言可以表达的。

中国传统的思想是把包括人自己在内的天地万物看成一个统一的运动过程,这个过程就是自然,道贯穿在自然的总过程中,是我们体会到的这个总过程的方向、作用或规律。它是形而上的，因此，是不能用感官直接把握的。一切现象都依道而展现，而道本身则总是隐失在现象后面，就其本性而言，道又是不适于为语言所彰显的。

既然道是不能以语言表达的，于是就有这样的问题：怎样才能证明道的存在呢？中国哲学以为，在自己从事的实际事情中体验道，即所谓进入得道的境界，这是证明道的存在的途径。对道的追求需通过亲身体悟，这是中国形而上学的又一个特点。

如果把个人从事的活动看成是局部的、个别的，而把道看成是全体的、一般的，那么，个人仅从自身的活动中体会道就不可能了。因为这里有局部和全体、个别和一般的矛盾，个人所能体会的仅是局部和个别。然而中国哲学并不突出个别和一般、局部和全体的关系——那是从逻辑的观点来看的，而是采用"理一分殊"的看法，把万物各自的理看成是对最高的理的全息的分有，好比是"月印万川"。因此，中国哲学并不认为个人的活动对于体察全体、最高的道会有什么障碍，而是认为从政、经商、治学、游艺及人所从事的其他各种活动都是体察道的途径，用禅宗的话来说就是"担水劈柴，无非妙道"。

但是，道毕竟深隐在现象后面。要从具体的活动中得道必须超越现象。这种超越的功夫，我们在庄子写的庖丁解牛的故事中读到的是"不以目接而以神遇"。用王弼读《易》的方法来说，是要通过"忘言""忘象"而达到"得意"。总之，这都是要求摆脱经验现象的局限，达到一种豁然贯通的境界。在这种境界里，人必获得一种高明、愉悦的感觉，这种感受是个人对道的存在的确实证明。

由此而进一步得出的第三个特点是，在中国历史上，追求形而上学目标的途径是整个身心的修养，而不只是掌握某种知识。

道既然贯穿在一切过程中，它当然也贯穿在每个人自然生命的过程和他的社会生活中，这样，对道的追求是在人自己的生活中实现的。这种追求可以有多种表现，如，让自己的身体按自然的过程得到滋养和展开以尽天年；让自己的行为自觉地符合社会生活的规范以获得一种德性；让自己的心灵涤除偏见和迷惑，永远以新鲜的眼光看待周围世界，以保持智慧，等等。中国哲学史上反复阐发的就是这种全身心地追求与道相契合的实践活动和各种体验，这就是修养，照孟子的说法，叫做"养浩然之气"。

修养是实践的活动，形而上学则是超越于经验的，说可以在实践中追求形而上的目标，乍听之下也许会令人产生疑惑，对此，我们需要作进一步的阐释。人的每一个具体活动都是有目的性的，一个目的后面还会有更高的目的，最高的目的与自然的进程是一致的。如果从事一个具体活动时，人能够去追求和体验这个最高的目的，并把自己当下从事的活动调整到与最高目的相一致的状态，那么，他就既在实际活动中，又超出了当下事务的局限。事实上，所谓书道、茶道、花道、剑道、棋道以及其他种种技艺之道的提出，都表明了人们把深层次的、形而上的道，当作比技艺更重要的目的来追求的愿望。诚如庄子《养生主》中的庖丁所说："臣之所好者道也，进乎技矣。"道引导技艺的创造和发挥，技艺的成功及成功之后人的欣喜，反映出人在他所从事的具体事务中获得了与道的某种程度上的契合。这样的人不只是匠人，他自己也成了追求道的活动的成果，即被目为富于修养的人。除了技艺的活动，人类日常生活的各个方面、各种活动，都可以成为追求和体悟道的途径。因为在中国哲学看来，人类经验生活与形而上的道之间本不存在不可逾越的鸿沟。正是在从生活经验向道的超越的追求中，吃饭不只是为了维持生存，工作也不只以谋生为终点。在种种日常生活中而又超越于日常生活的追求归结为一个古老而又常新的话题：对人生意义的追求。

## (四) 形而上学对文化科学的影响

形而上学是超越经验的追求，没有这种追求以及对这种追求的表述，也就没有哲学。在这点上，中西两种形而上学是一致的。然而当我们进一步勾勒出中西形而上学各自的基本特点之后，它们之间的差异也就显示出来了。

西方哲学中的形而上学不仅是对经验领域的超越，而且这种超越一直向上，直到脱离经验，进入一个完全独立的超验领域；这片超验的领域是用一般概念或范畴的逻辑演示来表达的，以示它具有与偶然的经验事实有区别的必然性的品格；这样表达出来的超验领域是最高的原理，是纯粹的知识。而中国的形而上学在追求超越经验的努力中却始终意识到，这种超越的追求只可能是依托于经验基础上的超越追求，因此，重要的是超越的追求过程本身。在中国的形而上学中不存在独立的超验领域，甚至形而上学所使用的术语，也兼有具体和抽象两重意义，如"道"，原意为道路，引申为遍及一切的规律；"理"，意为"治玉"，引申为道理；"气"，初指云气，引申为"理"的载体，等等。中国形而上学反复表述的是从具体经验上升为抽象道理的过程的体会，这样所表达出来的不是纯粹概念的知识，而是结合着人自己的修身养性，使自己的思想、气质、性情、行为努力符合于"道"的要求的学问，从中引出道德和文章并重的说法。

中西方形而上学的差异对中西方知识的分类是有影响的。西方的形而上学即本体论既然是脱离经验高高在上的一般原理，如亚里士多德所说，它研究一般的是者之为是者，那么自然还应当有研究各种具体是者的分门别类的学问。这显然是逻辑的分类，好比总类下面分有属类。不仅如此，西方形而上学还使哲学自身内部产生出分支，最明显的莫过于近代认识论的兴起，它正是为了克服超验原理和经验现象之间的隔阂而作出的努力的结果。中国的学问并没有形成西方那样的分门别类，这首先是因为中国的形而上学不是独立存在的原理领域，所谓经、史、子、集这四大部类的著作中都有形而上的内容，然而它们又都不是专门谈论形而上的著作。也许其中的经被认为是最具权威的著作，但这也不是专门关于一般抽象原理的著作，倒是有"六经皆史"的说法。因此，经的权威性并不在于它是否具有统摄其他部类学问的总类的地位，而是圣人立下的学问的样板。在中国早期的著作中，《周易》和《老子》倒是两部比较接近于谈纯粹形而上学问题的书，但它们被分别归入经部和子部。这反映了中国古人对学问的分类并不是依照逻辑的方法。例如，《汉书·艺文志》沿袭刘向的方法，把学术分为六艺、诸子、诗赋、兵书、数术和方技，称为七略，从逻辑的观点看，这一分类中至少交叉用了三种标准：以内容为标准，以作者为标准，以作品体裁为标准。也许传统观念看重的是，各种学问是追随"道"的不同途径，能否在这条途径上有所建言是衡量其价值、决定其能否被列为一类的标志，至于从逻辑的观点看它们是否相互重叠则是不重要的。另外，中国的形而上学不脱离经验现象，是在经验基础上的超越，对它的真正把握是自己对这超验一度的体验，这一特点可能对中国学问采用千百遍重复地注经的形式有决定的影响。因为每注一遍经，便是自己对超越一度的真切的亲身体验。在这个意义上说，"六经注我"还是"我注六经"，其区别是不大的。

西方形而上学对于科学的影响是公认的。这首先在于，以本体论为主要内容的形而上学采用的逻辑方法同数学的原理直接相关，而数学则是科学必不可少的工具。其次，西方形而上学开辟出一个超验的即在经验之外的领域，这一点也对数学及其他科学产生影响。如，中国古代有一种说法："一尺之棰，日取其半，万世不竭。"这种说法就其表达了某一定量的无限可分而言，已经包含了对经验的超越的追求，然而就其主张无限分割的结果仍然是"有"而言，它没有进入超验的领域，这就不可能达到数学上的极限的观念。因为从数学的角度看，上述问题可以化为一个无穷等比数列，它趋向于一个极值 0，而数学上极限的观念则是微积分的基础。同样，不能进入超验的领域而想得出或理解虚数 $i$ 即 $\sqrt{-1}$ 也是不可能的。另一个例子是关于牛顿第一定律的，如果物体处于静止或作匀速直线运动，那么只要没有外力作用，它就仍将保持静止或作匀速直线运动。囿于经验的领域而想理解这个原理也是不可能的，因为在经验的领域里，一个运动物体总免不了阻力，如果不克服阻力，这个物体最终会停止运动。我们可以看到的是，如果设法依次减少阻力，那么，这个物体的运动就持续的长一些，只有当我们假定阻力为 0 时，才能得出上述定律。但作出这一假设时，我们的思想就已经进入超验的领域。以上的例子大体可以说明西方形而上学与科学的关系。事实上，对近代数学、物理学作出重大贡献的笛卡尔、莱布尼茨、牛顿等人，他们本身就是伟大的哲学家。

人们可能有一种想法，以为中国近代科学落后于西方是由于中国哲学的思想方法务虚不务实，其实依我们的分析，情况恰恰相反；数学和研究自然界一般规律、原理的科学是超验领域的东西，只有当思想能够进入超验领域，才能发现作为一般规律的科学原理。以纯粹概念或范畴的逻辑推论为主要内容的西方本体论哲学正是进入了超验领域的思想活动形式。中国哲学没有建立一个超验的领域，但它看重超越活动本身，这是人自身的活动，从中发展出的是人生哲学。

## (五) 形而上学的历史命运及其前途

由于中西两种形而上学的形态及其特点的不同，它们的历史命运也是不同的。西方传统形而上学虽然对近代科学的兴起发挥了作用，但由于它总的来说是脱离经验的抽象的思辨活动，不能有效地指导现实人生中的种种问题，在黑格尔之后就逐渐衰落；而中国的形而上学却由于始终紧扣人生这个主题，追求高于现实而又不脱离现实，当人类面临现代社会中出现的许多新的人生问题时，显示出其生机勃勃的应对能力，更加引起了世人的关注。

对西方传统的以本体论为核心的形而上学的批判，可以说是西方哲学史上自柏拉图、亚里士多德以来最为深刻的一场哲学革命。马克思主义哲学是这场革命中最积极的中坚力量[①]。此外，现代西方哲学的其他流派也从不同的角度投入了这一批判活动，其中有两股突出的势力，其一是从叔本华、尼采到存在主义的人生哲学，另一是经验主义传统下的经由摩尔、罗素等人及维也纳学派而发展起来的分析哲学。

从叔本华、尼采到存在主义，他们对传统形而上学脱离人生问题的抽象思辨不满，他们诉诸意志、表象和人的种种情绪体验，被归结为人生哲学。分析哲学对传统形而上学的批判最为激烈、最为极

---

① 参见俞宣孟：《马克思主义哲学与本体论问题》，《上海社会科学院学术季刊》1994年第1期。

端。在分析哲学那里，形而上学是一个贬义的、受到嘲笑的词。他们认为，形而上学是由一些没有实际对应物的词所组成的、无可证实的假命题组成的，因此，可以通过对语言的分析清除形而上学。一切不能在经验中得到证实的东西都属于形而上学之列，都应当取消。他们并不排斥逻辑方法本身，他们所反对的是把逻辑方法运用到概念或范畴的推论中，而主张在纯粹形式化的符号中运用逻辑。因为在他们看来，那些一般的概念、范畴是没有经验的对应物的，而纯粹形式化的逻辑则可揭示出思想活动所应遵循的正确法则。他们还认为，形而上学讨论世界观问题，世界观也必定是形而上学的东西，它也应同形而上学一起加以清除；哲学所余下的只是纯粹的方法论。

康德虽然严厉地批判了西方传统形而上学，但他最终还是说："人类精神一劳永逸地放弃形而上学研究，这是一种因噎废食的办法，这种办法是不能采取的。世界上无论什么时候都要有形而上学；不仅如此，每人，尤其是每个善于思考的人，都要有形而上学……""至今被叫作形而上学的东西并不能满足任何一个善于思考的人的要求；然而完全放弃它又办不到。"[①] 为什么完全放弃形而上学办不到呢？我想这是因为人是有思想的创造性的动物，这意味着人总是不满足于现状，总是试图超越现状的局限，即有超越的追求。从有限中把握无限，从相对中把握绝对，从个别中把握一般，从杂乱无章中追求秩序，从野蛮走向文明，等等，这些都是人的超越的追求。在超越的追求中，人为自己设立了追求的完美目标，这个目标或者叫终极关怀，或者称为真善美。这中间寄托着人的信念、信仰，使人满怀希望地从今天走向未来，创造出丰富多彩的人生的意义。在这个意义上说，形而上学的追求是出于人的本性。失

---

① 康德：《未来形而上学导论》，庞景仁译，第163页。

去了这种追求会危及人的信念和信仰,直至使生活失去意义。

其实,形而上学决不只是一个理论的问题;在理论形而上学里,也不只有本体论一种表达方式。中国的形而上学就是一种与以本体论为核心的西方形而上学在形态、途径等方面均不同的形而上学。当西方形而上学随着本体论的没落而遭受严重危机的时候,中国的形而上学却日益引起世人注目,这说明人类决不会停顿超越的追求。尤其是现代社会随着经济和技术的发展,人们突然面临着许多新的问题,然而西方原有的以概念的逻辑推论为特点的本体论形式的形而上学,脱离经验世界和人生实际,无力回答新的挑战;而在儒家文化辐射圈内的国家和地区则较为成功地进行着经济和社会的发展,于是新儒家随之而崛起成为国际性的文化现象。这一现象势必进一步导致对包括道家、佛学在内的中国哲学的形而上学的形态和特点的追问。

值得注意的是,尽管分析哲学企图清除形而上学,西方的形而上学还是在顽强地表现自己,其代表就是海德格尔哲学。在他那里,追问"是"的意义问题是哲学的主要问题,但这个"是"却不是传统本体论从逻辑上规定的最高、最普遍的范畴,而是当作系词使用时所表达的是者是其所是的"是"。对"是"的意义的把握,是在我们对是者向我们显示出来的各种方式的当下体会中。这样的"是"最终被认为就是天道(providence)自身的展显,人的超越的追求表现为对天道的追随。这样的形而上学与西方传统的本体论的形而上学是截然不同的,而却同中国哲学、东方哲学接近了。海德格尔本人就曾表示过对老子哲学的仰慕和对禅宗哲学的认同[①]。不

---

[①] 参见 Graham Parkes (ed.), *Heidegger and Asian Thought*, Honolulu: University of Hawaii Press, 1989;傅伟勋:《从西方哲学到禅佛教》,生活·读书·新知三联书店,1989年。

过人们还常误称、误认海德格尔哲学是一种本体论哲学，这主要是因为他早期曾称自己的哲学为基本本体论，其用意盖在于动摇传统本体论的第一哲学的地位。他之能够这样称呼自己的早期哲学，仅仅由于他的哲学在字面上仍是关于"是"的学问，这最多还说明西方语言习惯对他的哲学形式的影响。事实上，为了消除可能产生的把他的哲学当作本体论的误会，海德格尔本人在其后期哲学（一般以1945年为界）中不再提及基本本体论这个词。他甚至说："将来的思想不再是哲学了，因为将来的思想比起形而上学（这是一个哲学的同名词）思想得更有创造性。"[1] 他所指的形而上学就是西方传统哲学的核心本体论，即以范畴的逻辑演示所构造的原理体系。而海德格尔追寻"是"的意义及天道的哲学，仍是一种在经验基础上的超越的追求，是一种更接近中国形态的形而上学。

西方哲学形而上学形态的变化，使我们感觉到中国哲学将对全世界作出更大的贡献。这倒不是说中国传统哲学本身不需要改造和发展。然而就目前的发展看，中国哲学往往是根据西方传统哲学的范畴和方法被改造的。例如，按照西方哲学的传统分类方法，在本来并不存在本体论的中国哲学中也去划出一片本体论的领域；有的甚至仿效黑格尔的方法，把中国哲学史写成一部哲学范畴逻辑发展的历史，等等，这样做的结果必然掩盖中国哲学的真正面目。所以，我们还是应当先分别如实地把握中西两种不同形态的哲学。只有在这个基础上，才谈得上开展真正的交流。

原载：《中国社会科学》1995年第5期

---

[1] D. F. Krell(ed.), *Martin Heidegger: Basic Writings*, San Francisco: Harper and Row, 1977, p.242.

## 十、突破"剪裁"、克服"模仿"
——关于 20 世纪中国学术发展趋势的对话

○俞宣孟　●方松华

波澜壮阔的 20 世纪乃是中国自先秦以来在学术文化方面又一个百家争鸣的大时代,在世纪之交、千年轮换的十字路口,思想家们往往沉湎于世纪性的回顾与前瞻,他们谈古论今、纵横捭阖,议论蜂起。探究 20 世纪中国学术文化发展之大势、展望 21 世纪中国文化未来之前景,无疑,有关 20 世纪中国学术史的研究将会成为当代文学、历史、哲学研究的共同主题。

●对学术史的研究向来是学者的主要工作和职责之一。众所周知,西方哲学界曾将两千年来的哲学历程分为信仰的时代、冒险的时代、启蒙的时代、理性的时代、思想体系的时代以及分析的时代,而在中国,先秦至清代的学术史也有称为"子学时代"与"经学时代"的。如果要解说 20 世纪的中国学术史,我们能否以一个简单的词来命名呢?比如说时下较为流行的诸如"东西文化问题"等等说法。

○很难用一个简单的记号来描述整个 20 世纪的中国学术史。首先,学术这个概念在最近的一百年里就发生了很大的变化。如果说,学术这个词当指人类所创立的一切学问领域,那么,20 世纪所建立的学问门类,根本不是以往所可以比拟的。20 世纪以前,在我们这片土地上,人们说到学术时,主要指经、史、子、集,这大体可以归为今天所说的文史哲领域。虽然不能说那时绝对没有关于自然科学的学问，例如也有关于农学、医学、天文、历法、数学和工艺等方面的学问，但是，经学、子学这样的文史知识作为学问的主体则是没有疑问的。那么看一下我们的时代，大学里所设立的各种系科就几乎使我们数不清，况且，在号称信息爆炸的时代，作为新兴学科的边缘学科、交叉学科还在不断冒出来。学科的这种迅速分蘖、生长，甚至使图书编目人员遇到了困难。我们现在的情况是，无论从学科数量还是从学习、从事各学科的人数来讲，文史方面的学问再也不是占据主导地位的学术了。我想，对于用传统"体用"观看问题的人来说，他们大概会说，现在是"用"甚于"体"了。

●您展示了一种大视野学术观，这当为我们的讨论开阔眼界。而且，您对文史学问的地位描述，我们作为这方面的专业工作者，是有切身体会的。但是，让我们还是把话题集中到文史，或曰哲学社会科学、人文学科方面的学术。这不仅是因为我们自己相对来说对它更熟悉、更有发言权，而且，它直接就具有文化的意义。我的意思是说，与人文学科相比，科学技术多半需要经过反思、在反思的对象中才获得文化的意义的。事实上，充满人文精神的传统学术正是由于它的直接的文化意义，才在现代学术空间中占有不可动摇的一席之地的。我还觉得，与自然科学相比，关于20世纪人文学科的发展、变化是一个更为复杂、更加困难的问题。因为自然科学的对象是客观世界，自然科学的对象就是自然科学自身正确与否的标准。所以，不管各个民族传统文化方面差别如何大，当它们面向自然科学的时候，它们接受、掌握的是同一种数学、物理学等等，决不会因为不同的民族习俗和心理而篡改它们的内容。然而人文学科中有许多就是一个民族文化、习俗、心态的直接表露，不同民族的人文学科的内容和形式因而可能有较大差异。

○我们差不多说到点子上来了。通过人文学科和自然科学的区分和比较，我们谈论20世纪中国人文学科意义上的学术发展的特点，就有了一个下手处。我想以"裁剪的时代"来概括它的特点。

●这一说法真是闻所未闻呢，该不是开玩笑吧！愿闻其详。

○我们不是已经看到了吗，20世纪以来，我们不仅建立了自然科学的各门学科，并且也建立了与世界各国门类相当的文科学科，例如哲学、史学、文学等等。以哲学而言，又进一步分出认识论、伦理学、美学、心理学等等。如果说，以自然界为对象的自然科学是不分国界、无民族的，那么文科学科的建立则需要依赖于本民族原有的文化学术遗产。如果要写作本民族的哲学史、文学史、史学史的话，更是如此。然而，众所周知，中国历史上对典籍的分类，无论是六艺、诸子百家，还是经史子集，都不是依赖逻辑对内容的分类。因此，在中国传统学术文化中并没有与现代人文学科各门类对应的学问分类。现在中国的许多人文学科的建立，都是先有了这个学科的名称，然后在中国学术文化遗产中去裁取有关的内容的结果。例如，一部《论语》，既成为中国哲学史资料的主要来源，也可以成为文学史、社会学史、教育史、史学史、语（文）法学等等的资料来源。我用"剪裁"这个词是想点明发生在20世纪文科学术领域的一个简单的事实，它标志着原有的学术形式的解体和新的学术形式的形成。

●您的这个看法，是着重于从形式方面概括20世纪中国学术发生的变化，但是形式总离不开内容。似乎还应当从内容方面对20世纪中国学术的发展作出描述。

○您提到内容问题，涉及一个更深的问题，即所谓学术究竟是怎么回事？当然，我们这里仅限于谈人文学科的学术。我不知道有谁给这样的学术下过定义没有，如果没有，正好给我们留下了自由讨论的天地。我首先想，学术存在于人的学术活动中，学术活动是人的生存方式之一。其次，我们人的生存方式难以尽举，从与他人共存的结构中谋生的基本生存方式，到从事艺术、研究、休闲、娱乐，一直到某种心态、志趣，等等。尽管生存方式多种多样，一种可能的划分是，当下的生存活动以及对当下的生存状态进行反思的生存活动。只有后一种反思的生存活动才是学术活动。所以，从事直接的文学艺术的生存活动属于普遍的文化活动，只有对这种文化活动进行反思的活动，例如讨论它的历史和规律，比较它的各种形式或研究它的效果等，才是学术活动。学术作为反思的生存活动，当然会对直接的生存活动施以影响；而直接的生存活动，作为反思的质料，是反思活动的基础，它为反思活动提供内容，也常常规定反思活动的方向。在实际过程中，直接的生存方式与反思的生存方式之间的关系会更复杂，如随着国际间的交往，一种反思的方式流传过来了，结果，人们对传统的生活方式的评价发生了变化；或者……

●这样讲下去越讲越复杂，我想我已经明白了你的意思，你是说由于学术活动与人的直接生存状态之间有一种联系，考察学术内容的变化当与人的全部生存状态的变化联系起来考虑。即使从这个角度去看，20世纪以来人的生存状态的变化发展也是无可置疑的。

○我不知道你所说的生存状态究竟指什么？生活方式或习惯的改变固然也是人的生存状态变化的种种表现，但是从哲学上说，对于生存状态变化具有决定意义的有两个方面，一是人和世界的关系，一是人和人的关系。每个人总是以一定的方式与他人共处于同一个世界中，这是他展开出自己生存状态的一个基本结构。现在在这两个关系方面显出了空前的差异：人与世界是一个有机联系的整体还是人以世界为征服对象？人与人的关系究竟是可分析的还是不可分析的？所谓可分析的是指把人分别看成是属于法的、情的、理性的、感性的或是目的的、工具的等等。我不是说有朝一日这些问题便得到了彻底解决。但是面临这样的局面，中国的学术工作者中有一批人不愿意骤然放弃传统的学术，至少想再观察一下，或者对传统的学术内容再作一遍审视，看看其中是否有些启示的东西。这是可以理解的。因为中华民族毕竟有五千年的文明史，有记载的学术活动起码也有两千五百年了。现在到了20世纪末的时候，持这种倾向的学者比起20世纪初时似乎更多了，说起话来更理直气壮，信心也更强了。我们不妨再静观一番。

●从内容和形式结合的角度去看问题，不失为一个好视角。当一个民族需要消化和吸收外来文化时，只有达到内容和形式统一的时候，才算完成这个过程。佛教的中国化过程就是这方面的典型例子。佛教传入中国始于两汉之际，在魏晋、南北朝的时候，可见寺院林立，也有了许多佛经的翻译。但是佛教真正中国化的标志是禅宗的创立，它用"明心见性""顿悟成佛"等等这种中国人熟悉而原经却不见的语言，说出了原来佛经中非常复杂的表述，并建立了一套相应的修持方法。对于这一点，一千多年以后的我们是看得很分明的。但要说到当前的情况，我们也经历着西方学术思潮的撞击，在消化吸收其有益部分的过程中，在学术的内容和形式上各已达到了什么程度，探讨起来要困难得多。因为这是正在发生的过程。

○唯其困难，这才是当代学者面临的一项艰巨任务。我的感觉是，20世纪中国学术是受到西方学术形式影响强烈的时期，这样的形式还没有和自己的内容达到统一。就以学问分类来说，你是不是也感到有点奇怪，一方面，我们传统的学问并没有西方那样的分类；另一方面，当我们读西方那些分了类的学问时，常常会说，"噢，这种说法我们中国早已有之"，于是剪接取裁，创造出中国的××学。殊不知，西方人对学问的分类活动本身是一种生存状态，反映出他们的反思方式，或心态心思，即是他们把自己直接的生存状态当作对象物进行逻辑的梳理的结果。例如，分类要求逻辑上界限分明，人的理智既分为理性与感性，理性已为对真理的认识所占，于是在西方人看来，审美情趣便只能纳入感性的领域。中国原本没有哲学、伦理学、心理学、美学、教育学、社会学等等的分类，这反映出，在中国古人眼中，凡此种种无非是做人的道理。人是一个完整的整体，不仅认识与行为不能分离，他也不能与自然和社会相隔离。这样的对比可以显出，西方式的学问分类乃是西方人观察问题时的心思的形式化。以上是从一般的方面来看的，较具体一些的，我们以哲学为例。"哲学"本是一个外来词。中国哲学史这门学问的建立显然是受到了西方哲学史的框架的影响。有蔡元培先生的话为证。他在1919年为胡适的《中国哲学史大纲》作序时写道，写作中国哲学史有两层难处，其中第二点就是"形式"问题："中国古代学术从没有编成系统的记载。……我们要编成系统，古人的著作没有可依傍的，不能不依傍西洋人的哲学史。所以非研究过西洋哲学的人不能构成适当的形式。"[①] 蔡元培先生的观点成为20世纪中国学界的时尚，它的略有转折的表述是：学问上的新突破有赖新方法的使用。事实上是，对我们来说的新方法，多半是西方已有的方法，且是指学问的形式框架。这样的裁剪势必会遇到内容和形式的不相协调，这在有的学问门类中暴露得充分一点，如语法

---

① 胡适：《中国哲学史大纲》卷上，商务印书馆，1919年初版，1987年影印，"蔡序"第1页。

学。西文拉丁或日耳曼语系的语法皆以词法和句法两大部分组成，词法依词性作分别的阐述，可是汉语中却是"词无定品"。事实证明，依西文语法学框架构筑的《马氏文通》汉语语法是不成功的。

●难怪我在读胡适的《中国哲学史大纲》这部著作时，常感到胡适是以西方哲学的立场和方法在评估和改造中国哲学。后来我读到金岳霖先生的话，证实了我的感觉。他说，胡适之先生的《中国哲学史大纲》就是根据于一种哲学的主张而写出来的。我们看那本书的时候，难免一种奇怪的印象，有的时候简直觉得那本书的作者是一个研究中国思想的美国人。

○我要斗胆说，金岳霖先生也犯有同样的毛病，我指的是他的《论道》一书。那本书极似黑格尔的《逻辑学》，不过金先生使用的术语是中国传统的。他要把中国传统哲学中的基本概念整理出来、调和起来，使所有的基本概念成为一套形而上学的思想体系。黑格尔也演示过概念的逻辑体系，不过早在黑格尔演示这个体系之前，西方人已经在哲学中习惯于将概念作逻辑的规定，凭着这种逻辑规定性的概念，黑格尔能从最普遍、最抽象的 Sein（是）中推论出特殊的、更加具体的各种 das Seiende（是者或所是），从而把哲学说成是概念自身的运动。金岳霖先生说"道曰式、曰能"，从道中推出式、能，这似乎也是概念自己在运动。但是，"道"从来不是一个逻辑上规定的概念。从"道"推出式、能以及一切其他的哲学概念，其动力是什么呢？这显然也是借用西方哲学的形式在裁剪中国哲学。金先生与胡先生不同的是，他们所借用的是两种不同流派的西方哲学的形式。金先生在《论道》一书中，借重的是欧陆理性主义哲学，具体来说是指本体论哲学的方法。

●这样来看，问题还真不少。况且我们这里涉及的主要还是哲学领域，对其他领域还未能深入观察呢。我倒担心以这种眼光去审视20世纪中国学术,不知该如何评价了。

○当然是实事求是的评价。我以为20世纪中国学术自有它不可磨灭的历史地位。为了说明这一点,我想先借用梁启超先生在《清代学术概论》开头泛论"学术思潮"的一种说法。他把"学术思潮"看成似乎是有生命的过程,分为启蒙期、全盛期、蜕分期、衰落期四个阶段,类似佛说一切流转相的生、住、异、灭。关于第一个阶段,他是这样叙述的:"启蒙期者,对于旧思潮初起反动之期也。旧思潮经全盛之后,如果之极熟而致烂,如血之凝固而成瘀,则反动不得不起。反动者,凡以求建设新思潮也。然建设必先之以破坏,故此期之重要人物,其精力皆用于破坏,而建设盖有所未遑。所谓未遑者,非阁置之谓。其建设之主要精神,在此期间必已孕育,如史家所说'开国规模'者然。虽然,其条理未确立,其研究方法正在间错试验中,弃取未定,故此期之著作,恒驳而不纯,但在淆乱粗糙之中,自有一种元气淋漓之象。"① 我以为,总的来说,20世纪基本上就是对旧学进行破坏的时期,这是学术发展中不可缺少的一步,也是一项伟大的工程。我们发现,破坏旧学的方式是借用西方学术的分类和方法,对旧学进行剪裁而使之解体。而对旧学单纯剪裁,导向的结果必然是对西方学术的某种模仿。我们在胡适的《中国哲学史大纲》中已看到了这样的剪裁和模仿。

仅管剪裁和模仿可能是20世纪中国学术发展的一个必须环节,但这毕竟不是中国学术的真正研究。所以,胡适以后,越来越多的学者尝试从中西融会的角度,探索中国学术自身的发展道路,开始以突破剪裁和模仿的态势,推进20世纪中国学术的发展。特别在20世纪行将结束的年代,经过中西文化比较的充分酝酿,人们对

---

① 梁启超:《清代学术概论》,东方出版社,1996年,第2页。

通过裁剪旧学而建立的新门类学科在形式与内容上的矛盾和不足，有了清醒的认识，以更扎实的功力和深沉思考，重建中国学术的体系，预示了20世纪中国学术发展全盛期的到来。

原载：上海中西哲学与文化比较研究室编：《中西文化与20世纪中国哲学》，学林出版社，1998年

# 十一、移花接木难成活
## ——评金岳霖的《论道》

道是中国古代哲学的核心概念。金岳霖的《论道》,表达的却是西方哲学的观念与体系。冯友兰盛赞这本书做到了"现代化与民族化融合为一,论道的体系确切是'中国哲学',并不是'哲学在中国'"[①]。其实,这本书是借用中国传统文化资源直接写作与西方接轨的中国现代哲学的典范,是移花接木的样板。我们已经阐述过在中国哲学史学科建设中依傍西方哲学这条路走不通[②],那么,金岳霖以《论道》移接西方哲学的尝试行不行呢?也就是说,金岳霖这部著作能否被中国传统文化所容纳、消化,被中国人所接受?这就涉及今后中国哲学的走向。

## (一)《论道》的观念和方法是西方哲学的

冯友兰说《论道》是一部中国哲学的著作,然而在我看来,《论道》骨子里本来是一部西方哲学的著作:不仅是哲学的观念,而且包括方法,都是西方哲学的。

---

① 冯友兰:《中国现代哲学史》,广东人民出版社,1999年,第198页。
② 参见《学术笔谈·走出对西方哲学的依傍》,《学术月刊》2004年第2期。

我们先来看一下金岳霖在这部著作中所表达的哲学观念。我们知道，西方哲学的核心是 ontology，即"是论"。金岳霖承认自己的这部书是以"道"为"题材"做成的"元学"①。冯友兰为之注解说："元学（本体论，形而上学）是哲学的中心，它跟哲学的其他部门不同。"② 这就是说，"是论"（即所谓"本体论"）是我们理解《论道》一书的重要背景。

"是论"原本是西方哲学的核心。它也被称为纯哲学或"第一哲学"，甚至是"哲学的哲学"。其基本特征是设立了一个超验的领域。这个超验领域在柏拉图那里表达为理念世界，在近代理性主义哲学中表达为纯粹概念思辨的本质世界。它们分别与可感世界、现象世界构成了二元对立的图像。对于这种哲学来说，关键在于超现象世界的设立。金岳霖之论道，正在于设立这样一个超验的领域。他在这本书的绪论开头，就预料了人们对他写这本书可能产生的疑问："知道我的人们也许会感觉到一个向来不大谈超现实的思想的人何以会忽然论起道来。"（第1页）这说明他借着论道所要谈的，确是超现实的思想。

而在中国人的传统观念中，得道是一种高明的境界，但却并没有超现实的意思。因为道被认为是普遍存在于一切事物的过程中的，即所谓"道不离器"。"得道"这个说法更表明，道是人当下所能够体验、把捉的东西，得道是对人自身状态的描述。然而西方哲学的超验世界与日常思想不同，只能通过概念在思想中予以理解。用黑格尔的话来说，日常的思想是表象性的思想。表象性的思想总是对于某事物的思想，故也可称为对象性的思想。中国传统哲学中

---

① 参见金岳霖：《论道》，商务印书馆，1985年，第16页。下引此书，只注页码。
② 冯友兰：《中国现代哲学史》，第198页。

并没有一个超验的领域，因而也没有与之对应的脱离实际的纯粹概念性的哲学。为了从本来并不存在超验世界的中国文化背景中建立起超验的世界，金岳霖必须先引导读者学会概念思考，以开辟出超验的领域。

我们看到，金岳霖是通过两个方面问题的分析来引导到概念性思想的。首先是区分思想为动、静两态：动的思想指的是思想过程，其所思想的是殊相生灭的历程；静的思想没有时间上的历程，只有条理上的秩序。不难看出，他所谓动的思想是以事物为内容的思想，即所谓"殊相生灭的历程"；静的思想则"不是历程而是所思的结构"，即对思想本身作反思时才能见出的东西。他说："我个人寻常所注重的是静的思想，我这本书所表示的也是所思的结构。"（第1页）

其次，金岳霖分思想为想象和思议。思议和想象的区别在于："思议底范围比想像宽。可以想像的例如金山、银山、或欧战那样的大战在一个人脚趾上进行，都是可以思议的，但是可以思议的，例如无量、无量小、无量大、或几何底点线等等不必是可以想像的"（第3页）。由此可见，所谓"想像"仅仅限于表象性的思想，思议则包括表象性思维和理论思维。严格说来，纯粹哲学的思维只是金岳霖所说的思议中的理论思维，而应当把表象性的思议剔除在外。这可以联系他对休谟的议论进一步见出。他认为，休谟的 idea 当译为"意像"，而不译为"意念"或"意思"："他底哲学只让他承认意像不让他承认意念；意像是具体的，意念是抽象的；他既不能承认意念，在理论上也不能有抽象的思想，不承认抽象，哲学问题是无法谈得通的，因果论当然不是例外。"（第4页）他批评休谟的考察停留在意象的水平上，他自己则主张应进入意念、意思的层面。这里的意念，用现在通行的话来说，就是普遍性的概念。这番议论意在引导思想进入纯粹概念的思考,因为只有运用普遍性的概念才能打开超经验的思想领域。

哲学不以任何特殊的领域为自己研究的对象,其核心部分尤其驰骋在超验的领域,其中使用的普遍概念也不指示实际的事物。失去了对经验事物的凭借,思想就只能是依赖逻辑的纯概念的动作。金岳霖说:"我们要知道思议的范围就是逻辑,思想底限制是矛盾,只有矛盾的才是不可思议的。这当然就是说只有反逻辑的才是不可思议的,而可以思议的总是遵守逻辑的。"(第3页)这就进一步迎合了西方哲学"是论"的逻辑推论的特征。在西方哲学中,"是论"正是以纯粹概念的逻辑推论构造的原理体系。

所谓原理体系是指它提供一切知识的最终解释。思想不是仅仅为了游戏而遵守逻辑,思想遵守逻辑是为了对世界给出说明。问题在于,是否只要思想遵守逻辑,就能得到关于世界的正确解说呢?金岳霖对此是肯定的。他说:"从逻辑这一方面着想,任何世界,即与现实世界完全不同的世界,只要是我们能够想象与思议的,都不能不遵守逻辑。……任何可以思议的世界都是遵守逻辑的世界。"(第3页)他的理由是,逻辑运作能够穷尽一切可能的必然命题,而现实世界的事情无非是其中一种可能性的实现。他在绪论中回顾了自己这一认识的形成过程。他说,他早就景仰于数学家坐在书房里运算,不必考虑自然界,而自然界却毫无反抗地自动地接受数学公式。后来研究逻辑,他又感觉到逻辑也有那闭门造车、出门合辙的情形:

> 近来经奥人维特根斯坦与英人袁梦西底分析才知道逻辑命题都是穷尽可能的必然命题。这样的命题对于一件一件的事实毫无表示,而对于所有的可能都分别地承认之。对于事实无表

示，所以它不能假；对于所有的可能都分别地承认之，所以它必真。它有点像佛菩萨底手掌，任凭孙猴子怎样跳，总跳不到手掌范围之外。假如算学与逻辑是类似的东西——我不敢肯定地说它们是类似的东西——也许自然界之遵守算学公式就同事实之不能逃出逻辑一样，而前此以为自然界因遵守算学公式而有算学式的秩序那一思想不能成立。假如算学同逻辑一样，自然界尽可以没有秩序，然而还是不能不遵守算学公式。（第2—3页）

这就是说，数学和逻辑一样，揭示出一切可能而必然的东西。尽管它们不一定都实现出来，但凡是实现出来的事情都不外乎是数学和逻辑中已经得到揭示的东西。追求这种知识正是西方传统哲学的宗旨。冯友兰摘引了上述这段话，把它当作是金岳霖《论道》一书"现代化特点"① 的标志。

冯友兰另有一段话，也可资说明金岳霖《论道》一书的哲学观念："宇宙及其中事物的发展，是一个由'可能'到现实的历程。古今中外的大哲学系统，都以说明这个历程为其主要内容。金岳霖的《论道》的内容，也是说明这个历程。"② 说中国古代哲学也是以论说宇宙由"可能"到"现实"的历程，这是值得商榷的，因为中国古代哲学虽然也包含关于宇宙世界的学说，但其重心在做人。至于说中国哲学谈宇宙的时候划分出"可能"和"现实"两个世界，更是值得商榷。西方哲学中的"可能"世界是标志逻辑构造的世界的特征，它同超验世界的设立有关。西方哲学从柏拉图起，划分出

---

① 参见冯友兰：《中国现代哲学史》，第195—196页。
② 同上书，第178页。

理念世界和可感世界，前者是知识的对象，后者是意见的范围。从这个基本的二元对立中，发展出理性和感性、本质和现象、客观和主观、必然和偶然、普遍和特殊、逻辑和事实等一系列二元对立，"可能"和"现实"即其中之一。中国哲学既没有设立一个超验的世界，自然就没有从与现实对立的意义上谈论一个"可能"世界的必要。

由于西方哲学一开始就认定，真理、本质存在于超验的世界，是理性通过概念把握的世界，于是就致力于把它表述出来，以为由此出发可以达到普遍知识或绝对真理。概念的界定、逻辑的使用都是在表述这种真理的需要而发展出来的；反过来，也只有把握了概念思考的方法，才能进入超验的领域。而这，也许正是金岳霖在《论道》一书的绪论中要区分静的思想和动的思想、区分思议和想象的原因吧！

## (二)《论道》的难点也是西方哲学的

西方哲学当然也有不同的流派，主张超验世界的，主要是其中的理性主义一派。理性主义从一开始就伴随着自己的对立面——经验主义或者非理性主义，并且其对立面也随着所讨论问题的发展而发展。理性主义之遭受反对，是由于超验世界的设立导致的二元对立的矛盾本身所造成的。然而，其对立面的出现并不表示二元对立的克服；相反，他们与理性主义的共存，倒是二元对立的放大。这就是说，二元对立不仅仅是理性主义这一派的理论内部矛盾。理性主义和经验主义的对峙，这一现象本身是西方哲学整体的二元分裂特征的体现。凡治西方哲学而稍深入者，总免不了处理这一矛盾。金岳霖既承袭了西方哲学的观念和路子，那么，尽管他使用着中国传统文化的资源，也就不得不面对这些矛盾。

笔者注意到，有两个问题突出反映了金岳霖试图克服二元对立的努力。

第一个问题是：纯粹思想的逻辑推论是否能揭示世界的真理？在西方哲学中，这是所谓思想和存在的同一性问题，是一个需要论证的问题。金岳霖意识到了这个问题，《论道》绪论中关于"所与"和"事实"的讨论就是针对这个问题的。所谓所与，是指整个呈现在我们面前的世界是"原料"；所谓事实，是指经过人的观念整理了的"所与"，或者说，是得到我们认知的世界，是"加上关系的原料"。他举例说："某人只有四十岁，青年会到清华园不过十多里，他底大褂长四尺四寸，罗斯福是美国总统，我欠他五百元法币；假如这些话都是真的，它们都表示事实。可是，纯客观的所与无所谓'岁'，'里'，'尺'，'寸'，'总统'，'法币'。显而易见地事实不就是客观的所与。"（第6页）照常识，所谓客观，指的是不依赖于人而独立存在的事物，前述"所与"应当是客观的；而他所谓的事实倒因为经过了人的整理、认知，因而是带有主观性的。但是照他的规定，"所与"无所谓客观，只有事实才是客观的。他对客观的定义是："所谓客观地如此如彼，就是在某某条件之下不得不如此的如此不能不如彼的如彼；而客观地是甚么就是在某某条件之下不得不是甚么的甚么。……事实有这样的客观性因为它不是光溜溜的所与而是引用了我们底范畴的所与。"（第6页）这就好比有一条路是单纯的"所与"，无所谓客观不客观；只是当我们不得不认定它长十里（而不是任意的长九里或十二里），这才成为客观的事实。既然这样规定出来的事实才是客观的，问题就成了为什么大家都认定它长十里。看来大家的思想都在遵守某种不得不遵守的准则。如果说，"认定一条路长十里"遵守的是共同的度量衡，那么，从更一般的意义上说，思想活动遵守着某些具有必然性的范畴，这才使"所与"成为具有客观性的事实。

我们看到，在需要说明思想的东西为什么可以规范事实并能揭示事实的客观本质的问题上，金岳霖把客观性寄托到思想的方面：事实之不得不如此，是由于我不得不如此去考量它；我之不得不如此去考量它，则是由于我不得不遵循范畴的逻辑。他的这个关于客观性的观点与康德的观点颇为相似，但又有重大区别。康德认为，只有具有普遍性和必然性的知识才是客观的，数学和自然科学知识就是这样的客观知识。但是，我们通过感官获得的关于自然界的经验材料（即金岳霖的"所与"）并不含有普遍必然性，除非是我们在整理经验材料时所运用的工具已经包含着普遍必然性；经过这番整理以后形成的知识，才可能具有普遍必然性。这里说的"工具"，就是康德所谓的人的理性能力，即运用概念规范经验材料并进行逻辑推论的能力。但是，康德只限于解释数学和自然科学这类"事实"，而没有涉及科学范围以外的事实，因为在他那里，只有数学和自然科学被认为是具有普遍必然性，因而是客观的知识。金岳霖则是泛指一切事实，举的例子是年龄、长度、身份、货币等事实，这些并没有普遍必然性可言。例如，当确定"一条路长十里"这一客观事实时，就须先假定世间只有一种共同的度量尺度。假如采用公里为尺度，或者以走这条路所需的时间为尺度，情况就完全不一样了。事实上，我们不仅有公尺和市尺之别，就是中国古代的一尺和今天的一市尺也是不一样的。同样，"总统"只是现代民主社会中才有的，"法币"更是在很短暂时期内流通的货币。既然这些事实本身并没有普遍必然性，它们就不能成为我们具有运用范畴的能力的根据。金岳霖《论道》一书也采用逻辑推论的形式，却并没有交代，何以这些概念具有逻辑规定性，因而能对它们作逻辑的推论。例如，怎么能从道的概念推论其中包含"式"和"能"？

金岳霖所谓的客观性也是值得讨论的。黑格尔批评康德的客观性概念既是客观的又是主观的，有矛盾。黑格尔本人的观点是："思想的真正客观性应该是：思想不仅是我们的思想，同时又是事物的自身，或对象性的东西的本质。"① 黑格尔的话把西方哲学二元论的矛盾暴露无遗：二元论的根子是现实世界和超验世界的割裂，在意识中表现为感性和理性的割裂。黑格尔为了弥补裂缝，说思想又是事物自身。但是，说思想又是事物自身，我们能想通吗？问题在于，西方哲学一开始就作了二元划分，在二元分裂的基础上发展起来的哲学想克服内部二元对立，是不可能的！

与此有关的第二个问题是：我们如何获得能够用来规范所与的普遍性的概念？一种简单的想法是，我们可以根据归纳法，从个别达到普遍。从归纳得到的概念可以是类概念，也可以是表达某种抽象性质的概念，即共相。不过，从经验的概括得到的这种普遍性的程度总是受到经验局限的。对于这个问题，金岳霖的办法是划分先天和先验。他认为归纳原则本身是先验原则，而不是先天原则。虽然他并没有告诉我们先天和先验的区别，但是他的有关论述给我们的印象是：先天是不依赖经验的、天生就有的原则，先验则是源于经验又超出经验的原则。他的具体论述的大致意思是说，归纳的实质是用我们的范畴去安排经验的所与，就好像把新书安放到图书馆书架已经划定的位子中去。只要经验的所与源源而来，我们总是在作这种安排。如果笔者对他的想法没有误解的话，那么笔者就能说，他的论述不足以回答概念来源的难题。在他这里，图书馆的架子已经有了，而我们的问题在于：图书馆的架子是怎样设计出来

---

① 黑格尔：《小逻辑》，贺麟译，商务印书馆，1980年，第120页。

的？即它的那些分类原则是如何确立的？照金岳霖的说法，问题似乎不难："新书来了之后，不摆在这一格就摆在那一格，即令原来的格子不够，我们也可以新创一格。"（第8页）但是，我们如果没有同、异的观念，如何能把一本新书归入既定的某一格或为之新辟一格？而如果我们承认有同、异观念，那么它们又是从哪里来的？如果认为从经验的概括可以得到同、异的观念，那么，我只要提醒有这么一种说法：天底下没有两片树叶是完全一样的。

笔者注意到，金岳霖论述的要点，不在于由归纳得到的结论是不是普遍有效，而在于归纳原则本身是不是一个先验原则。他认为，归纳法出现反例，并不能推翻已有的事实；如果出现了反例，就把反例也包括在结论中，归纳仍然可以继续下去。但是，如果他的《论道》一书是根据归纳原则建立的一些普遍命题，人们自然主要是看这些命题表达的道理是否普遍有效。如果出现了反例，那么这些命题的普遍有效性就是成问题的。命题出现了问题，再要申明这些命题所从出的方法为一先验原则，又有什么意思呢？这是笔者对他的论述不十分明白的地方。

下面我们再来看他关于范畴和时间的说法。

关于范畴。照金岳霖的说法，范畴是我们做铸件时的模子。然而这个比喻说法是不确切的。因为我们对世界的认知决不限于感觉的层面，而是要深入到事情的所谓本质，即深入到普遍必然的关联。我们怎样得到有关事物普遍必然的知识？如果范畴的应用是普遍必然性知识的来源，那么范畴就决不只是模子那样的东西，而是具有逻辑推理功能的工具。这样的范畴在康德称为纯粹理性概念，在黑格尔称为绝对理念。黑格尔尤其强调作为逻辑规定性的概念与表象思维的概念的区别，认为用作逻辑范畴的概念是不能同时用作表象性概念的。而金岳霖说，一切范畴都是概念，又说概念都既有形容的作用又有范畴的作用，这岂不是说，范畴也有形容和范畴两种作用吗？但是，作为逻辑规定的范畴只有摆脱了表象才能用作逻辑推论；反过来说，用表象的概念是不宜作逻辑推论的。例如，作为逻辑范畴，整体容纳部分，反之则不行。这里说的整体和部分都只能是脱离了表象的概念，否则将导致混乱：一个个的人是整体，而船舱只是船的部分；许多人坐在船舱里，岂不是部分容纳了许多整体？人站在乐山大佛的脚趾上，也要成为整体在部分中了。所以，黑格尔在其《逻辑学》的导论里，一再强调纯粹概念的思维和表象性概念的思维的区别。逻辑范畴是不指示实际的，反过来说，只有不指示实际的概念才可以充当范畴，进行逻辑的推论。然而，既然逻辑范畴是脱离实际的，那么，从它们的推论得到的命题是否是对实际事物的描述就是一个难题。正像康德说的，从上帝是一个完满的"是"，存在属于完满的"是"，推得上帝存在，这样推论出来的存在只是一个逻辑的规定性，它与我口袋里有一百元钱的实际存在不是一回事。金岳霖试图事先规定范畴除了作为范畴（逻辑功能），同时还有形容功能，以克服纯粹哲学的理论和实际之间存在的鸿沟，问题在于，兼有这两种功能的概念还能用作逻辑推论吗？

关于时间。金岳霖明白地说，"逻辑本来就没有时间"（第11页）；所谓"逻辑的先后"，只是理论上的"条理"（第5—6页）："纯粹的逻辑命题彼此都是彼此底必要条件，否认任何一逻辑命题也就否认任何其他的逻辑命题。它们只有系统上成文的先后，没有系统之外超乎系统的先后。"（第5页）我十分同意这些说法。所谓逻辑的超时空性质，主要是由于逻辑概念的超经验性质决定的。这里说的逻辑概念不仅是指形式逻辑中的概念，也指纯粹哲学（"是论"，或金岳霖所谓的"元学"）的概念。纯粹哲学不是任何特殊的学问，没有自己特定的对象领域，但是却标榜自己为最普遍的知识或绝对的原理,于是其所使用的概念当然也就不能指示任何特定的对象。一切特定的对象都是在时空中的,不指示任何特定的对象的概念,就意味着它们是超时空性质的,以至于人们可以说,理论思维的概念"红"并不红,甚至理论思维的"时空"概念并不是真实的时空。如金岳霖所说,"由纯理出发我们底概念是绝对的,从绝对的概念这一方面着想,我们免不了想到绝对的时空"(第12页),这绝对的时空正是超时空的另一种表达。在这种情况下,这些概念只能靠相互之间的逻辑规定性获得意义。反过来说,也正因为它们是些逻辑规定性的概念,它们才能被用来作逻辑的推论以构造纯粹的原理。然而,纯粹哲学的困难也正在这里:由于逻辑不在时间中,或者说逻辑是超时空性质的,所以,仅凭范畴的逻辑推论构造出来的"元学",如何能展开为时空中的现实世界?

金岳霖显然也遇到了在时间问题上反映出来的纯理与现实之间矛盾的困扰。一方面,他表明自己注重的是静态的思想,其中有条理而无时间;另一方面他又说:"我觉得我之所谓'现实','实在','事实','存在',无一不以时间为主要的因素。"(第11页)一方面,纯理思考的是"绝对时间";另一方面,"绝对的时空似乎为科学所打倒"(第12页)。最后,他决定:"在这本书里,绝对与相对的时空都分别予以承认之"(第13页),并且把时间隐藏在"能"这个概念中。他说,他在《论道》一书第一章中"能有出入"这句话里,就已经蕴含着时间的重要性的意思了:"如果我们承认能有出入,我们已经承认时间,我们承认时间,则在现实的历程中我们这样的世界不会没有。"(第12页)但是他并没有交代清楚:"能"为什么蕴涵时间?他的这个设定的根据是什么?问题仍然存在着:纯粹概念思考的哲学理论究竟能否用于对现实的说明?

以上这些说明,金岳霖《论道》这本书完全是依傍西方哲学的观念来写的。所谓"元学",其要旨在于建立一个纯粹理论的世界。既为纯粹理论的世界,又要兼顾现实世界,这是自柏拉图以来西方哲学一向存在的二元论的困境。金岳霖在《论道》的绪论中试图解除这个困境,但是结果表明,他自己也陷入了这个困境中。不过,也正因为深深地陷入困境中,才见得金岳霖对于西方哲学的了解。

## (三)《论道》之为中国哲学的质疑

金岳霖移花接木,用中国传统文化中道的观念表达西方哲学的观念与体系,这条路走得通吗?笔者以为困难颇大。

首先,我们没有西方哲学那样使用概念的习惯。对语言使用的不同习惯,反映出来的是中西文化背景的重大差别。这就使得以中国传统文化的语言完全表达西方哲学的观念不太可能。

西方哲学的术语虽然大多也见于日常语言,但哲学的语言,尤其是作为西方哲学核心的纯粹哲学原理部分的语言,是一种与日常语言相去很远的语言。这主要是因为,它被运用于一片超经验的领域。如果说,我们日常语言的概念是表象性的概念,那么超经验领域的概念则是逻辑规定性的概念。关于这一点,马克思和恩格斯在批判黑格尔主义的时候早已有所揭露:"正像哲学家们把思维变成一种独立的力量那样,他们也一定要把语言变成某种独立的特殊的王国。"① 超经验的领域以及逻辑规定性的概念肇始于柏拉图的理念论,其历经两千多年的发展,已经成为西方文化的一部分。例如,黑格尔的《逻辑学》以"有"(即"是")为全部逻辑学开端,说它"没有任何更进一步的规定。有在无规定的直接性中,只是与它

---

① 马克思、恩格斯:《德意志意识形态》,人民出版社,1961年,第515页。

自身相同，而且也不是与他物不同，对内对外都没有差异"①。这完全是逻辑的语言。唯其如此，对于已经习惯了逻辑思维的人来说，这才能逻辑地过渡到"无"的概念。对照金岳霖的《论道》，开首的命题是"道是式—能"（第19页）。他在绪论中事先说明，"本书底式类似理与形，本书底能类似气与质，不过说法不同而已"（第13页）。冯友兰为之解释说，"金岳霖所说的'式'和'能'相当于理学所谓'理'和'气'……他的说明往往和理学相合"②。理学是不是像西方"是论"那样的学问，自当别论，但是既然经营"元学"，似乎应当体现出逻辑的必然性。而有一点是可以肯定的，在中国传统哲学中，尽管对道的说法各家不尽一致，却没有一家把它当作一个逻辑规定性的概念来理解的。这里我们不免要提到另一位前辈陈康。他谈到他所不取的几种治学方法中，有一种是"用从半空中飞下来的结论作推论的前提（'道曰式，曰能……'）"③。显然，陈康也不认为道的概念可以成为逻辑推论的前提。

也许人们会说，即使中国传统文化没有将道用作逻辑概念，何妨现代人对它作出逻辑的规定并加以使用呢？我想，那样的话，最终也不过是用中国话来讲西方哲学。用金岳霖自己的话来说，叫作"旧瓶装新酒"。翻译西方哲学也是以中国话讲西方哲学，但比较起来，可能还是这样好一些。在翻译中新创的术语往往更能传达中国传统哲学中本来没有的观点和方法，而减少造成混淆的可能。例如，金岳霖用"式"表示"理"与"形"，"能"类似"气"与"质"（第13页）。理解金岳霖的冯友兰说，"式"和"能"相当于

---

① 黑格尔：《逻辑学》，杨一之译，商务印书馆，1974年，第69页。
② 冯友兰：《中国现代哲学史》，第177—178页。
③ 陈康：《论希腊哲学》，商务印书馆，1990年，第2页。

理学所谓"理"和"气"。笔者则认为,那就直说"理"和"气"好了。金岳霖又谈到共相和 Stuff,那也何妨不就直接说是"形式"和"质料"呢?

语言的使用归根结底与人的生存状态相关。从逻辑的方面去规定道以及一整套中国哲学的术语(逻辑的概念只成立于逻辑体系中,一个孤立的概念是不能成为逻辑概念的),势必要求中国人的生存状态有很大的改变。前面已经说过了,西方哲学对哲学所作的逻辑规定和使用,是同超验世界的设立密切相关的。这里还可以进一步说,这个世界不仅是绝对真理的世界,在基督教中,也是神的世界。他们对语言的使用,是与他们的生存状态联系在一起的。反过来说,也只有对西方那种生存状态来说,那种语言才是必须的。当一个非西方民族把自己民族的语言改造得像西方民族的语言一样时,势必伴随着生存状态的改变。且不说这是否必要,甚至它是否可能也是一个问题。而如果真当一个民族完全从自己的生存状态变到另一种生存状态的时候,她的民族性也就荡然无存了。

其次,以为西方哲学是普遍的哲学,或者是哲学的普遍形式,这个观念现在受到了挑战。既然如此,搞哲学必须依傍西方的想法也是没有必要的。

过去,人们惊异于逻辑推论的必然性的力量,总觉得逻辑具有客观的性质,它与人自身的状态似乎是无关的;由这一途径构造出来的哲学所反映的是客观真理,那是人人不得不遵守的。现在人们对逻辑的实质有了较深入的认识,开始意识到,逻辑的运作也不可避免地关涉到运作者自身的一种特定的状态。在这里,人必须剥离自己的情绪、好恶等意识活动,听凭逻辑的法则,好像解数学题须依据数学公理,让逻辑自己展开出来。而当维特根斯坦说出,语言的逻辑其实是人自己制定出来的游戏规则时,逻辑的神秘性就进一步消散了。原来逻辑之为逻辑,联系着人自身的一种可能的生存状态。人们可以逻辑地思想,但人并非只能逻辑地思想。人也不是只有逻辑地思想才是人,生活中人的意识方式是多样的,它们都是人展开出自己生命意义的方式。随着世界各国人民交往的日益频繁,人们越来越意识到生存方式的多样性。与此相应,世界上也存在着各种不同形态的哲学。中国哲学以其提供的一种特有的形态,在这一趋势中扮演着一个重要的角色。从这个角度考虑,无论是中国哲学史这门学科的建设,还是中国哲学将来的发展,都不能走依傍西方哲学的道路。

最后,哲学的发展不能离开哲学史。中国哲学和西方哲学的发展都离不开各自的哲学史。一个民族的哲学总是围绕着历史上形成的哲学问题,结合现实生活中出现的新情况来推动哲学发展的。而在金岳霖的《论道》一书中,却没有中国哲学史的历史痕迹。但是,冯友兰并不这样看。他认为金岳霖的《论道》是接着宋明道学讲的,道学分理学和心学两派,他自己和金岳霖是现代中国理学派的代表[①]。冯友兰的这个论断也是值得商榷的。冯友兰和金岳霖接受的都是西方哲学的观念,他们的哲学思考中都有二元的划分。照冯友兰的看法,道学讨论的是共相与殊相、一般与特殊的关系[②]。如果真是这样,那么他把自己和金岳霖归入新理学也许是有道理的,然而这种面貌的宋明理学是他用西方哲学的观念去考量的结果,关于这一点曾有人指出过了[③]。如果宋明理学不当作这样的概

---

[①] 冯友兰:《中国现代哲学史》,第174页。
[②] 冯友兰:《中国哲学史新编》第五册,人民出版社,1988年,第12—17页。
[③] 例如,劳思光先生就认为,冯友兰先生从西方形而上学的角度看待宋明理学,对于道德问题不甚了了;其失误处在于:(1)作特殊和普遍的划分;(2)忽略主体性。劳先生并称此为新实在论的柏拉图主义(参见劳思光:《中国哲学史》第1卷,三民书局,1981年,第3、347页)。劳思光先生依据的同样是西方哲学的观念。

括，结果又将怎样呢？

虽然哲学的发展离不开哲学史，但我们不应坐等中国哲学史的面貌澄清以后才去发展。哲学发展到了今天，正出现一种新的情况，即从古希腊延续下来的哲学观念正在发生变革。这一变革是出于西方哲学内部矛盾的结果，也是世界各民族文化空前大交流、新一轮的比较研究的结果。我们期望，通过新一轮的比较研究，不仅中国哲学的面貌将得到进一步的澄清，而且中国哲学也将能为全人类哲学观念的更新作出贡献。

原载:《学术月刊》2005 年第 9 期

# 十二、论中国哲学形而上学的精神

如果以西方形而上学为标准,无论就严格意义上的纯粹概念的原理系统而言,还是宽泛意义上的普遍性知识①而言,中国哲学都不存在那种形而上学。然而,中国人的思想行为决不是毫无根据的,而且,中国人对于根据思考得很深,根据还有根据,直到最初的根据。就形而上学作为最初的根据而言,中国哲学当然有自己的形而上学。不过,中国古代文化没有西方文化那种分类,曾经连哲学这个词也没有,自然也没有把形而上学作为单独的学问标示出来。从中国传统文化的资源中把形而上学提取出来,建立为中国哲学的核心内容,是当今时代提出的任务。本文不可能对中国形而上学作面面俱到的阐述,只是从比较的角度,把中西两种形而上学的特征凸现出来。

那么,中国哲学的形而上学究竟是什么呢?在浩如烟海的中国哲学典籍中选择什么内容才能刻画出中国哲学形而上学的特征呢?正像西方形而上学有不同的流派一样,中国的形而上学也不是定于一尊的。虽然如此,我们还是能够找到阐述中国哲学形而上学的途径。最简单地说,中国哲学有儒、道、佛三家,其中儒、道两家是

---

① 前者如柏拉图式的,后者如亚里士多德式的。

中国原生的，来自印度的佛学虽然保持着自己的独立性，然而，它的教义实际上已经在很大程度上被中国化，它主要是受到儒家思想的影响，同时，佛学教义也给予儒家以很大影响，这在宋、明理学中表现得很明显。那么，中国哲学形而上学从儒、道两家入手，这应当是能够得到大家认可的。而中国儒、道两家又都共同尊奉《周易》，这也是讲出处、讲根据的书。所以，这里拟先从《周易》谈起，然后，以庄子为例分析道家的形而上学，再及孔门儒学的形而上学，最后泛论以道为旗帜的中国哲学形而上学精神的特征。

## (一) 中国哲学形上、形下观念的起源：以《周易》为例

### 1. 卦象的起源及其意义

现在流传的《周易》分为"经"和"传"两部分，"传"也称"十翼"，是对卦象和卦名的一系列文字解释。人们主要是根据这些文字来理解"易经"内容的，这些文字也是我们研究它的形而上学特征的主要材料。本文把《周易》作为讨论中国哲学形而上学的开端，是因为其中"经"的起源很古老；同时，现在我们用来翻译metaphysics的"形而上学"中的"形而上"三个字就是出自《系辞传上》中的一句话"形而上者谓之道，形而下者谓之器"。

为了理解《周易》"形而上""形而下"的意思，必定要联系到卦象。"形而上"和"形而下"是辅导我们阅读卦象的。关于卦象，总让人们感到很神秘，尤其是，它们最初是用来占卜的，现代的人多数会把它当作迷信。然而，古代人真是通过这种手段对国家、宗族乃至个人命运攸关的重大事情进行预测、作出决断。如果这些都是迷信，那么，在这样重大的问题上依赖于占卜，肯定是很愚蠢

的，而且是会频频带来灾难的，这种方式也不可能流传千年之久。当我们"同情地"看待《周易》，把它看作是古人对重大问题作决策时的依据，那么，我们就不会把当时的占卜粗暴地等同于今天的迷信。重要的是，我们要发现，这种占卜活动在怎样的情况下才能够有效。

当这样去考虑的时候，首先想到的是，世界上的事情总是变化莫测的。正因如此，才产生出要了解未来变化的要求，以便根据变化做出适当的决断，趋吉避凶。《周易》的要点正是讲变化的，所谓"易"有三义——变易、不易、简易，讲的都是变的道理：在复杂无常的变化中把变化的格式找出来，它就是简易的，也是相对不易的。六十四卦正是对各种可能的变化格式的罗列，使人们从纷繁复杂的变化中理出一种把握变化的头绪。要理出头绪，首先要求明确导致变化的原因。中国古人认为，一切变化无非是两种对立的因素造成的，一种是刚健的、主动的因素，另一种是柔顺的、被动的因素。这种想法并非只见之于中国古代。在古代印度，人们把一切归结为善和恶这两种力量斗争的结果；在古希腊，赫拉克利特谈到有一条上升的路，一条下降的路，恩培多克勒谈到过有四种元素——水、火、土、气，它们根据爱和恨两种力量相聚相离，组成世界万物，等等。但是，印度民族和希腊民族都没有就变化的格式作深入的思考，只有中国古代的先哲，对于两种因素如何具体导致各种变化的种种格式作了深入的总结和归纳，总结出六十四卦，其中以一划为阳爻、表示刚健的方面，以中间断缺的一划为阴爻，表示柔顺的方面，它们在每卦六个爻位上的分布，表示阴阳两种力量相遇的种种可能情况。

六十四卦中的每一卦就是一种变化的格式。第一卦称为乾卦，总结的是纯粹刚健的方面变化的格式，阳爻自下而上分布在六个爻位中，它们的意义分别是："初九，潜龙勿用"；"九二，见龙在田，利见大人"；"九三，君子终日乾乾，夕惕若，厉，无咎"；"九四，或跃在渊，无咎"；"九五，飞龙在天，利见大人"；"上九，亢龙有悔"。这是假托龙的故事，表达一种刚健的力量从萌发、发展、强大直到鼎盛而势竭的过程。

当然，实际生活中的变化要复杂得多，一种刚健力量的发展可能受到其他力量的推进或遏制，于是就用阴阳交错表示各种可能的变化格式。我估计，开始的时候，古人分析一些具体事例中阴阳交错的形势，不仅得出了八经卦，而且也得出了一些包含六个爻位的卦。后来发现，可以脱离具体事例，把还没有出现过的一些卦象画出来，于是，就得出了六十四卦。这就像人们在发现元素周期表的时候一样，开始的时候只是偶然发现手头的元素性质根据原子量的增加呈周期的变化，将它们排列起来，发现其中尚有缺失，然后才把缺失的元素找出来。类似地，想必古人先是根据具体事情的变化，用不同的两种线条表达出其中阴阳交错的关系，开始可能只是在分析某个具体事例时形成了个别的卦象，后来发现，有一些虽然还没有实例，但却凭移动阴阳爻的位置可以得到图形，这种情况反过来预示一种可能碰到的变化格局或态势，这种排列一共有六十四种。古书的记载也暗示了这个过程。《周易·系辞传下》说："古者包牺氏之王天下也，仰则观象于天，俯则取法于地。观鸟兽之文，与地之宜，近取诸身，远取诸物，于是始作八卦，以通神明之德，以类万物之情。"这是说，很古的时候，人们就发现了用这种方法去阐明形势，应变事情。接下去说："作结绳而为网罟，以佃以渔，盖取诸离。"这是说，渔猎的事情是和"离"卦相关的。从文字上说，似乎渔猎是照着"离"卦的意思而发明的，这显然不可信，因为世界上大多数民族都经历过渔猎而生的阶段，但并不都知道有

"离"这个卦象。可能的情形是它的反面,即有人在推广渔猎这种方式的时候,借助于卦象作比喻,这个卦象就流传下来了。这符合"观鸟兽之文,与地之宜,近取诸身,远取诸物,于是始作八卦"的意思。这篇《系辞》接着说,包牺氏死后有神农氏,用同样的方法去说明、推广农稼和贸易,分别记载为"益"卦和"噬嗑"卦。又后来,有黄帝、尧舜氏,他们进了一步,提出乾、坤二卦说明一般变化的道理,在这段文字后,还提到了几个卦,它们是:针对舟楫之利记为"涣"卦,驯养牛马以为运输工具记作"随"卦,牢筑门户以防暴客记作"豫"卦。利用臼杵记作"小过",弓箭之利记作"睽",从穴居发展为建筑宫室记作"大壮",葬死者用棺椁事记作"大过",发明文字的事记作"夬"卦。这些应该是在黄帝、尧舜时代已经出现过的,它们都是针对具体事情的记载或总结。当这样的卦象积累到一定的数量并把它们收集到一起把玩时,那么就不难发现,其中还有一些尚未见过的图像,把它们补齐出来,总数是六十四个。

关于卦象产生的过程还有一种延伸的说法。司马迁作"太史公自序"说:"文王拘羑里而演周易。"《史记·周本纪》进一步详说,"西伯盖即位五十年。其囚羑里,盖益《易》之八卦为六十四卦"。对此的一种理解是,在周文王之前只有八经卦,没有六十四卦中的任何一卦。这与上引《周易·系辞传下》的话不符,也与关于在《周易》前就有《连山》和《归藏》二易的传说相抵牾。我想,在文王前已经保存了一些有经典意义的卦,周文王的功绩可能是补齐了六十四卦。

照上面的说法,《周易》的产生是可以理解的,只是当后人面对着一套整齐的符号又忘却了它的起源时,神秘感才油然而生。

## 2. 从占卦到哲学

《周易》的思想被尊为中国哲学的源头，然而，《易经》最初是用来占卜的。我们不应回避这个事实，问题是，一部与占卜有关的书怎么会成为中国哲学的源头？

首先需要澄清，把《周易》的占卜活动与现在人们一般知道的算命等同起来是不妥的。通常的算命有排八字和测字，排八字是根据一个人的出生时辰推测他的命运，测字是根据当事人任意写一个字判断祸福。现在人口多了，同一种八字的人一定不少，但是他们决不会享有同样的命运；测字的任意性更明显，从一个字里面讲到一个人的祸福，全凭算命先生一张嘴，况且，外国人不懂汉字，测字还有效吗？

孙子兵法说，"知己知彼，百战不殆"。在实际生活中也一样，只有清楚自己的生存处境，明白自己在其中所处的地位，参照以往的经验，断定事情可能的走向及其对自身的影响，然后才能采取适当的行动以趋吉避凶。据我的看法，《周易》卜筮的意义正在此，它是用阴阳爻的交错把事情变化的形势表达出来，以利于对事情的发展作出判断。照我前面对卦象产生过程的理解，最初人们是为了表述实际事情的形势而画出了卦象，即所谓"圣人有以见天下之迹，而拟诸其形容，象其物宜；圣人有以见天下之动，而观其会通，以行其典礼"①。这是有事在先，成卦在后；后来，整理出了全套卦象，从此就据卦释事，即所谓"圣人设卦观象，系辞焉而明吉凶，刚柔相推而生变化"②。既然要根据卦象解释事情，也就逐渐产

---

① 《周易·系辞传上》。
② 同上。

生一些读卦的规则；然而，卦象固有的象征意义与所要占卜的事情的实际形势总是有距离的。好在卦象的意义只是象征性的，给卦象的解释留下了余地。因此关键在于解释，而解释又在于对实际情况的把握。

既然关键在于根据实际情况的解释，那么，还要设卦干什么呢？我觉得这与一种气氛的创造有关。一般来说，需要通过占卜以断吉凶的事情总是有重大利益关系的事。在这类重大事变的关头，人们可能产生的情绪是焦虑、紧张或六神无主，甚至逃避、害怕，这些都不利于人们应对面临的挑战。此时进行占卜，无论得到什么卦，总之有六个爻位，展示出来的是阴阳两种因素的交相作用过程，这至少使当事人暂时从情绪中挣脱出来，把注意力集中于自己面临的形势方面。所谓"言天下之至赜而不可恶也"①，在分析形势时，不能带情绪，不能讨厌对细节的了解，用现在的话来说，就是要深入精确地把握时势。有了镇定的情绪，又能如实分析形势，采取实事求是的行动，则多半是能见到积极效果的。从这个意义上说，卜筮并非毫无意义。

真诚的态度是思考解决问题时所需要的，古人并不是通过语言来表达这个要求，而是通过占卜的过程营造出来的气氛，使人进入认真的状态。一个重要的措施是"斋戒"，"圣人以此斋戒，以神明其德夫。"② 有戒三天的，也有戒七天的，为的是达到湛然澄明的境界以便"敏于事"，孔子对"大过"初六爻辞的解释也点明了这个意思。该爻辞说，"初六，藉用白茅，无咎"。孔子说，祭祀时把物品放在地上就可以了，还要铺上白茅，说明非常谨慎，应当按照这

---

① 《周易·系辞传上》。
② 同上。

个道理去办，这样就不会失误了①。此外，有所谓"三不占"：不疑不占，既有疑，总是自己最关切的事情，决不会掉以轻心；不诚不占，这是要求心不旁骛，全神贯注；不义不占，不要以占卜服务于不正当的目的。有了这样的态度和全身心的投入，对于事情就可能有一种真切的把握。

最大、最神秘的问题在于，占得的卦象不可能正好用于想解决的问题。例如，照《系辞》，离卦是总结渔猎之事的②，如果占得了离卦却不是问渔猎之事的，那怎么办？唯一的办法就是看怎样解释，这种解释主要还是根据所掌握的实际情况，与原有的卦辞、爻辞多半是挂不上钩的，只是为了加强解释的可信性，尽量利用卦象，在这点上，往往显得勉强。一种正确解释总是要根据实际情况，而实际情况是不断变化的，"通变"就是做出解释时的指导思想。我以为，如果懂得了通变的道理，那么，占筮就是可有可无的过程。只要真正把握了相关情况，又能冷静而真实地分析可能发生的变化，直接作出解释也未尝不可。所以《荀子·大略》说，"善易者不占"。

通变是《易经》的主旨。天地万物都在变化中，变化是由阴阳两种力量的相互作用造成的（一阴一阳之谓道）；阳为乾，阴为坤，"日月运行，一寒一暑；乾道成男，坤道成女"。凡自然界出现的现象都是变化中实现出来的，能变就是能通达，通达就是道，道就是自然的过程，自然就是不借外力便成为这样那样。全部六十四卦都或明或暗地顺着自然界或人类社会的某些现象讲求着变化的道理。

---

① 《周易·系辞传上》："子曰：'苟错诸地而可矣，藉之用茅，何咎之有？慎之至也。'夫茅之为物薄，而用可重也。慎斯术也以往，其无所失矣。"
② 离卦卦辞和象辞都涉及畜牧业的事情，卦辞曰："离：利贞，亨，畜牝牛，吉。"《彖》曰："离，丽也。日月丽乎天，百谷草木丽乎土，重明以丽乎正，乃化成天下，柔丽乎中正，故亨，是以畜牝牛吉也。"

《易经》认为,人是自然的产物,人的存在应当是符合道的。人与世事一起变:世事变人变;人变世事变。从这个角度说,自然界本无所谓吉凶,这个想法在道家中有充分的发挥。但是,"方以类聚,物以群分,吉凶生矣"①,这是说,由于人要对事物作分别、取舍,有了好恶、利弊,就产生了吉凶。因为,能对事物加以分别又聚合,这正是人根据本身的利益作出的辨识。人总是想让事情向有利于人的方面变,但是,人愿望的那种变,有的能发生,有的不能。通变决不是冷眼旁观事情的变化,其真正目的在于当顺则顺,当争则争。即所谓"天行健,君子以自强不息"②;"地势坤,君子以厚德载物"③。又《乾文言》:"其唯圣人乎,知进退存亡而不失其正者,其唯圣人乎!"这个想法在儒家这里有充分的发挥。此外,为了说明人要应时通变的道理,易传部分还表达了天地万物出于同源的思想,表达为:"是故易有太极,是生两仪,两仪生四象,四象生八卦,八卦定吉凶,吉凶生大业。"④ 因为我们人也被包括在这个过程中,所以我们要讲"变化之道","以通天下之志"。玩易者无非是为了通变,始于占卜的活动最终成了哲学的活动。

### 3.《周易》"形而上"的意义

现在的问题是,读《易经》时,人们读到的是卦象和对卦象的说明,况且在说明卦象的时候,又不得不联系故事情节。怎样从可见的卦象中把握通达之道呢?卦象是有形而可见的,通达的状况则不是单凭眼睛可见的。然而,作为通达的道也并不是与自己隔绝

---

① 《周易·系辞传上》。
② 《周易·象传上·乾》。
③ 《周易·象传上·坤》。
④ 《周易·系辞传上》。

的,因为我们自己就在变化的过程中,该发生的事发生了,该实现的也实现了。我们不只是看到了发生在这个过程中的事情,而且也体验着在这个过程中自身的变化。尽管如此说,要从变化着的事情中把事情的变化拿出来讲讲,还很不容易。所以《系辞传上》说:"然则圣人之意,不可见乎?子曰:'圣人立象以尽意,设卦以尽情伪,系辞焉以尽其言,变而通之以尽利,鼓之舞之以尽神。'"这些话指出,象本身不是目的,设卦是为了把事情搞清楚,目的在于把握变通的精神。接着几句话还是强调变易的道理很难讲清,卦象是为了表达变化的:"乾坤,其《易》之蕴耶?乾坤成列,而《易》立乎其中矣。乾坤毁,则无以见《易》。《易》不可见,则乾坤或几乎息矣。"于此,引出了一句重要的话:

> 是故形而上者谓之道,形而下者谓之器。

现在我们用"形而上学"这个词来翻译西方的 metaphysics,变成了一种学说的名称,然而"形而上""形而下"的原意是什么呢?这里的"形",承上文,与用阳爻、阴爻(乾、坤)组成卦象事有关,当不会有误。关键是"上""下"二字。英文本往往将之译成介词[1],但我觉得当读如动词,这样行文上才与后面紧接着的

---

[1] 如陈荣捷先生的译文:"Therefore what exists before physical form (and is therefore without it) is called the Way. What exists after physical norm (and is therefore with it) is called a concrete thing."(*A Source Book in Chinese Philosophy*, Princeton University Press, 1963, p.267)又,Wu Jing-Nuan 先生翻译的《易经》此句的"上""下"理解为时间的先后次序:"Thus, that which is antecedent to physical form is called 'The Dao', What is subsequent physical form is called a 'vessel'."(*Yi Jing*, trans. by Wu Jing-Nuan, Asian Spirituality, Taoist Studies Series, Published by The Taoist Center, Washington D.C., 1991, p.272)

几句话相应，即"化而裁之谓之变，推而行之谓之通。举而错之天下之民谓之事业"。李若晖先生提示，如果"上""下"读如动词，那么从文法上说，"形"字也当读作动词，作"赋形"解。还需注意的是，上面提到的这一连串的句子都是没有主语的，然而，我们不难理解，这些动词的执行者都是人自己。那么"形而上者谓之道"这句话的意思可以这样理解：赋予形象（设卦）再进一步，就能得（圣人之）"意"，亦即得道。过去一般把这句话理解为，在形之上的是道。这两种理解有很大的差别，照过去的理解，此句说的是"道是什么"；照我现在的理解，这句话指出了如何得道，即它指的是人借助于卦象（这已经是从与器打交道的状态上升了一步）更进一步，就能进入得道的境界。

对于"形而上者谓之道"的上述解释，与王弼在《周易略例·明象》中说的意思可互为参证。他说：

> 夫象者，出意者也。言者，明象者也。尽意莫若象，尽象莫若言。言生于象，故可循言以观象；象生于意，故可循象以观意。意以象尽，象以言著。故言者，所以明象，得象而忘言；象者，所以存意，得意而忘象。……是故，存言者，非得象者也；存象者，非得意者也。……然则，忘象者，乃得意者也；忘言者，乃得象者也。得意在忘象，得象在忘言。故立象以尽意，而象可忘也；重画以尽情，而画可忘也。①

王弼说的这些话是关于读《易》的方法，谈到意、象、言三者关系，得意就是得道，象即卦象，言是指《易经》中解释卦象的文

---

① 楼宇烈：《王弼集校释》，中华书局，1980年，第609页。

字部分。学《易》的根本目的是得道，即自觉进入变通的过程中，言是解释象的，象是表达意的，所以，一旦得意，即得道，就应当从言和象中解脱出来。王弼用一个"忘"字来表述解脱，这是人自己的努力，可用作对"形而上"之"上"的注解。

同样，"形而下者谓之器"中的"下"，是指以得道的体验返回到与日常事务打交道的状态。形自己不会下，能下的是人自己。只有以得道的体悟与器打交道，才算进入自觉通变的状态，才是得道境界的真正实现。所以，一上一下是得道的全过程，形而上和形而下是不可分割的，甚至，得道的真正体现倒是在"形而下"。由于我们翻译metaphysics时取用了"形而上"，却舍弃了"形而下"，这样就容易把中国哲学完整的形而上的精神肢解了。

我在这里先不比照西方形而上学，而是纯粹根据《周易》中提到"形而上""形而下"的原意来阐述中国哲学形而上学的形态。这样我们才见知，中国哲学的形而上和形而下讲的都是人自己的活动。那么，中国哲学的形而上学就应当是一门关于人如何得道的学问。人如何得道，从广义来说，是关于人如何生存的问题，这绝非只是一个纯粹认识的问题，因而也不是单纯理论的问题。这样的形而上学与西方哲学的形而上学显然有着形态上的差别，将为中西哲学的比较研究提供全新的图景。例如，中国哲学的形而上学与西方哲学的形而上学能从文本方面比较吗？如果不能，那么，能否以及怎样在中西哲学之间寻求会通？在深入讨论这些问题之前，首先的问题在于，上述关于中国形而上学的初步叙述是否能从中国哲学史方面得到认证？它是否真的代表了中国哲学的核心精神，恰如西方的形而上学代表了西方哲学的精神一样？下面将选取庄子和孔子分别作为道家和儒家的代表，说明上述形而上学精神的贯彻。讨论的先后与哲学史的编年次序无关。

## (二) 追求高远的得道之士：以《庄子》内篇为例

### 1. 关于庄子哲学之为相对主义的责疑

我们先来检视庄子的学说。根据传统哲学的观念，庄子学说一般被评定为相对主义（见冯契《中国古代哲学的逻辑发展》以及萧萐父、李锦全主编的《中国哲学史》）。这样评说似乎不错，因为庄子在论说自由时，强调大有大的自由，小有小的自由，自由一定是受条件限制的，即所谓"有待"。即使像宋荣子，他超脱了功利荣辱，"彼其于世，未数数然也"，心态上应当是十分自由了，他总是生活在社会之中吧；更进一步的是列子，他对于人间的福祉没有兴趣，而且能御风而行，行动上自由自在。然而他御风而行，也是"有待"的。真正的"无待"，照庄子的说法是，"乘天地之正，而御六气之辨，以游无穷者"。真正"无待"的有时也称为"至人"：

> 至人神矣：大泽焚而不能热，河、汉沍而不能寒，疾雷破山、风振海而不能惊。若然者，乘云气，骑日月，而游乎四海之外，死生无变于己，而况利害之端乎！①

庄子对"至人"的描述极富想象力，所谓汪洋恣肆，以至令人向往不已。不过，庄子并没有明确表示"至人"是能够实现的。相反，有生活经验的人都应该知道，过火不能不热，履冰不能不寒；山崩地裂关乎人的生命，不能不为之惊心动魄；即使现在人类造出

---

① 《庄子·齐物论》。

了飞行器能邀游太空,也与"乘云气,骑日月,而游乎四海之外"的状况根本不同,后者是想象中完全的自由自在,前者的命运则控制在一堆机器的运转中。虽然"无待"的至人是不可能实现的,庄子之所以提到他们,目的在于强调,人们只能在给定的生存环境中适时应变,才能获得真正的自由,正如鲲鹏有鲲鹏的自由,蜩鸠有蜩鸠的自由。从"逍遥游"到"应帝王",讲的都是物我之间的调适,用以神游、齐物,养生、处世、进德,直至辅天下。如果承认这是《庄子》(内篇)的主旨,那么,说庄子既主张"有待"的自由,又主张"无待"的自由,显然是不能成立的。

但是能否据此就认为庄子是相对主义者呢?我以为不是。因为所谓相对主义和普遍主义(或者绝对主义)是用来判断西方哲学理论性质的。普遍主义声称有普遍确定的知识,也看重普遍确定的知识,在这个方向的追求中,普遍的知识最终表达为超时空的逻辑演绎的知识,这种知识与经验知识之间出现了断裂;对于绝对普遍知识背离经验性质的责难导致了相对主义,他们求诉于经验的有效性,但是,却不能顾及知识的普遍有效性,极端的相对主义者甚至主张只破不立。普遍主义和相对主义是西方学术界对于理论形态进行反思的结果。庄子的时代,中国既没有普遍主义和与之对应的相对主义形态的理论,也没有对于那种理论形态的反思,庄子不可能是一位主张相对主义的理论家。

或者人们会说,虽然庄子本人不是一个自觉的相对主义者,那又何妨站在今天理论的高度去分析,认定他的学说具有相对主义的性质呢?这就涉及我们今天来分析研究庄子哲学的目的究竟是什么?当人们把庄子哲学评定为相对主义的时候,已经不知不觉地采用着西方哲学的观念和方法了。然而,我们已经知道,彻底采用西方哲学为标准的话,连中国哲学是不是哲学几乎都成了问题。具体说到庄子哲学，说他的理论具有相对主义的性质，这意味着说，庄子的学说没有普遍意义，因而不可持。这样的结论显然如浓云蔽日，使庄子哲学的精华全然隐失掉了。

那么庄子哲学的真实面貌究竟是什么呢？提出这样的问题时，我们也要站在今天的高度，这就是，要追问庄子哲学之为哲学的"形而上"的特征。

### 2. 形形色色的得道之士

前面说过，形而上学在西方哲学中是指具有超越性质的理论，中国传统文化中并不存在那种性质的理论，中国典籍中的"形而上"和"形而下"指的是人自身生存状态的转换。人的生存作为生命活动的过程，只是在与生存环境的契合中才能得到顺畅的展开，转换生存状态的目的是为了使人的生存得到充分而顺畅的展开，具有自觉意识的契合状态，就是中国哲学一向作为宗旨的得道的境界。把这种体悟传达出来，是中国哲学的重要内容。由于生存活动总是随着时空的绵延迁徙不断转换，得道的境界也总是在个人当下的体悟中，表达自己个人的体会、描述得道时的状态，是中国哲学经常采用的方式。我们在庄子著作中读到他讲述形形色色得道之士的故事，以此表达哲学思想，正是这种方式的运用。

经常被人提到的故事之一是《养生主》篇中的"庖丁解牛"[①]。这个故事说，庖丁为文惠君解牛，只见他手按、肩倚、足踩、膝抵，刀进之处，牛"哗哗"解体，动作之连贯，发出的声响之合乎节奏，就像伴随着音乐翩翩起舞，一会儿就把一头牛分解完毕。看得文惠君啧啧称奇：解牛竟有这样的技巧！更令文惠君钦佩的是庖

---

[①]《庄子·养生主》。

丁道出的体会。他说：我于解牛中追求的，是比技巧更重要的道。我开始学解牛的时候，看到牛就像大家看到的牛一样，经过3年，我眼里的牛已经不是一头全牛了。现在，我观察牛的方法是神遇，而不是目视；眼有所不见，神可以穿透。进刀的时候根据牛的结构纹理，避开那些经络盘结的地方，更不要去砍那些大骨头。那些解牛的人，其中稍好的一年就要换刀，因为他们用刀去割肉；一般的1个月就要换刀，因为他们用刀去折骨。我这把刀用了19年没换过，解过的牛有几千头，还是像刚打磨出来的一样。牛的结节总是有空隙的，而我的刀刃则是没有厚度的，以无厚入有间，岂不游刃有余！所以，用了19年，刀刃还是像新打磨出来的。虽然讲是这样讲，我每回遇到经络交错的地方，总是聚精会神，徐徐进刀，在刀轻轻的触动间，让牛体豁然分离，如土委地。然后提刀而立，为之踌躇满志，善刀而藏之。

这个故事中的庖丁就是一个得道之士，其要点在于把握牛的纹理，并能依牛的纹理解牛。这只是得道的一个例子。真正的得道不是停留在意识中，而是要贯彻到实际的生存活动中。所以，庄子要以故事的形式，通过各种具体例证来描述得道的状态、传达有关道的知识。这样的知识不是概念性的，而是类比式的。观摩了庖丁解牛的文惠君说："善哉！吾闻庖丁之言，得养生矣。"① 这是从解牛19年仍保养得刀刃如新中得到了启发：人生也充满着艰难险阻，只有循着可行之道，才能游刃有余而得以养生。

庄子《养生主》篇的主旨是讲养生，养生必须得道，得道为了养生。对于庄子来说，所谓养生，不只是保养身体以延年益寿的问题；养生，更是一个在人世间求得生存、让生命得到充分伸张的问

---

① 《庄子·养生主》。

题。《养生主》篇说:"为善无近名,为恶无近刑。缘督以为经,可以保身,可以全生,可以养亲,可以尽年。"① 这几句话是庄子养生的要诀,包括个人身心修炼和社会生活两个方面的养生。

"缘督以为经",属于个人身心修炼,据说是要通过做气功使自己任、督二脉贯通。自然的生命是一个新陈代谢的过程,气功无非是能动地调整自己的机体,让自己的生理机能顺畅地进行的功夫。在这方面,庄子透露出这些功夫的一些功用,如,他描述"古之真人","其寝不梦,其觉不忧,其食不甘,其息深深。真人之息以踵,众人之息以喉"②。"游心于淡,合气于漠,顺物自然,而无容私焉"③。

身心修养的程度有深浅,庄子在《应帝王》篇中讲述的一个故事给人以深刻的印象。这个故事说,壶子的学生列子了解到一件事:有一个叫季咸的人很厉害,他能测知人的死生、存亡、祸福、寿夭,并且能精确到何年、何月、何日。人们怕他说出自己死的日子,都吓得逃走了。列子却很佩服,就把这件事告诉了自己的老师,还说:"我原来以为你很得道,现在才知道有比你高明的人呢。"壶子说:"我只教了你一些浅层的东西,还没有深入到实质的东西,于是你就容易相信别人。好吧,你把他找来给我相一下。"列子就把季咸找来给壶子相面。季咸为壶子相了面出来对列子说:"哎,你的先生面如湿灰,活不过十天了。"列子回去哭着把这个消息告诉了老师。壶子说:"刚才我向他显示的样子称为地文(当指把生机隐藏起来,形如槁木死灰),你叫他再来。"第二天,季咸见过了壶子,出来对列子说:"你的老师遇见我算是幸运的,他的病

---

① 《庄子·养生主》。
② 《庄子·大宗师》。
③ 《庄子·应帝王》。

有些好了，有生的希望了。"列子转述给老师。壶子说："刚才我显示给他的样子称为天壤，那是名实不入，只从根基处生机微发的状态。你叫他再来。"次日，季咸又去。相后对列子说："你的先生不齐①，我相不出，等他有所动静取舍（试齐）时，我再相一次。"壶子则对列子说："刚才我向他显示的是'太冲莫胜'②。叫他明天再来。"隔天，季咸又来，见到壶子，还未立定，拔腿就逃。列子追也追不上。回来向老师报告。壶子说："我向他出示的，无非是从生命的根基处显示出来的种种变化的相。"季咸显然只看人的表面气色，对壶子深奥不测的根源一无所知，所以只能逃走。列子也领教了老师功夫之深，从此开始刻苦修炼。

人的生存主要是社会性的，庄子的许多故事正是关于社会生活中如何得以养生的道理。当时的社会生活想必比较凶险，这可以从庄子笔下关于楚狂接舆对孔子的一席话中得到反映，其中说到："方今之时，仅免刑焉。福轻乎羽，莫之知载；祸重乎地，莫之知避。已乎已乎，临人以德！殆乎殆乎，画地而趋！迷阳迷阳，无伤吾行！吾行郤曲，无伤吾足！"③ 生遭乱世，如何存活下去当然是首要的问题。"为善无近名，为恶无近刑"可以说是庄子基本的态度，它的实质是要掌握做人的分寸，要"游刃有余"。

庄子以一棵用作祭祀的栎树讲述如何躲避凶险求得生存。这是一棵巨大的树，把牛藏在树干后，人就看不见，量一量，有百围之粗；其高超出山顶，在十丈以上处才分出枝干，能用来做船的枝干就有十余枝。一位路过此地的大匠人对它看也不看。这使他的徒弟

---

① 参见郭庆藩：《庄子集释》，中华书局，1961年，第302页，疏曰："德满智圆，虚心凝照，本迹无别，动静不殊。"
② 同上，注曰："居太冲之极，浩然泊心而玄同万方，故胜负莫得厝其间也。"
③ 《庄子·人间世》。

很奇怪，就问师傅："自从我跟您学艺以来，还没有见过这么好的材料，您为何不看一下，脚步也不停就走了呢？"师傅说："不必说了，那是散木，用来做船会沉，做棺椁要烂，做家什不日朽坏，做门户会流粘液，做柱子则生蠹虫。这棵树无可取材，所以才活得这么长。"匠人回来后在梦中见到了这棵栎树。栎树对他说："您怎么那样说我呢？您在把我与良材相比吗？各种柤、梨、橘、柚，瓜果之类，一旦成熟就被剥离，简直受辱；大枝被斫，小枝随之丧失生气；以这种情况而苦苦活着，只能中道夭折而难尽天年，真是自取。世上的事物莫不如此。我求为无用很久了，几乎死去，到现在才达到目的，成就了我的大用。假如我也有用处，怎能长到如今这般大？我与你都是物而已，站在自己这种物的立场上又怎能评价别的物呢？况且自己也是接近死亡的散人，怎能评价散木呢？"匠人觉醒后把梦中的事情告诉徒弟。徒弟说："既然它要无用，又为什么成为祭祀的社树呢？"匠人说："不要到外面去讲了！成为社树是它的寄托，不理解的人就予以诟病（以为栎树以此求荣）。倘使不如此，岂不会遭受砍伐？它保养自己的方法毕竟与深处山野的林木不同，用常理求全责备于它未免离题。"① 确实，因为写了这篇故事，时至今日庄子还常常被批评为宣扬活命哲学、滑头主义。然而，设想在生命得不到保障的乱世，对于人类来说，有什么比保命更迫切、更重要呢？人生活在社会中，而不是深山野林的动物，社会是人赖以寄生的地方，在社会中人才是人，即使是乱世，也要想办法活下去！组织起来进行斗争，也是为了求生存才逼出来的。

以上是针对乱世极而言之的情况。在一般情况下，庄子提出的理想人格是至人、神人、圣人，即所谓"至人无己，神人无功，圣

---

① 《庄子·人间世》。

人无名"①。他的意思是说，如果达到了无己、无功、无名的状态，那就可以获得人生的自由境界。这些道理也是通过故事来阐发的。关于"无名"，讲的是尧让天下于许由的故事。尧认为许由很贤明，与许由相比，自己简直就是在日月光辉下以火把照明，在时雨降临时引水灌溉，所以要把天下让给许由。然而许由说，"您已经把天下治理好了，如果我来取代您，岂不是为名吗？而名是实之宾，那么，我又将成为宾吗？天下对我来说没有用处，即使厨师不下厨，主祭者也不能越俎代庖啊"。

关于"无功"，故事也提到尧。传说在藐姑射之山，有一位神人，肌肤若冰雪，绰约若处子；不食五谷，吸风饮露；乘云气，御飞龙，而游乎四海之外，接下去一句话说，"其神凝，使物不疵疠而年谷熟"，所谓神凝，指的是"夫体神居灵而穷理极妙者，虽静默闲堂之里，而玄同四海之表"②。听到这个传说的肩吾表示难以相信。于是连叔说，瞎子看不见色彩的华丽，聋子听不见钟鼓的声音，其实不只是人的身体方面会有聋、有盲，在知的方面也会有聋、有盲，因而难以理解神人。神人胸怀万物以为一，顺乎自然，不会执于一端，勉强人事作不合宜的事，犹如把过时的殷人冠冕贩运到俗不戴帽的越地去一样。所以，当尧领略到了藐姑射山神人的境界后，"窅然丧其天下焉"③，即不以天下得治为己功了。

关于"无己"的故事是假托庄子和惠子的对话。惠子对庄子说："魏王赐给我一种葫芦种子，种下去结出的葫芦大得可容五石；用它盛水浆，因其太脆举起来会坏；把它剖开来用作瓢，又没有东

---

① 《庄子·逍遥游》。
② 郭庆藩：《庄子集释》，第30页。
③ 《庄子·逍遥游》。

西可盛。这东西实在太大而无用,我就把它击破了。"庄子说:"你这是不会用大。宋国有人世代从事漂絮的劳作,他们有一种药,可使自己的手在冬天工作而不龟裂。有一位客人听说此事,拟用一百斤金子的价钱买这种药的方子。漂絮人觉得自己辛苦一辈子收获也不过一点点钱,现在有人愿意以重金购买制造不龟手药的技术,当然极为乐意。那个客人买得技术去献给了吴王。其时正好越国兴兵挑衅吴国,吴王就派此人领兵与越人作战,时值隆冬,又是水战,结果吴国打败了越国,此人因此而得到了封地。取胜的原因之一就是用了不龟手药。同样是不龟手药,有人以此立功得封,有人以此世代漂絮为业,就是因为用法不同。现在你有大至五石的葫芦瓢,为什么不用它做成舟子漂浮于江湖呢?却还因它大而无用而操心,这真是不开窍啊!"惠子说:"我有一棵大树,人称樗树,其主干臃肿而不中绳墨,其枝干卷曲而不中规矩,匠人都不去看它。虽然有你这番道理,可是众人都认为它大而无用离去了。"惠子的意思是,毕竟有大而无用的东西。庄子说:"有一种动物叫狸狌,潜伏在那里以捕食鼠类,它能在梁间上窜下跳,却不免触及机关,死于网罟。另有一种牦牛,体形很大,它能为大却不会抓老鼠。你有大树,为什么不把它种于无何有之乡,广漠之野;没事时在下面走走,逍遥时在下面躺躺。它不会被砍伐而死,也没有加害于它的东西。既然无所可用,又有什么烦恼呢?"这是说,以为有用,却不免大害;以为无用,却可以是大用,如牦牛之得以全生。有用还是无用,都是从人自己的立场作的取舍。摆脱了为己的立场,才能见出物各有所用,如王船山说,不仅可以"用其所无用",还能"以无用用无用",这样就达到了"以无用用无用,无不可用,无不可游矣"①。

――――――

① 王夫之:《庄子解》,中华书局,1964年,第9页。

"无己"就是摆脱为己的立场[1]。

综括庄子讲述的故事,其所推崇者无名、无功、无己,展开来说,就是淡泊名利,生死从容。淡泊名利者,所谓"举世誉之而不加劝,举世非之而不加沮,定乎内外之分,辨乎荣辱之境,斯已矣"[2]。生死从容者,即所谓"不知说(悦)生,不知恶死",视"得者时也,失者顺也",故能"安时而处顺,哀乐不能入"[3],在社会生活方面,则推崇无为而治,一任自然。前面讲到尧会见了藐姑射山的高人,才明白了自然无为的道理,即"窅然丧其天下"。

《庄子》书中提到的那些人,有些是历史上可考的,也有许多不可考,即使历史上可考,也经过庄子的加工和渲染。然而,不管是否确有其人,庄子推崇他们的品性,描述他们的活动,他们被视为高明之士,是智者。这些故事得到流传,对中华民族的生存方式产生了重大的影响,成为中华民族文化传统的重要组成部分。庄子的书原来被归为诸子学,进入现代社会,对照分门别类的西方学问,《庄子》一书被归入哲学之类。

然而,从西方哲学的观念看,这里既没有提供普遍的原理,也没有阐述认识的途径;或许从中可以勉强抽绎出某些归于价值论的内容,却绝没有西方那种以纯粹概念表达的超验性质的形而上学,而后者则是西方传统哲学之为哲学的最高标志。从这个标准去看,似乎故事不能算哲学。另一方面,凡承认中国有哲学的人,决不会否认庄子学说是最具哲学性质的学说之一,通过一个个寓言故事,我们看到了一群高明的得道之士。剥离了庄子讲的这些故事,也就

---

[1] 将上述三个故事分别当作是对无名、无功、无己的诠释,出自钟泰的观点(钟泰:《庄子发微》,上海古籍出版社,2002年,第15—25页)。
[2] 《庄子·逍遥游》。
[3] 《庄子·大宗师》。

毁灭了庄子的学说。在这种情况下，我们最好还是对庄子的学说作一深入的分析，而把西方传统哲学的观念暂且搁置在一边。

### 3. 作为人自身状态超越的"形而上"

庄子并不是像柏拉图、亚里士多德那样去追求有关世界的普遍知识，而是叙说处于不同情境时人的适当的生存方式，以使生命得到充分的实现。所谓得道，应该是指在各种处境下自觉而又适当的生存状态。由于生命的个体性和处境的差异，得道与否总是每个人自己的事，不能像做数学题那样有一致的答案。也正因为如此，关于道的传授不同于以概念表达的确定知识的传授。在这里，作为努力要实现的目标是明确的；但是，如何达到得道的境界，则因人而异，能讲出来的也只是某个人自己得道的体会，或者是对于得道之士实现在日常生活中的各种表现的描述。于是，要达到得道的目的，不在于懂得逻辑地思想，而是要亲身体验。这就把中西两种哲学活动的方式区别开来了：从事西方哲学以思想训练为主，从事中国哲学以身心修养为主。《庄子》书中鲜明地表达了从事中国哲学的这个途径。

就以庄子心目中达到了无己、无功、无名的人而言，这不只是一种认识而已；因为出于生存的要求，人有自己的利益、欲望，但是人并不能随心所欲，为所欲为。自然环境和社会规范为人设立了界限，尤其是社会规范，它们是人类长期生存活动中摸索和总结出来的，是各个历史阶段使社会群体得以保存的措施。但是对于个人来说，所有这些界限都有一个自觉不自觉的问题。以庖丁解牛"游刃有余"引申到养生，就是启发人自觉掌握行为的分寸。讲到分寸，人们容易想到规律。庄子没有进入到规律的想法，那样就把眼睛向外看了。事实上，真实的社会生活是任何规律所不能穷尽的，面临复杂的事态，能掌握分寸的是人自己。庄子着意的正是人自身方面的调适。甚至为了获得对环境世界的如实认知，人需要将自己置于虚无的状态，让心灵"涤除"各种已知的充塞，这样才能保持对外界的敏锐感受力，从而见出人之所未见。

《庄子》中的《齐物论》篇就是一个范例。在这篇文章中庄子认为，人们之有各种言论，无非出自道，即人的言论是生命现象的一部分，是自然的展现。因为连有生命的人都是自然中孕育出来的现象。然而，一旦言论涉及是非，就各自固执于自己的立场，把不同的观点当作对立面，忘记了人不过是自然借以表达自己的工具，于是就喋喋争论不休。庄子的目的在于提醒人们言论的原始出处，要"论当于道"，也可以说就是实事求是①。然而，这里作为前提的是，言论本来都是生命的自然现象，即论出于道。怎样才能使人相信或者理解论出自道呢？那就要使自己首先进入无的状态。于是我们看到，《齐物论》的开头描述的南郭子綦的情况：

> 南郭子綦隐机而坐，仰天而嘘，苔焉似丧其耦。颜成子游立侍乎前，曰："何居乎？形固可使如槁木，而心固可使如死灰乎？今之隐机者非昔之隐机者也。"子綦曰："偃，不亦善乎而问之也！今者吾丧我，汝知之乎？汝闻人籁而未闻地籁，汝闻地籁而未闻天籁夫！"②

这里，人们看到一位经过静坐、气息调整（"隐机而坐，仰天

---

① 王夫之说："当时之为论者夥矣，而尤盛者儒墨也；相竞于是非而不相上下，唯知有己，而立彼以为耦，疲役而不知归。其始也，要以言道，亦莫非道也。其既也，论兴而气激，激于气以引其知，泛滥而不止，则勿论其当於道与否，而要为物论。"《庄子解》，第10页。
② 《庄子·齐物论》。

而嘘")进入物我两忘("荅焉似丧其耦")境界的人,他"形如槁木""心如死灰",是为"丧我"。本篇以这种状态的一位人物出场作为开端,并不是任意的安排,而是入乎本文境界必不可少的一步。从远古的时候起,中国人就认为,一切都是从混沌不分的太极中演化出来的,其中包括人。虽然现代科学关于宇宙大爆炸的理论使中国古代这种观念的图景越来越清晰,然而这个过程决不会重现。还有一条途径,即通过自身修养进入无的境界,这番体验虽然不能重现万物化生的过程,但是,随着从无的境界中苏醒过来,人们重温了万物得以开显的原始根源。

这个原始根源体验的获得,使庄子得以在地籁、人籁之外提出还有天籁。地籁是风吹过自然界各种孔窍时发出的声音,不平则鸣;人籁是人吹竹箫发出的声音,悠扬婉转。前者,人留意着自然,后者,人演绎着自己,总之拘执在自己的立场上。只有超越自我的立场,才展现出另一幅景象:原来天地间响彻着一首雄浑的自然交响乐。天籁、地籁和人籁毕竟不同,在地籁和人籁中,人注意到声音的原因,然而在天籁中,人却找不到它的主宰,它就是天地间自然而然发出的声响:"夫吹万不同,而使其自已也,咸其自取,怒者其谁耶!"[1] 这是经过"丧我"、获得"天地与我并生,而万物与我为一"[2] 的体验后才能达到的境界。

经过"丧我"的体验,超越了自我的拘执,站在"天地与我并生,万物与我为一"的立场上,那么,就会视人们的各种言论意见不过是天地间的自然现象之一,皆由"心境相感,欲染斯兴"[3] 而起。这就是庄子主张齐物论的理由:从根源上看,各种言论意见同

---

[1]《庄子·齐物论》。
[2] 同上。
[3] 郭庆藩:《庄子集释》,第59页。

出一源。这不是逻辑的论证,而是体验基础上获得的理解。进一步说,各种言论见识出于人因应环境的生存活动,在这里人们有所分、有所辨;然而,有所分有所辨就必有所不分有所不辨,就不免偏颇,并且沿着偏颇言言相因。这就是庄子说的:"既已为一矣,且得有言乎?既已谓之一矣,且得无言乎?一与言为二,二与一为三。自此以往,巧历不能得,而况其凡乎!"① 如果说,各种言论意见的产生都因应着某种具体情况,因而是有根据的,那么,一旦固执于自己的言论,并还想去规整他人的言论,就会背离这个根据,结果导致天下汹汹,争论不休,最终后果是道的隐失。所以,庄子主张不要脱离根据,要保持原始朴素状态,要"丧其偶","丧偶"同时也就是"丧我",他说:"彼是莫得其偶,谓之道枢。枢始得其环中,以应无穷。是亦一无穷,非亦一无穷也。故曰'莫若以明'。"② 枢指的是门户的转轴,它居中而能转动,喻能全方位关注而不死守一隅,因为是和非本来都是无穷的,这样才能保持敏锐的洞察力,让那些对我们的生存具有决定意义的东西显示出来。"莫若以明"是什么意思呢?《大学》开头一句说:"大学之道,在明明德",此"明德"可供参照。又,老子,"不自见,故明"(《老子》第二十二章)。

如果我们承认庄子是一位哲学家,那么,就不能忽视庄子在阐述他的观点时,同时也在引导人们进入一种状态:在《养生主》里,是庖丁解牛出神入化的状态;在《齐物论》里,是南郭子綦"丧我"的状态(其实出神入化也是一种"丧我",在这里,"我"与工作融为一体)。只有进入"丧我"状态,才能领悟"万物与我并生,天地与我为一"的境界,才能信服庄子的齐物论。反之,站

---

① 《庄子·齐物论》。
② 同上。

在日常的生存状态方面，庄子的那些话就是荒诞不经的了。"丧我"不是死亡，而是活着的人的一种状态，在此，心境两不起。这同佛教的涅槃有相似之处，但是据说佛教的涅槃还有通过调息进而圆寂的可能，中国的修养工夫与锻炼死亡毫不相干，而是要从丧我苏醒的经历中，获取自己人生多方面的真切体悟。在《齐物论》这篇文章中，渲染"丧我"直接目的就是向人开显出天籁。

如果我们承认这就是中国哲学，那么，学习中国哲学决非只是掌握一些观点或一种理论而已，而是一种修养，它需要进入哲学活动的人调整自己的生存状态，或者说，从事哲学活动与修养是分不开的。甚至像《逍遥游》篇中讲述的故事，鲲鹏和蜩鸠，坳堂水之于芥与杯，把这些反差强烈的事物一起展现出来，其效果恰恰是引导人们体察不同场景下的自由度，体察的过程就是自身生存状态转换的过程。中国哲学常对学哲学的人的状态提出要求，这不仅是庄子从事哲学活动的方法，也是整个中国哲学的方法。这里且先举老子书中的章句为证：

第一章：无名天地之始，有名万物之母。故常无欲以观其妙，常有欲以观其徼。（按：观妙和徼，以有欲与无欲为条件。）

第十章：载营魄抱一，能无离乎？专气致柔，能婴儿乎？涤除玄览，能无疵乎？爱国治民，能无为乎？天门开阖，能为雌乎？明白四达，能无知乎？（按：这是主张守静致虚，守住源头的重要性。）

第十二章：五色令人目盲，五音令人耳聋，五味令人口爽，驰骋畋猎令人心发狂，难得之货令人行妨。是以圣人为腹不为目，故去彼取此。（按：这是提醒人不要被感官的东西所迷惑。）

第十六章：致虚极，守静笃。万物并作，吾以观其复。

（按：这是明确把致虚极、守静笃与看守万物得以生发的源头联系在一起，"复"就是回到源头。）

第十九章：故令有所属：见素抱朴，少私寡欲，绝学无忧。（按：最后四字通常归入第二十章，当理解为不要被书本上的学问所困扰。）

第二十章：我独泊兮其未兆，如婴儿之未孩，儽儽兮若无所归。（按：这是从自身生存状态方面体验"未兆"之原初状态）

第二十二章：是以圣人抱一为天下式。不自见，故明；不自是，故彰；不自矜，故长。（按：这更是直接讲圣人的修养境界。与下二十四章同："自见者不明，自是者不彰，自伐者无功，自矜者不长。"）

第二十六章：重为轻根，静为躁君。……轻则失根，躁则失君。（按：重与轻、静与躁对举，褒贬分明。）

第四十五章：清静为天下正。（按：这虽是讲治天下，也涉个人修养，且说明从事哲学与治国不分离。）

综括庄子所表述的中国哲学，可以总结为三个要点：

第一，庄子突出了哲学是修养工夫，是人对自身生存状态的调整。其要在于调整到物我一境的原始状态，但是这并不意味着人要停留在原始的物我一境的状态，而是通过回到生命的根源处，去除日常的执着，以新鲜的眼睛观察生活，以便恰如其分地因应生活中的各种挑战。庄子书中谈到的种种"观点"，是调整生存状态后观察的结果，读者也只有随着庄子的指引调整自己的生存状态，才能理解庄子的观点，所以古人常说，要在读者细心玩味。

第二，庄子揭示了人调整自身生存状态的机制，或者说，指出了人的生存状态的结构，这个结构表达为"物-我"或"彼—我"。

所谓调整生存状态就是调整"物-我"或"彼—我"到适当的关系。这一点在《齐物论》篇有明确表达：庄子感慨于各种意见"与接为构，日以心斗"，"日夜相代乎前，而莫知其所萌"，而这一切不过是从"彼—我"的关系中产生出来的，即所谓"非彼无我，非我无所取"。又，庄子说："物无非彼，物无非是。自彼则不见，自知则知之。故曰，彼出于是，是亦因彼。"站在彼是之外观察到这个结果，明白了彼是相互依赖的道理，庄子才能进一步主张不要拘执于其中的一端，而要采取"道枢"的立场，以便让双方都得到发展，"是以圣人和之以是非而休乎天钧，是之谓两行"。"两行"，事情才通达；而通达就是道，即所谓"道通为一""一达之谓道"。

关于第三点，庄子本人并没有提到，不过我们是可以深入追问而想到的，即从日常的生存状态到哲学所追求的无的境界有一个超越的过程。虽然中国哲学史上从来没有出现过超越这个词，然而当人们从日常的生存状态转变到无的境界，又从无的境界出来，以新鲜的姿态应对生活的挑战，这之间的转换我称之为超越。因为无的境界是暂时的不意识状态，而日常的生存状态总是伴随着某种意识，二者之间是不连续的。把包含在中国哲学中的超越性点出来，对于中西哲学的会通有重要意义。

从庄子哲学中揭示出来的上述形而上学特征，是否是整个中国哲学形而上学的特征，还需要从儒家的学说中得到证实。

## （三）极高明而道中庸：以孔门儒学为例

### 1. 周虽旧邦，其命维新

孔子创导的儒家学说是中国传统文化的主流，即使在过去的

100年里它蒙受了极端的批判，但它对中国人的生存方式的影响仍然抹杀不掉。相反，在过去四五十年里，当属于儒家文化辐射圈的亚洲四小龙经济腾飞起来的时候，尤其是近20余年中国社会经济飞速发展的时候，人们总结其经验，总是不免想到儒家文化的作用。遗憾的是，人们记住的是儒家关于宗法社会的那些制度的论述，以亲亲为核心的伦理教导和新儒家禁欲色彩的存天理、灭人欲要求，等等，其中不乏对工商技术的轻视，如果儒家学说就是这些东西，那么，它们并不能适合现代社会发展的需要，更不能据此揭示这个地区迅速发展的原因。另一方面，原来科学技术不发达而又受儒家文明熏染的地区确实在创造着一种新的生活方式，这是一个活生生的事实。难道人们已经完全清除了儒家文化的影响而改弦更张了吗？那是不可能的。那么相比于世界其他落后地区，为什么儒家文化圈的崛起又显得如此耀眼呢？其中总有一种可以追索的原因，问题在于，我们是否真正把握到了儒家精神的实质。关于儒家文化精神实质的学问是哲学的对象。然而由于我们过去受到西方哲学的强劲影响，只注意择取其中那些符合西方哲学观念、能纳入西方哲学框架的资料作为中国哲学史的脉络，结果，儒家文化就被严重肢解，其真正的精神实质遂得不到凸现。

前面讨论过《周易》，它是儒家的经典之一，其精神可概括为适时应变。适时应变需要对生存形势的把握，这种把握可以衍生为知识，然而，整个中国哲学并没有把重点放在发展知识，更没有着力关注知识的普遍形式，而是把注意力放在为了适应直观中的环境的变化而调整自身生存状态，并将人和环境达到相契合的状态称为得道。在这个方向中需要论述的重大哲学问题包括：阐述人和环境相契合的根据，人调整自身生存状态的可能性和途径，人的活动与环境契合与否的标志，并具体表现为应对各不同时代生存挑战中的问题，等等。人自身生存状态的不断变化，在《大学》这篇不朽著作中概括为"作新民"，所谓"苟日新，日日新，又日新"，这样才能如诗曰："周虽旧邦，其命维新。"中国现在的发展，最大的变化难道不是人本身的变化吗？掌握马克思主义、掌握科学知识、推行民主政治、改革开放，这一切，归根结底是中华民族应对近代以来严峻的生存挑战而积极转换自己的生存状态的结果。"作新民"并非一劳永逸，只要人类生存着，就得"苟日新，日日新，又日新"。事实上，由于能源的大规模开发利用和交通通讯技术使全球各民族直接照面，需要重新探索和规划人类的生存方式，这是全人类面临的新挑战。孔子哲学的意义正在于唤起人类生存的自觉意识。

如何"作新民"？这离不开具体的生存环境，但是只要时刻自觉人自己是能应对环境挑战的生灵，就能"敏于事、慎于言"，使人生的意义得到充分而顺畅的展开。要言之，中国哲学的精髓在于求得生命的自觉。孔子就是这样一个圣人，他深谙《周易》，懂得得道在于形而上与形而下的贯通，以形而上的领悟面对生活实际，能够恰如其分地回答生活中提出的各种问题。《论语》所记录的正是孔子对于弟子们提出的各种生活问题的回答。即使在回答这些问题的时候，孔子也不忘教导弟子，对于一种问题的解答要举一反三，即通过对各种问题的回答，把握和体会如此这般回答的根据，以形而上的领悟办形而下的事务，最终使每个人自己能够去解决问题。可惜的是，孔子的用心总是容易被表面化，人们记住了他针对当时情况的种种教导，却不容易获得形而上的领悟。这主要是受到西方形而上学观念的束缚，于是就不把中国哲学形而上当作是形而上，留下的只是孔子关于具体问题的许多直白的观点。任何具体观点受时空的束缚，总是要过时的，随着时代变化，孔子本人也一定不会坚持；即使某些观点具有较持久的价值，离开了形而上学的根据,我们也很难对之有深刻的领会。不仅知其然,还要知其所以然,这要求深入到孔子学说的形而上学中去。

## 2. 修身的形而上意义

本文曾根据《周易·系辞传》,把"形而上"的"上"解释为人自身生存状态的提升,即从与形器打交道的状态进入与道打交道的状态。如果承认这个观点,那么,被西方哲学观念所尘封的中国哲学形而上的特征就能拨开云雾见天日。用这些观点去看,中国哲学以得道为目的的修养活动,就是形而上性质的哲学活动。以修养的方式从事哲学活动,与中国哲学以追求成为圣贤的目标恰好一致。修养决不是仅仅为了达到仪表庄重、举止得当、身心和谐、情操高尚,更重要的是,为什么要以圣贤为目标?成为圣贤的可能性何在?其途径又是什么?这些问题也只有通过修养的体会由自己提供答案。

《大学》和《中庸》就是孔门儒学阐述修养的经典。《大学》一文开头说:

大学之道,在明明德,在亲民,在止于至善。[①]

这里说的大学,不只是指相对于识字习文的小学,也指人生最大的学问。因为这篇文章讲怎样才能修身、齐家、治国、平天下,这在古时候是做人最高的境界、最大的成就,是就事功方面而言的;就人的修养方面而言,这是关于得道的学问。孔颖达疏曰:"大学至

---

[①]《大学》,第一章。《大学》和《中庸》都是《礼记》的篇目,历来有许多注家,因为原文篇幅不长,任何一个注本都可以参考,本文只对这两篇作品的引文单在文中注明篇名,不注版本和页码。

道矣。"所谓"明明德",郑玄注曰:"谓显明其至德也。"表人之至德,单择一个"明"字,说明古人已经知道,人之为人,就是因为人能澄明万物、照亮万方,明明德,就是人要自觉光大其照明的能力。"在亲民",是说人来到世上后,才得根据他自然"亲亲"的亲情体验,推而广之及乎"亲民",即明白和奉行为社会生活的道理。"至善"不能仅仅以道德来理解,而当与得道的意思照应①。因为后面一段话,其落脚点在"近道":

> 知止而后有定,定而后能静,静而后能安,安而后能虑,虑而后能得。物有本末,事有终始,知所先后,则近道矣。②

这段话不仅点出了《大学》的宗旨在得道,而且告诉我们,要经过止、定、静、安、虑、得,人自身的这些状态的转换,才能近道。止是确立目标,定、静、安是由外而内地进入静的境界,在此基础上的思虑,才能有所得。显然,得道是目的,修身是途径、是起点。

接着一段是讲修身与事功的关系:

> 古之欲明明德于天下者,先治其国;欲治其国者,先齐其家;欲齐其家者,先修其身;欲修其身者,先正其心;欲正其心者,先诚其意;欲诚其意者,先致其知;致知在格物。物格而后知至,知至而后意诚,意诚而后心正,心正而后身修,身修而后家齐,家齐而后国治,国治而后天下平。自天子以至于

---

① 还可以有一种解释:"至善",没有沾染一点恶,没有恶,善也无以为善;故"至善"不善,是善恶分化之前的原始状态,这是谋求得道者须照应的根本之处。
② 《大学》,第一章。

庶人，壹是皆以修身为本。①

这是说，修身（即明明德）是否成功，需要通过事功（治国）来验证；而要成就事功，又须首先修身。这看似一个循环的说明，但最后点明，其起点在修身。这并不难理解，因为人生在世是人自己的活动，有了这层自觉，才能使自己的生命发挥出应有的勃勃生机。修身的过程提到了"格物"，人常以为是对外在事物的知识的学习，所谓今日格一物，明日格一物，直到某日豁然贯通。但是，按郑氏注，"格，来也；物，犹事也。其知于善深，则来善物；其知于恶深，则来恶物，言事缘人所好来也"。按此说，格物指来事，有事情发生。只有把"来事"和人自己将迎事情的"即事"当作是同一个过程的两个方面，并且承认"即事"的方式导致事情的性质，才能说"言事缘人所好来也"。照此，世上有什么样的事情向我展示出来，是我自己取向的结果，事情本无善恶，向善则善事生，作恶则恶事起。"格物"乃是训练自己以"善"处世接物的方式，那是我自己的生存方式。"壹是皆以修身为本"，强调的是自身生存方式的训练。"明明德"就是修身。

《大学》指出修身的环节是：正心、诚意、致知。其中关于诚意的解释，本文将结合《中庸》一起评说，那里有更详尽的论说。关于致知部分，《大学》没有进一步的解说，据朱熹说，"而今亡矣"。《大学》释"正心"如下：

> 所谓修身在正其心者，身有所忿懥，则不得其正；有所恐惧，则不得其正；有所好乐，则不得其正；有所忧患，则不得

---

① 《大学》，第一章。

> 其正。心不在焉，视而不见，听而不闻，食而不知其味。此谓修身在正其心。①

正心的要领在于"心不在焉"。"心不在"，即无思无虑，无欲无感。这是掏空自己，留下的只是没有内容的能思能虑，能欲能感。在思、虑、欲、感中，心有所壅塞，如朱熹所说，在"须臾之顷"中，这样就不能接纳新鲜事物，而新鲜事物往往是对我们生命的新挑战。掏空了内容的能思能虑，保持着思虑的可能，恰似在弦之箭，引而未发。正心的目的是为了诚意，诚意又是为了致知，即为了即物，为了心在。而适时接物应世是生命的活动，关乎道的运行。所以，如《中庸》所说，"是故君子戒慎乎其所不睹，恐惧乎其所不闻"。

《大学》置修身于"本"的地位，不是只对治理天下者而言的。所谓"自天子以至于庶人，壹是皆以修身为本"，天子和庶人在社会生活中的地位不同，然而，作为生命活动，其基本方式是一致的，都是调适自身的生存方式，达到与环境世界相契合的状态。《中庸》一文的篇名就点明了这个主题。

朱熹引二程："不偏之谓中，不易之谓庸。中者，天下之正道，庸者，天下之定理。"②"天下之定理"的说法，是宋儒的发明。唐时孔颖达为本篇作的疏犹说，"名曰中庸者，以其记中和之谓用也。庸，用也"。所谓"中和"，即处世得当。处世得当就是得道之谓。《中庸》以许多古圣前贤的例子说明怎样才算是处世得当，以及如何才能处世得当。后者讲的就是修养问题。

---

① 《大学》，第七章。
② 朱熹：《四书章句集注》，中华书局，1983年，第17页。

现在人们理解修养，多半有经过锻炼提高自己在各方面水平的意思，《中庸》似乎并没有这样的意思。其开篇说，"天命之谓性，率性之谓道，修道之谓教"。这是说，各种禀赋的人都是天地间自然而然地化生出来的；循着这条自然而然的道路，就能通达于天地间；所谓"修道之谓教"，不是另搞出一套与自然不同的东西，而是要求在上者带头依循自然的道路，以此教化天下。孔颖达此句注："修道之谓教，谓人君在上修行此道，以教于下，是修道之谓。"照这样说，修养是恢复到人的自然本性。那么，怎样才算得道呢？《中庸》有言：

> 喜怒哀乐之未发，谓之中；发而皆中节，谓之和。中也者，天下之大本也；和也者，天下之达道也。致中和，天地位焉，万物育焉。①

《大学》中曾讲到，欲正心，当弃忿懥、恐惧、好乐、忧患之心，与此"喜怒哀乐之未发，谓之中"的意思是一致的。同样，回到喜怒哀乐之未发，不是固守在那种状态，而是为了发而中节，与《大学》所谓正心为了诚意，以便格物、致知也是一致的。

这里有一个问题需要讨论：喜、怒、哀、乐及忿懥、恐惧、好乐、忧患难道不也是人的本性，因而不也是出于自然吗？如果是，那么取消它们岂不是违乎自然了吗？我以为朱熹《四书章句》对此提供了一种可理解的解释，他说，"盖是四者（指忿懥、喜怒、哀乐、忧患），皆心之用，而人所不能无者。然一由之而不能察，则

---

① 《中庸》，第一章。

欲动情胜，而其用之所行，或不能不失其正矣"①。用我们比较熟悉的话来说就是，意识的活动总是以实际生活为基础，然而，意识一经产生，也就具有了它的相对独立性，就有脱离实际生活的可能。《大学》和《中庸》启发我们时刻看守着源头，以便保持清醒的意识应对生活中提出的多向度的挑战。

在修养的方式上，相较于《大学》以"正心"为起点，《中庸》更突出一个"诚"字：

> 唯天下至诚，为能尽其性；能尽其性，则能尽人之性；能尽人之性，则能尽物之性；能尽物之性，则可以赞天地之化育；可以赞天地之化育，则可以与天地参矣。②

这段话并没有申明"诚"是什么，但是，"诚"可以让自然、人、物（事情）各尽其性，并且让人类自觉地参与天地的化育过程，从这样的描述可以想见，"诚"是人与自然完全相契合的境界。另一段话表明，"诚"，才有一切事情的自然发生：

> 诚者自成也，而道自道也。诚者物之终始，不诚无物。是故君子诚之为贵。诚者非自成己而已也，所以成物也。成己，仁也；成物，知也。性之德也，合外内之道也，故时措之宜也。③

---

① 朱熹：《四书章句集注》，第8页。
② 《中庸》，第二十二章。
③ 《中庸》，第二十五章。

又,"诚"是天之道,也是人之道:

> 诚者,天之道也;诚之者,人之道也。诚者,不勉而中,不思而得,从容中道,圣人也。诚之者,择善而固执之者也。①

又,"诚"与"明"的关系:

> 自诚明,谓之性;自明诚,谓之教。诚则明矣,明则诚矣。②

这表明"诚"比"明"还根本。人天生就是"诚"的,即人与自然本来出于同一根源,循"诚"以往则无不明;如果说还需要通过教才能由"明"入"诚",那是因为人一旦化育出来,就有一定的独立性,固执于这种独立性,就可能受蒙蔽,就有通过教而重新回到"诚"的需要。

综上所述,"诚"具有多种含义:它既是人得道的途径,又是得道境界的表述;它是天地自然的德性,也是人的德性、事物的德性。这种语言既是关于对象的,也是关于自身状态的,是二者合一状态的表述。

《大学》讲修身、齐家、治国、平天下,以"正心"为修身的起点。《中庸》则围绕"诚"字表述了修身的根据和目的。人之所以要修身,是因为包括人在内的天地间的万物都是自然而然地化育

---

① 《中庸》,第二十章。
② 《中庸》,第二十一章。

出来的，这同《周易》的思想是一致的，在《中庸》里单以一个"诚"字表达这个自然而然的过程，人当以"诚"的状态自觉参与到天地的生化过程中去，人类的生命于此得到永祚。所谓圣人，就是人类中具有这种自觉性的人，他们"既明且哲，以保其身"：

> 大哉圣人之道，洋洋乎！发育万物，峻极于天。优优大哉！礼仪三百，威仪三千。待其人而后行。故曰：苟不至德，至道不凝焉。故君子尊德性而道学问，致广大而尽精微，极高明而道中庸，温故而知新，敦厚以崇礼。是故居上不骄，为下不倍。国有道，其言足以兴；国无道，其默足以容。《诗》曰："既明且哲，以保其身。"其此之谓与！①

修身，是得道的途径。如果承认"形而上者谓之道"这句话讲述的是得道的途径，那么，"形而上"就是修身。修身以"诚"，"诚"是从分化了的日常生存状态返回到与生存环境自然一体的生存状态。称之为"返回"，是因为"自然一体"的状态是发展到今天的人类生存活动所从出的起点。"譬如行远必自迩，登高必自卑"②，回到根源可以使人从当下生存状态的拘执中解脱出来，以便根据生存的根本要求，以崭新的姿态重新谋划生存，即达到所谓"发而皆中节"。

### 3. 形而上不离形而下

在中国传统哲学中，形而上是悟道的过程，然而，对道的真正

---

① 《中庸》，第二十七章。
② 《中庸》，第十五章。

把握，还要看能否将对道的领悟贯彻到实际生活中。把对道的感悟贯彻到实际生活中去，我认为就是经过形而上以后的形而下。所以，严格说来，中国古代从事哲学的活动不只是形而上，还包括形而下。也就是说，"形而上者谓之道，形而下者谓之器"，这两句话是一个完整不可分的整体。甚至"形而下"比"形而上"还更重要，"形而上"是为了从生活中领会"道"，为了获得生命的自觉，而对于生命的真正自觉，还是要贯彻到日常生活中去。"形而下"是对一个人是否得道的验证。"形而上"又"形而下"，中国人的哲学就是这样上下求索的哲学。故《中庸》第十二章中引《诗》曰："鸢飞戾天，鱼跃于渊"，"言其上下察也"。一部中国哲学史就是各个时代的人们上下求索体察生命意义的历史。这也决定了与西方形而上学不同的中国哲学"形而上学"的一系列特征。

中国哲学的"形而上学"，是对包括"形而上"和"形而下"二者在内的哲学活动的反省和形诸文字的表述。中国哲学形而上学的出发点是"道不离器"；修身是从事哲学活动的主要方式；哲学活动的根本目的则在保持澄明的本性以应对生命活动中的各种挑战。这三个要点在孔子儒学中有鲜明的表达。

首先，孔子儒学是主张"道不离器"的。这是说，道贯穿在一切过程中，也表现在人的日常生活中。当然，这不仅是儒家的观点，也是道家，甚至也是后来中国化了的佛学主张，相比之下，儒家主张"道不离器"，更侧重的是社会生活。孔子认为道贯穿于人们的日常生活中，不能离开日常生活去追求道。《中庸》第十三章引孔子的话："道不远人。人之为道而远人，不可以为道。"朱熹解释说："道者，率性而已，固众人之所能知能行者也，故常不远于人。若为道者，厌其卑近以为不足为，而反务为高行难远之事，则非所以为道矣。"《中庸》第十一章中，孔子又说："素隐行怪，后世有述焉，吾弗为之矣。"这是说，孔子并不追求隐僻之理、诡异之行，因为那些都脱离了实际，其中不乏欺世盗名的动机，即使那样可以出名，也不应当去做。

这样我们就理解了，何以像《论语》这样一部伟大的著作，记载的只是孔子及其弟子极为平常的谈话，其中很难读到高深思辨的内容，以至于在黑格尔的眼里简直不是哲学。其实，孔子之所以这样，是有深厚的"形而上"工夫为基础的。孔子研究过《周易》，甚至据称可能就是《易大传》的作者；在《大学》《中庸》这两篇文章里记载的许多关于"形而上"的言论，也是孔子本人的思想或在此基础上的发挥。但是重要的还是用，所以，孔子的学生子夏可以说："贤贤易色，事父母能竭其力，事君能致其身，与朋友交言而有信，虽曰未学，吾必谓之学矣。"① 在《论语》中，甚至还有弟子们对孔子日常起居的记载，诸如孔子参加公务活动时依礼而动的举止，交往朋友时的态度，与各种人讲话的分寸，甚至饮食、衣着等。我认为这些看似平常的事情，其中浸透着"形而上"的工夫，以至于各个时代的人们总可以根据自己的实际情况，对它作新的体验和发挥。也因为与实际相契合，相比于其他学派，儒学被社会大众广泛接受，成为中国传统文化中的主流。像"刀在石上磨，人在世中炼"；"世事洞明皆学问，人情练达即文章"，民间的这些警句都是儒家思想的反映。

以"道不离器"为出发点的中国形而上学与西方形而上学形成了鲜明的对照。照西方哲学，形而上学是探问"是者"总体的学问，这就已经将自己置于一切"是者"的对立面，而对于"是者""总体"的追问又总不免使"是者"成为一个绝对普遍的概念，并

---

① 《论语·学而》。

最终形成一个与我们生活的世界相隔离的领域。无论这个领域被说成是现象后面的本质世界，还是纯粹思辨的世界，总之，是与我们这个世界相分离的。西方哲学总体上说是二元论的。试图在中国哲学中挖掘西方那种形而上学是徒劳的。

其次，中国哲学以修身作为从事哲学活动的主要方式。修身是儒家从事哲学活动的主要功课，离开了修身，中国哲学简直就无从讲起。修身包括道德修养，但不只是道德修养，还用作人与自然同源的"论证"，提供行为规范的根据，等等。例如，关于人和天地同源的问题，在我们这里似乎是自明的，但对于信奉上帝造人说的人们来说却是不能接受的。即使自然科学发展到今天越来越接近于揭开这个秘密，但还是有许多环节有待澄清。古代中国人不能等待科学的结论出来以后才决定自己的生活取向，他们相信人与天地同源，并且把自己的生活取向建立在这个信念上。修身的方法多少为之提供了一种"证明"：人能通过调适自己的生存状态，入乎"无"的境界，在此"无"中，无物我之分，人与天地合其德；从"无"的状态苏醒过来，体验万物向我开显出来的过程，这具有人与万物同出一源的模拟演示的功效。孔门哲学所说的"诚""正心""喜怒哀乐之未发"，都是引人进入"无"的修身手段。

修身，工夫做在自己方面，曰"反身而诚"。就像射箭，没有射中靶子，要在自己方面找原因①。孔子说："见贤思齐焉，见不贤而内自省也。"② 又说："仁远乎哉？我欲仁，斯仁至矣。"③《论语》还记曾子曰："吾日三省吾身，为人谋而不忠乎？与朋友交而不信

---

① "射有似乎君子，失诸正鹄，反求诸其身。"《中庸》，第十四章。
②《论语·里仁》。
③《论语·述而》。

乎？传不习乎？"① 工夫做在自己方面，得到的认知是真切的，这样才能推而广之，这种方法叫做"能近取譬"。例如，孔子在一处回答怎样为仁时说："夫仁者，己欲立而立人，己欲达而达人。能近取譬，可谓仁之方也已。"②

切身体验尤其表现在孔子儒学有关孝道的论述中。儒家认为，从孝顺父母出发，可以推广到与天下人打交道。之所以强调孝道，因为这是人类自然的亲亲关系："其为人也孝弟，而好犯上者，鲜矣；不好犯上，而好作乱者，未之有也。君子务本，本立而道生。孝弟也者，其为仁之本舆！"③

值得指出的是，儒家提倡孝道的深度是其他文明所不及的，在历史上，它曾经是佛教和基督教在中国传播的最大障碍。关于这一点，印度学者巴特（Bhatt）曾经表示很不理解。因为他认为，佛教并不要人违拂父母，释迦摩尼佛也导人以尊敬父母，他自己还在父母去世时回去送丧。然而，孔子说："父母在，不远游"；④ 又说："父母之年，不可不知也。一则以喜，一则以惧。"⑤ 孝顺父母要具体落实到侍奉父母，并且在父母年高时有"一则以喜，一则以惧"的真切感受，显然不是仅有孝顺的观念以及作为一种舆论的孝顺所能比的。

由于修身是每个人自己的事，谈论这方面的体会有反省的性质，听众或读者也只有结合自己的体会才能获得理解。虽然传达和交流体会需要通过语言，但是关注的重点还是语言所指的那种体验

---

① 《论语·学而》。
② 《论语·雍也》。
③ 《论语·学而》。
④ 《论语·里仁》。
⑤ 同上。

或感受，关键在于体会的深浅和真伪。所以，在中国哲学中有关于"情""伪"的讨论，对"情""伪"的检验则直接诉诸相关的实际表现，而评价一种有深刻体验的哲学常用"高明"这个词。日常的实际表现之所以能够检验"情""伪"，就是基于这样的信念：真正修养高明的人必实现在日常社会生活中，不能实现在日常中的未必高明。与中国哲学的反省形成对照的是西方哲学的反思。反思的对象是概念式的思想，其所反思的是一个概念的性质（划分为各种范畴），概念之普遍性的程度（经验概括的还是绝对理性的），概念的结合（运动）是否符合规则（逻辑）等。概念的运动是否符合逻辑称为真或伪；即使符合逻辑的命题，也还要通过实践检验，与实践相符合的称为真理。

对修养的反省和对概念的反思，是中西各自从事哲学活动的不同方式，中西哲学文本分别是反省和反思的结果。虽然反省和反思都是意识的活动，然而它们的对象不同，其所形成的哲学文本也不同，这使得在文本层面上进行中西哲学比较不是不可能就是难以深入。

再次，湛然澄明以接应万机。哲学活动的根本目的是获得生命的自觉，这体现为恰当地应对日常生活中的各种问题。人类作为生命活动现象，自来到这个世上起，就在应对各种挑战、在与生命环境的互动中得到发展。所谓自觉应对，无非是让生命得到充分、自由的发展，这也是人生意义的实现。然而，怎样区分一种自觉的应对和非自觉的、出自本能的应对呢？衡量自觉性的程度的标准又是什么呢？

每个人的生命圈由自身生命能力和环境构成，自觉的应对能充分发挥生命的潜在能力，但同时也应审时度势、不离环境的许可。一部《论语》，就是针对各种场景应当如何处世行事的问答。这就不奇怪，由于生存环境的不同，即使对同一个问题，也常会给出不同的答案。孔子关于"仁"的说法就是一个例证。孔子答颜渊问仁说:"克己复礼为仁。一日克己复礼,天下归仁焉。"① 这显然是针对整个社会生活而言的,是讲给有政治抱负的人听的。孔子答仲弓问仁说:"出门如见大宾,使民如承大祭。己所不欲,勿施于人。在邦无怨,在家无怨。"② 这对于那些总是把自己意见强加于人,怠慢别人,因而常与人发生矛盾冲突的人来说是有效的。司马牛问仁,孔子答:"仁者其言也讱。"③ 讱,忍也。朱熹注曰:"夫子以牛多言而躁,故告之以此。"④ 关于"仁"还有许多其他不同的表述,千百年来人们就是这样在阅读孔子,从来也没有为这些不同的说法感到困惑,直到西方哲学介绍到中国来以后,人们始问,作为孔子学说核心"概念"的"仁"的定义究竟是什么?并为找不到一种确定的说法而深以为憾,而没有觉察对"仁"的这种发问方式是西方人从事哲学的方式。

西方哲学虽然也有多种流派,可能也找得到像中国哲学那样以反省方式从事哲学活动的人,然而,从柏拉图到黑格尔的西方传统哲学的主流,是以概念反思的方法从事哲学活动的,这与中国哲学形成了鲜明的对照。西方哲学以概念反思的方法,关注于解释世界,最终形成以概念的逻辑推论构成的理论体系,以此作为普遍的真理,即黑格尔所谓的绝对理念体系,西方传统哲学以之作为包括人的理论在内的所有其他理论的根据。与此不同,以儒学为代表的中国哲学以反省的方法,体察生命活动得以展开的根源,最终追溯到人与环境世界的一体性,即无的澄明境界,以此作为处世行事的出发点,即对内湛然澄明,对外接应万机。

---

① 《论语·颜渊》。
② 同上。
③ 同上。
④ 朱熹:《四书章句集注》,第 134 页。

孔子应当是达到了对内湛然澄明、对外接应万机的圣人境界了吧！对内湛然澄明到什么程度虽非他人所能窥测，但是《大学》《中庸》记载的那些关于修养工夫的论述，明示着这个方向，而《论语》那些即时而发的言论，则确乎闪烁着孔子处事的睿智。例如，孔子生病，学生子路想以祈祷为他祛病，孔子说，有这种事吗？子路说，有，还引经据典。孔子说，那么我已经祈祷过很久了。孔子明白祈祷不能治病，但是，子路出于一片好心，在这种场合，孔子不直接拒绝，但告以无所事祷之意①。又，孔子问子贡，你与颜回比如何？子贡说，我怎么敢与颜回比，颜回闻一以知十，我只是闻一以知二罢了。孔子说，不如啊，你能说自己不如，我很高兴②！孔子既作如此问，当知子贡自负欲以纠之，既闻子贡自知不如人时，就予以鼓励，而不是折他的锋芒、屈他的气概。还有一个故事也很有意思：孔子的学生宰我问孔子，你教我要成为仁者，如果有人说，井里有仁，我也要往下跳吗？孔子回答："何为其然也？君子可逝也，不可陷也，可欺也，不可罔也。"③ 这种事情我们平时也见得到，好比一个受到表扬的人，就可能有人来讽刺打击他，孔子估计宰我所说的正是这种情况，仁者又不是傻子，所以作了这番回答。孔子随时的言论是以他的修养为底气的，当我们以这种眼光去读《论语》时，那些平常的话就闪发出熠熠的智慧之光。

孔子在他的时代能做到言论得体，这引发人们思考，他为什么能达到这样的境界？这样思考的时候，我们就不能仅仅停留在《论语》这部著作里，还要联系像《周易》以及《大学》《中庸》这些篇章。这样，就能看出孔子所经历的形而上又形而下的全过程。孔

---

① 《论语·述而》。
② 《论语·公冶长》。
③ 《论语·雍也》。

子对事机敏，有是非而不刻板，诲人而不训人，他之所以能如此，想必其内心湛然能依乎事理，一团和气能待人以诚。这应当是他有了形而上的工夫又贯彻于形而下的结果。用孔子自己的话来说："吾道一以贯之。"① 所谓"一以贯之"，当是形而上与形而下的贯通，这样才能达到，用朱熹的话来说，"圣人之心，浑然一理，而泛应曲当，用各不同"②。

### (四) 以道为标志的中国形而上学

西方哲学以"是论"为形而上学的典范，中国哲学的形而上学以道为宗旨。这是两种不同形态的形而上学。扼要地说，西方的形而上学是通过逻辑思想训练以普遍概念解释事物本质或客观真理的理论，中国传统哲学的形而上学则是通过修养以进入得道境界的论述。尽管这二者关于世界、如何认知世界及认知的起源、人的本性、道德、价值、人生的意义、社会政治、法律、礼教等问题都有涉及，然而，由于二者哲学形态上的重大差异，关注这些问题的方法、角度及其偏重程度都存在着差异。我们发现，现在人们谈论道时，往往会把它与西方哲学的观念作比附，事实上，这种比附无助于揭示道的本意。为此，我们先要清理一下各种比附的情况，然后，试对道的本意作一探讨。

#### 1. 清理各种比附

在西方哲学观念的影响下，一种普遍的观点是把道看成类似规

---

① 《论语·里仁》。曾子理解"吾道一以贯之"为"忠恕而已"，这是曾子自己的理解，孔子未曾作过进一步的解释。
② 朱熹：《四书章句集解》，第 72 页。

律的东西。规律又称为法则,英文作 law,西方哲学有所谓自然法则、思想法则。在我们的教科书上,规律被认为是客观世界内在的必然联系,规律就是本质。《老子》中说:"人法地,地法天,天法道,道法自然。"① 这些话容易使人联想到道是法则一类的东西。但是,至少有如下几点,在道和规律之间作了明确的区分:首先,规律与必然性相关,但是中国哲学的道却没有限定只体现在必然性的事件中,道是遍及在一切过程中的,包括偶然事件中,凡自然界和人类社会中一切发生的事情,都体现着道的作用。在这个意义上说,道包括规律,又超越规律。其次,规律是理性认知的对象,是概念形式的思想才能把握的东西;道不是纯粹思想把握的对象,对道的真正把握体现在人的自觉的生命活动中。或者说,对规律的真正把握也在于运用规律。但对规律的认识和运用起码是两回事,思想上对规律的把握可以是脱离实际的,然而,中国哲学说的"得道"是得乎心而应乎手的事,只停留在口头上,用禅宗的话来说,叫做"口头禅"。另外,关于规律的客观性问题,客观性有多种含义。一种是指凡存在于我们之外又可以被我们感觉的东西,但是,感觉往往因人而异,缺乏普遍必然性,因此,理性主义否认这种意义的客观性。他们认为,真正的客观性是具有普遍必然性的思想才能把握的东西,而只有运用逻辑的思想才具有普遍必然的品格,这样,客观性说到底是思想的客观性。在思想上达到普遍必然的规律是否同时也是自然界的规律,这是需要讨论的另一个问题,即思想和存在是否具有同一性的问题。规律的客观性本来意味着规律的存在是不以人的意志而转移的,而讨论到最后,倒是对规律是否真正客观存在发生了怀疑。这正是现代西方哲学界正发生的事情。且不

---

① 《老子》,第二十五章。

说中国哲学的道从来没有经历这些问题的纠缠，简单说，道的存在的验证在于得道的体验，主观性和客观性的区分并不适于论述道的性质，因而也不宜把道当成是客观规律那样的东西。

与上述比附相关的是，人们容易把道看成类似于西方哲学中的概念。我们现在使用概念这个词范围很广，包括名和逻辑范畴。其实，名和逻辑范畴是大不一样的。我们日常使用的概念都是名，名总是标志某对象的，反过来说，其所指的对象就是这个名的意义。但是逻辑概念并不指示任何对象，正如冯友兰先生说，一个理论思维的概念"红"并不指示任何红的东西，逻辑范畴的意义当从这个概念与其他概念的规定中得出。所以，范畴的意义又称为规定性（determination），它们才能够用作逻辑推演。西方哲学"是论"所使用的范畴都是那样的范畴。道显然不是那样的范畴。中国哲学的概念是名而不是逻辑范畴。关于这一点，有人曾经质疑，《老子》书中有一些成对的概念，难道它们不是从相反相成的方面得到规定，难道它们不可以称为范畴吗？的确，《老子》书中有一些成对的概念，如其第二章曰："有无相生，难易相成，长短相形，高下相盈，音声相和，前后相随。"从表面上看，这似乎也能算是概念间的关系，但是，我们可以自问，当我们读着这些话、理解着这些话的时候，意识中呈现出来的是所提到的对立双方的事实，还是根本没有任何事实，仅仅剩下概念？要知道，作为纯粹概念的"难"并不难，"易"也不易；同样，"长"不长，"短"不短。正因为如此，所以，在现代西方哲学中，很容易把所有上面的对立关系概括成纯粹符号的 A 与非 A 的对立统一，并且把哲学问题变成纯粹符号的运算关系。这显然与中国哲学的理解相去甚远。当文字形式一样的时候，我们就要问，人们把握、使用这些文字的方式是否也一样呢？把握、使用文字的方式是人自己的生存状态，这是作中西哲学比较研究时格外要注意的。还有一点需要提及,如果我们依"是论"作为西方形而上学的典型看问题,那么,其中每一个范畴都是与所有其他的范畴相联系的。用黑格尔的话来说,整个绝对精神是一个体系,全部范畴都是从"是"这个范畴逻辑地推论出来的,构成一个范畴体系,每一个范畴都是作为其中的一个环节而存在的。如果我们承认,黑格尔的《逻辑学》是西方形而上学的典型,那么,就不能不这样去认定西方形而上学。中国哲学不表述为逻辑规定性的概念,更不能说是范畴的体系。

## 2. 道——中国哲学形而上学的旗帜

谈过了道不是什么,那么道究竟是什么呢?这个问题说起来似乎很难,因为迄今为止,不知道有多少人论述过了,从老子、孔子、庄子,直到金岳霖,各人说法都不同,所谓各道其道。此外,有各种各样的道:天道、人道、养生之道,甚至"盗亦有道",等等。最近读到商戈令先生的一篇论述庄子"道通为一"的文章[①],他认为,读庄子"道通为一"句,重点当放在"通"字上,即通就是道,道就是通,我觉得他讲得很深入,不仅说明了庄子的思想,而且,我理解,庄子所表达的想法也是中国哲学中最深、最起始的道的观念。依照这种理解,天地间一切凡是发生出来的事情,都是一种通达,因而都是在道的过程中。许慎《说文解字》说:"道,所行道也。一达谓之道。"这是古代道这个字原始的意义,从辵、首。"辵"的意思是"乍行乍止也",段玉裁注:"首者,行所达也。""一达谓之道",是说让人所行走、能够通达到某处即为道。

---

① 商戈令:《"道通为一"新解》,载俞宣孟、何锡蓉编:《探根寻源——新一轮中西哲学比较研究论集》,上海译文出版社,2005年,第373—388页。

不仅文明的人类是从蛮荒中走过来的,世界中一切有情、无情的事物不也是有它们自己的生成过程吗?凡是能够出现的一切现象,都是沿着"通达"这个原始意义的道走来的;不能通达的不会出现,或者曾经出现过而消亡了。道的字面上的意义在中国传统文化中被用来泛指一切事物生成的过程。在道的观念中,一个事物之是什么并没有什么可以多讲究的,重要的是它何以如此这般。这种问题取向,就是对事物如何通达的追问。人类对于历史的关注并不只是一种兴趣,而是反映出对人生通达的自觉,为的是在通达的道路上继续走下去。

中国哲学就是关于道的学说,道是中国哲学的旗帜。道不只是道家用作学派的名称,同样,儒家也出现过"道统""道学"的名称,甚至,在中国落地生根的佛学,也把开悟得佛性称为悟道,历史上曾经有一个时期,和尚亦称为道士。中国哲学史是中华民族探索、实行人类生存之道的历史记载。对道的探索是人类生命的自觉活动。现在世界上越来越多的人了解了中国哲学是关于道的学说,甚至有一流的哲学家,如海德格尔,已经把握了道的原始意义即通达,以这样的意义来审视哲学、发展哲学,尽管他使用的是西方语言①。

既然道贯穿一切,一切事情都可以提升到道的层面去对待。如天地自然的起源,人类社会生活规范的出处,从政之道,治学之道,经商之道,为人之道,直到渗透在各门技艺之中的道,如茶

---

① 海德格尔引用中国哲学道的观念是众所周知的,他有的时候采用拼音字母 Dao,更多的时候是用"道路"(Weg/Way)这个字;他的一部重要著作 *Holzwege*,译成中文是《林中路》,其实就是关于道的学说。关于海德格尔学习中国道的学说的事实,早在 1989 年有赖因哈特·梅的《海德格尔的幕后思想库》一书作了披露。对东亚哲学精神索有研究的格雷汉姆·帕克斯教授将之译成英文,并附上他自己写的一篇详尽的补充材料,于 1996 年付梓,题为:Heidegger's Hidden Source (Routledge, London and New York)。

道、花道、剑道、棋道之类。对道的追求不只是学习一种知识，而是一种生活方式，这是一种对人生的意义更有自觉性的生活方式。

　　在关于天地之道的问题上，中国哲学有一个独特的太极观念，这个观念与道的观念密切相关。"太极"的观念最初见于《周易·系辞传上》："易有太极，是生两仪，两仪生四象，四象生八卦。八卦定吉凶，吉凶生大业。"这里的两仪、四象、八卦都是指阴阳爻组成的符号。两仪就是阴爻和阳爻，四象是阴阳爻填满两个爻位得出的全部四种情况，八卦则是指以阴阳爻分布在三个爻位上可以得到的全部图像，即八经卦。从卦象的生成从简到繁，可以想见太极是卦象生成前的原始起点，阴阳二爻是从其中分化出来的。后人进一步把太极当作是天地未分之前的状况，于是就认为太极还是一种元气。无论是作为卦象起源还是天地起源，总之，太极是一切发展过程的源头。我以为，太极观念的产生与道的观念的提出有不可分割的关系。道追求的是事物生成发展的过程，用日常的话说，不仅要知其然，还要知其所以然。在"所以然"中有事物"然其然"的根据，在这种追问中人的意识已经指向了事物的起源。事物各有起源，起源还有起源，源源不断没有穷尽。就如一种观念认为，事物的分割可以无穷尽地分割下去一样，这样的无穷是超出人的有限生命的，因而是意识所无法把握的。当有限的生命无法克服无限过程的时候，意识就跨出了一大步，它越过了一切过程，到达了全部过程开始之前，哪怕所建立起来的对象是混沌的一片，甚至无。对意识的意向作分析，我认为，太极观念的产生是追求原始起源的意识在自身中树立的对象。不同的意向指向产生不同的意识对象，这一点在与西方哲学的对比中显得格外清楚。西方人始于追问有差异的一类事物的共性作为它们真正的所是，经验的概括过程无所穷尽，柏拉图称之为"无穷尽后退"，他迈出的决定性的一步是，取一类事物的名称为理念，定理念为多中之一、变中的不变，这是异中求同，这种意向指向为自己建立的对象。意识活动是在时间中的，或者说，时间作为以意识为其精华的生命的特征，它不能把自己消耗在同样形式的无限重复中。庄子已经有见于这种问题，他说：开始之前会有开始，开始之前的那个开始又有开始，这样追溯下去是没有穷尽的。同样，我们说有而追溯到无，可以追溯到没有无的时候，还可以追溯到没有追溯无的时候，也是没有穷尽的。所以他提出"古之人，其知有所至矣"。那么什么是这个"至"呢？"有以为未始有物者，至矣尽矣，不可以加矣；其次以为有物矣，而未始有封也。其次以为有封焉，而未始有是非也。是非之彰也，道之所以亏，爱之所以成。"① 针对这种情况，庄子主张"六合之外，圣人存而不论，六合之内，圣人论而不议"②。照庄子的看法，对太极这类六合之外的（意识推论出来的）东西只是存而不论，关注的还是万物在其中通达的道。他的这个观点代表了先秦时期中国哲学的观点，因而与柏拉图突出理念（即六合之外的东西）的取向有别。

按照道即通达的观点，凡是天地间产生出来的一切，无论对人类有利还是不利，只要行得通，都是符合道的。从这个意义上说，道在善恶之先。在通达中开显出了万物。万物的开显，在人这方面就是"分、辩"的意识。"分也者，有不分也；辩也者，有不辩也"，分、辩的结果，往往使人执于一偏，"道隐于小成"，这就是人可能偏离大道的原因。所以，有一种意见主张不分、不辩。老子很有这种味道，他主张"归朴"，主张"绝圣弃智""绝仁弃义""绝巧弃利"③，也说过，"天地不仁，以万物为刍狗；圣人不仁，以

---

① 《庄子·齐物论》。
② 同上。
③ 《老子》，第十九章。

百姓为刍狗"①。这是站在天地的立场上,超脱善恶是非,把一切发生的事情都看成是自然的。不过,并不是所有的人都赞成老子的这种态度。既然天地间有了能分辨的人,这也是道的作用的结果,即使被称为"原罪",也是不得不接受的事实。在这个重要的分节点上,儒家的态度是积极的,他们主张当争则争,当顺则顺,归纳为"天行健,君子以自强不息","地势坤,君子以厚德载物"。

最初的分辨是分辨彼、我②。有了自我意识,就有私利、私见,就有争执、争斗。为了不至于让人类毁灭在自身争斗中,就要在与自然的关系和人际关系方面规范自身,让人类生命现象绵绵不绝地开放出来、延续下去。人类是从道的开启中走出来的,只有遵循道,人类生命现象才能万古长青;反过来说,只有在人类生命现象的延续中,道才是有意义的。围绕"礼"和"仁"的孔子儒家学说正是从这个视野、结合当时的实际情况而行道的。这就进入了人道的层面。孔子儒学并没有把人道和天道作截然的分离,而是看作一脉相承的。正如唐朝的孔颖达在为《礼记正义》所作的"序"中说:

> 夫礼者,经天纬地,本之则大一之初;原始要终,体之乃人情之欲。夫人上资六气,下乘四序,赋清浊以醇醨,感阴阳而迁变。故曰:人生而静,天之性也;感物而动,性之欲也。喜怒哀乐之志于是乎生,动静爱恶之心于是乎在。精粹者虽复凝然不动,浮躁者实亦无所不为。是以古先圣王鉴其若此,欲保之以正直,纳之于德义。……故乃上法圆象,下参方载,道

---

① 《老子》,第五章。
② 庄子说:"非彼无我,非我无所取。"见《庄子·齐物论》。

之以德，齐之以礼。①

之所以能把社会生活的人道和自然天道看作一体，就是因为基于"一达之为道"这个基本含义。然而，照庄子的看法，道也是分层次的：开始的时候，道是混沌不分的，后来有了分别，即"有始封也"，又后来"有是非也"，这就进入了社会生活的道。有分、有是非，这是道的展开，但是，另一方面，"道隐于小成"，也就是说，道的分化同时也可能是道的隐失。这是因为有了彼、我的分别，有了"我执"，就可能根据欲望、意志执于一偏，这样就背离了自然之道。对这个观点，儒家也是很明确的。《中庸》开篇即说："天命至谓性，率性之谓道，修道之谓教。"生命是遵循着道的展开来到世上的，生命的展开本来就是道的展开，但是，还需要"修道"，这是指出生命展开过程中可能背离道。还有一些更具体的论述，也可以说明问题。如《论语》说，"虽小道，必有可观者焉，致远恐泥，是以君子不为也"②。解决的办法也是有的，这就是要把具体问题放到范围更大的背景中处理，即处理个人问题要联系社会背景，处理社会问题要联系自然背景。从这个观点去看，那么，所谓"君子不器"，"君子周而不比，小人比而不周"③，这些话是教人扩大人生视野的。"技进乎道"也是出于同样的要求。换一种说法，小道要立于大道、体现大道。大道也可层层追溯，直到"止于至善"。"至善"是没有些许恶的；然而，没有恶，善也不成其为善，"至善"事实上只能是善恶未分的时候。这就体现出中国哲学讲人

---

① 孔颖达：《礼记正义·序》，载《十三经注疏》上册，影印本，中华书局，1980年，第1222页。
② 《论语·子张》。
③ 《论语·为政》。

生修养的重要性。修养的目标是要人回到喜怒哀乐未发之时，在此一度中体验原始的大道。

中国哲学以道为目标，决定了中国人从事哲学活动的方式。形而上学在中国传统哲学中意味着"形而上"和"形而下"的上下求索，这一求索决不仅仅是认识的过程，更是变换人自身生存状态的过程，变换的目的是为了达到人的生存活动与其生存环境的契合，以使生命得到顺畅的展开，从而实现人生的意义。中国哲学的这个方向和主题在先秦时期就已得到大致的确定，后来的发展主要是根据不同的历史条件对这同一个主题的发挥和体验。这里，没有对普遍知识的关注，也没有对作为普遍知识的真理的关注。因此，把中国哲学史释读为认识发展的历史，甚至范畴发展的历史，显然偏离了中国哲学的本意。如果说，对普遍真理的追求走的是一条向上的路，直至超越经验的界限进入绝对的领域，那么，对道的追求则要求走一条向下的路，要求回到原始源头的自然之道。所谓"慎终追远"就是关注源头、保养源头。守护着源头才能"苟日新，日日新"，才会"周虽旧邦，其命维新"。

中西两种形而上学在形态方面有如此之大的差别，以至于对它们的文本作比较不是不可能就是很勉强。那么中西哲学的会通可能吗？甚至，中西哲学的比较研究还可能进行下去吗？不过，上面的讨论已经透露出，哲学的形态与人们从事哲学活动的方式是紧密相连的。那么，中西哲学进一步的比较研究能否从人们从事哲学活动的方式入手呢？这是我们下一步要关心的问题。

原载：《社会科学》2007 年第 4 期